权威·前沿·原创

皮书系列为
"十二五""十三五"国家重点图书出版规划项目

智库成果出版与传播平台

少数民族非遗蓝皮书

BLUE BOOK OF
INTANGIBLE CULTURAL HERITAGE OF ETHNIC MINORITIES

中国少数民族非物质文化遗产发展报告（2019）

REPORT ON THE DEVELOPMENT OF ETHNIC MINORITY
INTANGIBLE CULTURAL HERITAGE IN CHINA (2019)

少数民族非遗的数字化保护

主　编／肖远平（彝）　柴　立（满）
常务副主编／王伟杰
副主编／王月月　李　霞（仡佬）

社会科学文献出版社
SOCIAL SCIENCES ACADEMIC PRESS (CHINA)

图书在版编目(CIP)数据

中国少数民族非物质文化遗产发展报告.2019：少数民族非遗的数字化保护/肖远平，柴立主编．－－北京：社会科学文献出版社，2020.6
（少数民族非遗蓝皮书）
ISBN 978-7-5201-6628-7

Ⅰ.①中… Ⅱ.①肖… ②柴… Ⅲ.①少数民族-民族文化-非物质文化遗产-研究报告-中国-2019 Ⅳ.①K28

中国版本图书馆CIP数据核字（2020）第076893号

少数民族非遗蓝皮书

中国少数民族非物质文化遗产发展报告（2019）
——少数民族非遗的数字化保护

主　　编／肖远平（彝）　柴　立（满）

出 版 人／谢寿光
责任编辑／王　展

出　　版／社会科学文献出版社·皮书出版分社（010）59367127
　　　　　地址：北京市北三环中路甲29号院华龙大厦　邮编：100029
　　　　　网址：www.ssap.com.cn
发　　行／市场营销中心（010）59367081　59367083
印　　装／天津千鹤文化传播有限公司
规　　格／开　本：787mm×1092mm　1/16
　　　　　印　张：20.75　字　数：313千字
版　　次／2020年6月第1版　2020年6月第1次印刷
书　　号／ISBN 978-7-5201-6628-7
定　　价／128.00元

本书如有印装质量问题，请与读者服务中心（010-59367028）联系

▲ 版权所有 翻印必究

国家民族事务委员会人文社科重点研究基地
南方少数民族非物质文化遗产研究基地建设项目

主编单位
贵州民族大学人文科技学院
南方少数民族非物质文化遗产研究基地
民族民间文化教育传承创新重点研究基地（高等院校）

参与单位
贵州省仁怀市茅台镇酒文化坊有限公司
贵阳孔学堂文化传播中心
贵州民族大学民族文化产业发展研究中心
贵州省多彩贵州文化协同创新中心
中南大学中国文化法研究中心

少数民族非遗蓝皮书
编委会

顾　　　问	田联刚　赵建武　朱桂云
主　　　任	张学立（彝）　黄永林　刘实鹏　周之江
副 主 任	安　燕　黄家逊
委　　　员	马翀炜　马发亮　叶　涛　龙耀宏（侗） 吕　波　孙正国（土家）　李旭练 肖远平（彝）　汪文学（苗） 阿洛兴德（彝）　陈玉平（布依）　林继富 洛边木果（彝）　姚伟钧　珠尼阿依（彝） 柴　立（满）　覃德清（壮）　喻　健（土家）
主　　　编	肖远平（彝）　柴　立（满）
常务副主编	王伟杰
副 主 编	王月月　李　霞（仡佬）
英 文 编 辑	赵尔文达（苗）　张会会
中 文 编 辑	（按姓氏笔画为序）

王燕妮（土家） 王砂砂 叶宝忠 刘　宸
李光明（彝） 张　驰（彝） 金潇骁（苗）
龚　翔（苗）

参编人员（按姓氏笔画为序）
王　韬（苗） 田　丹 苏安宁 杨孝军
徐小玲 梁　海（土家） 雍忆经（布依）

主编简介

肖远平 彝族，贵州民族大学兼职教授，博士生导师，享受国务院政府特殊津贴。贵州师范大学党委副书记、校长，文学博士，二级教授。暨南大学、华中师范大学兼职教授，博士生导师。国家"万人计划"哲学社会科学领军人才、中宣部文化名家暨"四个一批"人才、全国民族教育专家委员会委员、国家重大工程《中国民间文学大系》出版工程学术委员会委员、中国智库创新人才"先锋人物"、黔灵学者、贵州省高校哲学社会科学学术带头人、贵州省区域一流学科带头人、贵州省人民政府学科评议组成员、贵州省委办公厅决策咨询专家。国家民委人文社科重点研究基地——南方少数民族非物质文化遗产研究基地主任、首席专家，教育部民族教育发展中心重点研究基地——民族民间文化教育传承创新重点研究基地（高等院校）主任、首席专家，国家社科基金重大招标项目首席专家，全国民族教育研究重大招标项目首席专家。兼任阳明心学与当代社会心态研究院副院长、"少数民族非遗蓝皮书"主编、《民族文学研究》编委、《中国大百科全书·民族文学卷》编委。

主要从事中国民间文学（民俗学）、民族文化产业和民族教育等方向的研究。主持国家社科基金重大、一般项目，教育部全国民族教育研究重大招标项目、重点委托项目，国家民委项目，贵州省哲社重大项目等13项；获国家民委全国民族研究优秀成果奖二等奖、贵州省文艺奖一等奖等省部级以上奖励10余项；在《民俗研究》《民族文学研究》等各级各类刊物发表论文70余篇；出版《彝族"支嘎阿鲁"史诗研究》《苗族史诗〈亚鲁王〉形象与母题研究》等著作10余部。

柴 立 满族，贵州宏宇健康产业集团（筹）股份有限公司董事长兼首席执行官，医药化工高级工程师，贵州民族大学教授、硕士生导师，世界传统医学荣誉博士。贵州省"省管专家"、省科学技术协会常务委员；贵州省"科技兴企之星"、贵阳市专业技术带头人、中国优秀民营科技企业家、贵阳市促进非公有制经济发展先进个人、"第三届中国经济百名诚信人物"，享受贵州省人民政府"有特殊贡献专家津贴"。主要从事中医中药、民族医药文化体系的整理与临床应用、民族芳香药物的研究开发及应用体系等领域的研究。

先后开发国家级新药"金喉健喷雾剂""保妇康泡沫剂"等品种，获国家发明专利13项。在《中医杂志》《中草药》等国家级学术期刊上发表《试论中医"肾"的物质基础》《HPLC法测定三拗汤不同煎液中苦杏仁苷》等论文多篇。近年来主持完成国家计委批复立项的中药现代化重大专项"500万瓶保妇康泡沫剂高技术产业化示范工程项目"、科技部两个"十五"重大科技攻关项目"贵州中药现代化科技产业基地关键技术研究"和"西部开发科技行动计划——贵州天麻、杜仲等道地药材规范种植"，参与完成两个国家自然科学基金项目"单味中药精制颗粒的化学研究"及"中药配方颗粒汤剂与传统汤剂的化学组成及药效学研究"。曾获贵州省科学技术进步三等奖、华夏医学科技一等奖。

摘　要

少数民族非物质文化遗产（以下简称"非遗"）是我国非遗资源的重要组成部分，不仅具有特别重要的价值，也具有特殊的濒危性。数字化技术赋予了非物质文化遗产一种新的保护方式，从而让非遗的传承发展更加立体和多元。我国积极推动非遗的数字化保护、传承与弘扬，并启动了非遗数字化保护试点工作，经过多年的发展实践，在非遗数字化保护领域进行了有益的探索并取得了重要成就。我国少数民族非遗资源总量较大、类型多样，积极总结少数民族非遗数字化保护的经验，并探索如何利用数字化技术助推少数民族非遗的可持续发展，具有重要的现实意义和学术意义。《中国少数民族非物质文化遗产发展报告（2019）》由国家民委人文社科重点研究基地——南方少数民族非物质文化遗产研究基地、教育部民族教育发展中心民族民间文化教育传承创新重点研究基地（高等院校）、贵州民族大学人文科技学院负责编写，由贵州省仁怀市茅台镇酒文化坊有限公司、贵阳孔学堂文化传播中心、贵州民族大学民族文化产业发展研究中心、中南大学中国文化法研究中心等多支科研团队共同参与研究并发布。

本书以"少数民族非遗的数字化保护研究"为主题，收录了少数民族非遗保护和传承的相关最新研究成果。同时在《中国少数民族非物质文化遗产发展报告（2018）》的基础上，继续对我国四批国家级非遗代表性项目名录和五批国家级非遗项目代表性传承人名录进行了分民族的统计分析，并结合各类非遗保护和传承的基本现状，利用文献资料法、定性研究法、定量研究法、案例分析法、比较研究法等研究方法，指出了未来少数民族非遗发展的多元化模式和可行性路径。

本书主要分七个部分。

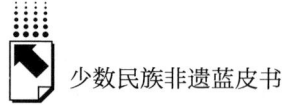

第一部分为总报告。主要回顾了2011～2018年我国非遗保护实践探索中数字化保护的基本现状，总结了近年来我国在少数民族非遗数字化保护领域内取得的宝贵经验，并提出了现阶段非遗数字化保护中存在的问题和未来发展的对策建议。

第二部分为民族篇。主要对2006～2018年黎族、羌族、毛南族等3个少数民族省级以上的非遗项目及代表性传承人进行了统计和分析，指出其中存在的问题，提出相应的解决措施和发展建议。

第三部分为非遗数字化保护篇。主要从非遗数字化保护的视角出发，对土家族传统节日、毕节市非遗的数字化保护进行了研究，同时对非遗的立法保护也进行了一定的研究；另外，依托当前的主流沟通媒介之一微信，研究了民间故事传承与发展的微信模式。

第四部分为非遗扶贫篇。主要从"非遗+扶贫"的背景出发，对非物质文化遗产开发的衡平机制、非物质文化遗产助推民族地区精准扶贫的基层实践、黔西南州文化扶贫工作现状等进行了理论探讨、实践研究。

第五部分为非遗立法篇。主要从非遗立法保护的角度，对中国非物质文化遗产文创产品开发的立法和政策、福建省和设区的市非物质文化遗产的立法实施情况、中医药非物质文化遗产立法实施情况等具体内容进行了全面研究。

第六部分为田野调查篇。主要从非遗及传承人的保护背景出发，从公共文化建设、文化自信的角度，对民族地区非物质文化遗产的保护与利用、西南民族传统技艺与文化自信、四川省阿坝州茂县羌族瓦尔俄足节传承人进行了调查研究。

第七部分为附录。主要统计了2018年我国政府层面和学界层面发生的与少数民族非遗密切相关的重要事件。

关键词： 少数民族　非物质文化遗产　数字化保护

目 录

Ⅰ 总报告

B.1 2011~2018年我国非物质文化遗产数字化保护的经验、
问题及未来发展对策……… 肖远平　王伟杰　刘　春　徐小玲 / 001

Ⅱ 民族篇

B.2 2006~2018年黎族非物质文化遗产保护发展报告
……………………………… 王月月　柴　立　杨孝军 / 024

B.3 2006~2018年羌族非物质文化遗产保护发展报告
……………………………… 张文婷　周毓华　周紫东 / 047

B.4 2006~2018年毛南族非物质文化遗产保护发展报告
………………………………………… 王　韬　苏安宁 / 070

Ⅲ 非遗数字化保护

B.5 土家族传统节日的数字化保护
——以酉水流域土家族"过赶年"为例 …… 姚伟钧　郎　芹 / 083

B.6 非物质文化遗产数字化传播研究
　　——以鄂西土家族为例 ············· 孙传明　庄新雪 / 097
B.7 毕节市非物质文化遗产的数字化保护研究······ 俞俊峰　刘　享 / 110
B.8 民间故事传承与发展的微信模式
　　——让"讲古日白"进微信 ········ 张宏彬　覃庆华　付祖波 / 129

Ⅳ　非遗扶贫篇

B.9 精准扶贫视域下非物质文化遗产保护利用的衡平机制研究
　　···························· 崔　磊　马发亮 / 141
B.10 非物质文化遗产助推民族地区精准扶贫的基层实践研究
　　——以中华布依锦绣坊项目为例 ·········· 王伟杰　王燕妮 / 158
B.11 乡村振兴背景下黔西南州文化扶贫工作现状调查研究
　　···························· 王燕妮　王伟杰 / 172

Ⅴ　非遗立法篇

B.12 中国非物质文化遗产文创产品开发的立法和政策研究
　　···························· 周刚志　王振宇 / 187
B.13 福建省和设区的市非物质文化遗产的立法实施报告
　　···························· 徐　华　王星星 / 199
B.14 中医药非物质文化遗产立法实施报告 ············ 李琴英 / 215

Ⅵ　田野调查篇

B.15 公共文化建设背景下民族地区非物质文化遗产的保护与利用
　　························ 李　林　李　欢　贺维伊 / 230

B.16 浅谈西南民族传统技艺与文化自信
　　　——以嘉绒藏族编织技艺为例 ………… 俞嘉颖　周　怡 / 245
B.17 四川省阿坝州茂县羌族瓦尔俄足节传承人调查报告
　　　………………………………………………… 马小鸿 / 259

Ⅶ 附　录

B.18 2018年少数民族非物质文化遗产大事记
　　　………………………………………… 梁　海　雍忆经 / 280

Abstract ……………………………………………………… / 295
Contents ……………………………………………………… / 298

皮书数据库阅读使用指南

总报告
General Report

B.1

2011～2018年我国非物质文化遗产数字化保护的经验、问题及未来发展对策[*]

肖远平　王伟杰　刘春　徐小玲[**]

摘　要： 伴随着科学技术的飞速发展，非物质文化遗产数字化逐渐成为保护非遗的有效手段。经过长时间的不断探索，我国在少数民族非遗数字化保护的领域内成效显著，并通过数字化保护的实践积累了丰富的经验，但也存在数字化保护体制机制不健全、数据库构建不完善、传播方式单一、知识产权保护力度不够等

---

[*] 基金项目：国家民委人文社科重点研究基地南方少数民族非物质文化遗产研究基地建设项目（民委发〔2014〕37号）的阶段性研究成果。

[**] 肖远平，彝族，教授，博士，博士生导师，贵州师范大学校长，国家民委人文社科重点研究基地南方少数民族非物质文化遗产研究基地主任、首席专家，研究方向为民俗学；王伟杰，博士，贵州民族大学民族文化产业发展研究中心副教授，研究方向为文化遗产与文化产业；刘春，硕士，贵州民族大学党校办公室副主任，研究方向为少数民族教育；徐小玲，贵州民族大学社会学与公共管理学院硕士研究生，研究方向为民俗学。

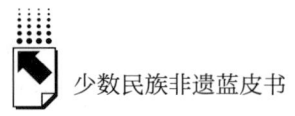

问题。本报告根据我国非遗数字化保护的具体实践,指出未来非遗的数字化保护要加强法律法规建设、完善非遗数据库、丰富非遗数字化保护的传播方式、加大数字化知识产权保护力度,使非遗在数字化浪潮中实现自身的价值。

关键词: 非遗 数字化保护 传播 信息共享

2003年10月17日,联合国教科文组织颁布的《保护非物质文化遗产公约》中第三条提到"保护"指确保非遗生命力的各种措施,包括对这种遗产各个方面的确认、立档、研究、保存、保护、宣传、弘扬、传承(特别是通过正规和非正规教育)和振兴。① 我国拥有着丰富的少数民族非物质文化遗产(以下简称"非遗")资源,不仅是一个民族或者群体所特有的精神内涵和文化底蕴的体现,而且是一个民族或群体的情感纽带。少数民族非遗同时也体现了民族文化多样性与民族文化认同感。伴随着科学技术的突飞猛进和数字化浪潮带来的发展新格局,数字化越来越成为保护非遗的有效手段。我国一直提倡并重视对非遗的保护,运用现代数字信息技术,把复杂的非遗资料信息变成可以录入计算机的可度量数据,进而建立可视化的数据模型,在大数据时代发挥非遗的重要信息价值,有着不可估量的现实意义,同时也丰富了非遗的保护传承措施和传播展示手段。

一 非遗数字化保护的基本情况

(一)国际上非遗数字化保护相关情况

非遗数字化保护就是采用数字采集、数字储存、数字处理、数字展示、

---

① 《保护非物质文化遗产公约》,联合国教科文组织大会于2003年10月17日在巴黎通过。

数字传播等技术,将非遗转换、再现、复原成可共享、可再生的数字形态,并以新的视角加以解读,以新的方式加以保存,以新的需求加以利用。① 非遗数字化保护已经被世界各国广泛关注,也是非遗保护的必然趋势。在1971年4月,亚太文化中心就建立了亚太非遗数据库,其中所有资源被分为基于社区的非遗项目、培训课程、学习材料、表演艺术、活动与会议、报告与文件六大板块。20世纪90年代以后,欧洲各国开始关注并尝试非遗数字化的记录与保存。1990年,美国国会图书馆启动"美国记忆"计划,将图书馆内的文献、手稿、照片、录音、影像等藏品进行数字记录与保护。1992年,联合国教科文组织发起了"世界记忆工程"项目,将现代信息技术应用到文化遗产保护中,从而推动了世界文化遗产数字化保护进程。此外,欧洲各国也对非遗数字化、数字博物馆等开展了一系列探索。1997年起,世界记忆工程设立《世界记忆名录》(Memory of the World Register),截至2019年中国已有13组(件)珍贵文献被列入《世界记忆名录》,其中有8组(件)珍贵文献在2011年及之后被列入《世界记忆名录》(见表1)。2002年,联合国教科文组织起草了《数字文化遗产保护指导方针》和《数字文化遗产保护纲领》的草案,2003年便通过了《保护非物质文化遗产公约》及《数字化遗产宪章》,将文化遗产的数字化保护正式纳入计划之中。② 2004年12月,联合国教科文组织与韩国三星电子公司建立合作关系,旨在通过三星公司的网络优势以及资源对世界非遗进行保护性研究,这是非遗数字化保护的一大进步。同年同月,联合国教科文组织支持的数字化保护丝绸之路文化遗产项目也开始起步。

表1 《世界记忆名录》中国入选项目

序号	入选时间	入选项目名称
1	1997年	中国传统音乐录音档案
2	1999年	清代内阁秘本档

---

① 王耀希主编《民族文化遗产数字化》,人民出版社,2009,第8页。
② 顾犇:《数字文化遗产的保护和联合国教科文组织的指导方针》,《国家图书馆学刊》2003年第1期。

续表

序号	入选时间	入选项目名称
3	2003 年	东巴古籍文献
4	2005 年	清代科举大金榜
5	2007 年	"样式雷"建筑图档
6	2011 年	《本草纲目》
7	2011 年	《黄帝内经》
8	2013 年	《侨批档案——海外华侨银信》
9	2013 年	元代西藏官方档案
10	2015 年	南京大屠杀档案
11	2017 年	甲骨文
12	2017 年	近现代苏州丝绸样本档案
13	2017 年	清代澳门地方衙门档案（1693 年至 1886 年）（中国和葡萄牙联合申遗）

注：本表数据根据中华人民共和国教育部官网资料整理所得。

（二）我国非遗数字化保护的相关法规

1. 国家级行政法规

我国非遗数字化保护起步较晚，2005 年 3 月 26 日《国务院办公厅关于加强我国非物质文化遗产保护工作的意见》（国办发〔2005〕18 号）明确指出"要运用文字、录音、录像、数字化多媒体等各种方式，对非遗进行真实、系统和全面的记录，建立档案和数据库"。我国官方文件中提及非遗的数字化保护，从而促进我国社会各界对非遗数字化保护的广泛关注。为了促进我国非遗的保护和传承，加强非遗的数字化保护，我国于 2011 年 6 月 1 日施行《中华人民共和国非物质文化遗产法》，其中第十三条明确规定："文化主管部门应当全面了解非遗有关情况，建立非遗档案及相关数据库。"该法为全国各地制定相关数字化保护法规与行业标准提供了依据和借鉴。2010 年 10 月，文化部启动"中国非遗数字化保护工程"，旨在通过先进成熟的数字信息技术，使我国大量珍贵、濒危的非遗得到真实、系统、全面的记录，使其得到更加有效的保护与传承，从而展现我国优秀传统文化的丰富内涵。该工程作为《文化部"十二五"时期文化改革发展规划》确定的项目，整体规划、分阶段逐步实施。第一期工程于2011年5月正式投入建设，于2011年12月正式验收，① 该工程极大地推动了非遗数字化保护的进程。2014年，为提升非遗数字资源的标准化水平，正式立项了《非物质文化遗产数字化保护专业标准》编制项目，并在2016年公开征求意见。2017年后我国针对非遗数字化保护的行政法规明显增多。2017年1月，中共中央办公厅、国务院办公厅印发的《关于实施中华优秀传统文化传承发展工程的意见》第十一条明确规定，"实施戏曲振兴工程，做好戏曲'像音像'工作，挖掘整理优秀传统剧目，推进数字化保存和传播"，推动了我国戏曲数字化发展。2017年3月，《国务院办公厅关于转发文化部等部门中国传统工艺振兴计划的通知》（国办发〔2017〕25号）强调"加强传统工艺的挖掘、记录和整理"。2017年4月，全国文化艺术资源标准化技术委员会秘书处收到相关标准报批稿，通过主任委员复核并上报文化部。② 2017年4月，《文化部关于推动数字文化产业创新发展的指导意见》中也指出要引导数字文化产业发展方向，促进优秀文化资源数字化：实施数字内容创新发展工程，鼓励对艺术品、文物、非遗等文化资源进行数字化转化和开发，实现优秀传统文化资源的创造性转化和创新性发展。在此期间，全国各地也加快了建立非遗数字化保护行业标准的步伐。2018年12月，文化和旅游部部务会议审议通过《国家级文化生态保护区管理办法》（以下简称《办法》），第二十一条提到"国家级文化生态保护区建设管理机构应当进一步加强非遗调查工作，建立完善非遗档案和数据库，妥善保存非遗珍贵实物资料，实施非遗记录工程，促进记录成果广泛利用和社会共

---

① 《"中国非遗数字化保护工程（一期）"项目通过验收》，中华人民共和国中央人民政府官网，2011年12月27日。
② 李庆禹：《"非物质文化遗产数字化保护"系列推荐性行业标准专家论证会在京举办》，中华人民共和国文化和旅游部官网，2017年11月8日。

享",①《办法》不仅进一步完善了我国少数民族非遗数字化相关法规，也为数字化保护加速发展提供了重要依据。

2. 地方性法规中相关规定

我国于 2005 年发布了《国务院办公厅关于加强我国非物质文化遗产保护工作的意见》，提出了数字化保护的明确目标。② 2011 年，中国非遗数字化保护工程正式进入建设期。为响应国家的号召，我国各地也逐渐出台了非遗数字化保护条例（文件）（见表2），广泛开展非遗数字化保护工作。

目前，已有云南省、贵州省、福建省、宁夏回族自治区、江苏省、浙江省、新疆维吾尔自治区、广东省、辽宁省、重庆市、山西省、湖北省、河南省、陕西省、河北省、西藏自治区、安徽省、甘肃省、江西省、山东省、上海市、湖南省、黑龙江省、广西壮族自治区、吉林省、内蒙古自治区、四川省、青海省、天津市、北京市等30个省（自治区、直辖市）制定了省级非物质文化遗产地方性法规。其中，25个省（自治区、直辖市）的省级非物质文化遗产地方性法规在其中对记录性数字化保护有具体说明。海南省虽未出台省级非遗地方性法规，但已经发布了非遗保护相关法规的第二次征求意见稿，并在第九条中提到非物质文化数字化保护相关措施。此外，我国台湾地区在1982年就颁布了文化资产保存方面的相关规定，对非物质文化遗产进行保护；③澳门特别行政区在2008年颁布了《澳门非物质文化遗产申报评定暂行办法》，第六条提到了运用数字化手段对非物质文化遗产进行全面系统的记录；香港特别行政区在2009年建立了康乐及文化事务署对非遗进行普查，收集研究数据。通过以上梳理可以发现，数字化保护已取得各个保护主体的认可，这是立法工作取得的初步成效。今后的数字化保护工作应在此基础上进一步制定更加详细的规定或条款，早日出台相关分类的数字化保

---

① 《国家级文化生态保护区管理办法》（中华人民共和国文化和旅游部令第1号），2018年12月10日文化和旅游部部务会议审议通过。
② 《国务院办公厅关于加强我国非物质文化遗产保护工作的意见》（国办发〔2005〕18号）。
③ 严永和：《我国台湾非物质文化遗产法律保护制度述评》，《中央民族大学学报》（哲学社会科学版）2009年第5期。

2011~2018年我国非物质文化遗产数字化保护的经验、问题及未来发展对策

表2 我国地方性法规(文件)

序号	省份	颁布时间	颁布部门	规范性条例(文件)名称	记录性(数字化)保护条例
1	云南省	2000年5月26日	云南省人大常委会	《云南省民族民间传统文化保护条例》(已废除)	第十二条
		2013年3月28日	云南省人大常委会	《云南省非物质文化保护条例》	第十三条
2	贵州省	2002年7月30日	贵州省人大常委会	《贵州省民族民间文化保护条例》(已废除)	第十条
		2012年3月30日	贵州省人大常委会	《贵州省非物质文化保护条例》	第九条
3	福建省	2004年9月24日	福建省人大常委会	《福建省民族民间文化保护条例》(已废除)	
		2019年3月28日	福建省人大常委会	《福建省非物质文化遗产条例》	第九条
4	宁夏回族自治区	2006年7月21日	宁夏回族自治区人大常委会	《宁夏回族自治区非物质文化遗产保护条例》	第十二条
5	江苏省	2006年9月27日	江苏省人大常委会	《江苏省非物质文化遗产保护条例》	第十四条
		2013年1月15日	江苏省人大常委会	《江苏省非物质文化遗产保护条例》(修订版)	第九条
6	浙江省	2007年5月25日	浙江省人大常委会	《浙江省非物质文化遗产保护条例》	第十条
7	新疆维吾尔自治区	2008年1月5日	新疆维吾尔自治区人大常委会	《新疆维吾尔自治区非物质文化遗产保护条例》	第十条
8	广东省	2011年7月29日	广东省人大常委会	《广东省非物质文化遗产条例》	第九条
9	重庆市	2012年7月26日	重庆市人大常委会	《重庆市非物质文化遗产条例》	第九条
10	山西省	2012年9月28日	山西省人大常委会	《山西省非物质文化遗产条例》	第九条
11	湖北省	2012年9月29日	湖北省人大常委会	《湖北省非物质文化遗产条例》	第十二条
12	河南省	2013年9月26日	河南省人大常委会	《河南省非物质文化遗产保护条例》	第七条
13	陕西省	2014年1月10日	陕西省人大常委会	《陕西省非物质文化遗产条例》	第十二条
14	河北省	2014年3月21日	河北省人大常委会	《河北省非物质文化遗产条例》	第十三条

续表

序号	省份	颁布时间	颁布部门	规范性条例（文件）名称	记录性（数字化）保护条例
15	西藏自治区	2014年3月31日	西藏自治区人大常委会	《西藏自治区实施〈中华人民共和国非物质文化遗产法〉办法》	第十四条
16	安徽省	2014年8月21日	安徽省人大常委会	《安徽省非物质文化遗产条例》	第十五条（一）
17	辽宁省	2014年11月27日	辽宁省人大常委会	《辽宁省非物质文化遗产条例》	第二十四条
18	甘肃省	2015年3月27日	甘肃省人大常委会	《甘肃省非物质文化遗产条例》	第十一条
19	江西省	2015年5月28日	江西省人大常委会	《江西省非物质文化遗产条例》	第二十三条（一）
20	山东省	2015年9月24日	山东省人大常委会	《山东省非物质文化遗产条例》	第九条
21	上海市	2015年12月30日	上海市人大常委会	《上海市非物质文化遗产保护条例》	第十二条
22	湖南省	2016年5月27日	湖南省人大常委会	《湖南省实施〈中华人民共和国非物质文化遗产法〉办法》	第五条
23	黑龙江省	2016年8月19日	黑龙江省人大常委会	《黑龙江省非物质文化遗产条例》	第十条
24	广西壮族自治区	2016年11月30日	广西壮族自治区人大常委会	《广西壮族自治区非物质文化遗产保护条例》	第三十二条
25	吉林省	2017年3月24日	吉林省人大常委会	《吉林省非物质文化遗产保护条例》	第十一条
26	内蒙古自治区	2017年5月26日	内蒙古自治区人大常委会	《内蒙古自治区非物质文化遗产保护条例》	第三十三条
27	四川省	2017年6月3日	四川省人大常委会	《四川省非物质文化遗产条例》	第十五条
28	青海省	2017年12月5日	青海省人民政府	《青海省非物质文化遗产保护办法》	第三十八条
29	天津市	2018年12月14日	天津市人大常委会	《天津市非物质文化遗产保护条例》	第十三条
30	北京市	2019年1月20日	北京市人民代表大会	《北京市非物质文化遗产保护条例》	第九条
31	海南省	2019年8月2日	海南省旅游和文化广电体育厅	《海南省非物质文化遗产保护条例（草案）》（第二次征求意见稿）	

注：本表中数据为课题组成员根据各省、自治区、直辖市官网公布的相关数据整理所得，不含港澳台地区。

护标准及操作手册,加强保护工作的强制性、科学性和可实施性。

3.我国非遗数字化保护的具体实践

随着非遗数字化保护的发展和提倡,人们对非遗数字化保护的意识也随之增强。此外,我国为丰富非遗数字化保护实践手段,在2006年建立了中国非物质文化遗产网,并于2018年6月启动了"中国非物质文化遗产网·中国非物质文化遗产数字博物馆",经过全方位的改良创新,于2019年3月上线最新版本。其分为8个板块,分别是首页、机构、政策、资讯、清单、资源、学术、百科,可以在首页中看到国家级非遗代表性项目名录、人物、中国非遗传承人群研修研习培训计划、传统工艺振兴计划等专题;在机构中可以看到国内机构、国际组织或机构,如中华人民共和国文化和旅游部;政策中包含国内法规文件、联合国教科文组织文件和重要会议;在资讯中可以了解到新闻动态、专题报道以及通知公告;清单中包含了国家级非遗代表性项目名录、代表性传承人、生产性保护示范基地、国家级生态保护区、联合国教科文组织非遗名录以及中国入选联合国教科文组织非遗名录;在资源中可以看到展览、影音和图集;在学术中可以了解论坛、调研和访谈情况;百科里包含申报指南和知识窗户。可以看出"中国非物质文化遗产网·中国非物质文化遗产数字博物馆"比较完善,体现出我国对非遗数字化保护的重视。

我国很多文化事业单位、高校和企业也加入了非遗数字化保护的行列中,如永新华韵文化发展有限公司在2016年与联合国教科文组织合作搭建非遗大数据平台DIICH,并建立了关于非遗数据收集和搜索的展示平台,同时也建立了《三层五分法分类标准》、《非遗元数据标准》以及《唯一性标识符标准》,其标准适用于全球非遗数据的分类。2018年10月,永新华韵文化发展有限公司正式加入国际电信联盟(ITU),积极参与到全球数字文化领域标准化建设中。[①] 2018年1月,中国非遗保护中心推出微信公众号"1分钟知非遗事·非遗半月报",通过一分钟来介绍半个月来国内有关非遗

---

① e飞蚁国际非遗平台:《数字文化标准建设,非遗传承创新发展——国际电信联盟(ITU)电信标准化局运营与规划处首席执行官亚历山大·恩托克先生到访永新华韵》,搜狐网,2018年11月24日。

保护的重要新闻,截至2019年9月,已推送了41期新闻。2019年9月,中国戏曲学会、河南豫剧院加入短视频艺术普及和全民美育计划——"DOU艺计划",在北京师范大学艺术与传媒学院的推动下将优质的戏曲短视频与抖音融合,使之进入大众的视野,培养戏曲观众,让戏曲回归大众、拥抱未来。在非遗数字化保护中开展较早且有代表性的还有佳能(中国)有限公司。佳能(中国)长期以来,尤其是汶川地震以来,持续关注我国的非遗传承事业,积极投身于利用照片、视频等影像助力西南少数民族地区的非遗保护,为我国民族地区非遗的数字化保护做出了诸多贡献(见表3),如极具代表性的少数民族非遗白族扎染、傣族孔雀舞及彝族铜鼓舞、火把节等。从侧面反映出数字化保护是未来我国少数民族非遗传承发展的重要手段。

表3 佳能(中国)文化遗产数字化保护相关项目

序号	年份	文化保护项目
1	2008年	《藏谜》
2	2009年	云影共生——羌族非遗数字化保护
3	2010年	苗族非遗保护(苗绣、苗银、鼓藏、芦笙舞)
4	2011~2012年	白族扎染技艺、绕三灵
		彝族铜鼓舞、火把节
		傣族孔雀舞、手工造纸技艺
5	2013年	苗寨回访
6	2014年	佳能影像发现丝路之美:西安、河南洛阳(皮影戏、华阴老腔、唐三彩)
7	2015年	佳能影像发现丝路之美:甘肃河西走廊文化遗产展览
8	2016年	佳能影像发现丝路之美:新疆多民族交流融合文化摄影展览

注:根据佳能官网相关数据整理所得。

(三)我国非遗数字化保护的重要意义

非遗数字化保护就是利用现代数字信息化技术来保护非遗,让非遗持续创新发展、永葆生命力。数字化技术已经大量在生活中有所应用和体现,也自然而然地渗透进人们对非遗保护的观念中,所以就当前的形势来看,我国的非物质文化遗产数字化保护有着以下现实意义。

1. 非遗的数字化保护可以对现有的非遗事项进行有效的记录和保存

随着改革开放的推进，我国的经济和物质生活得到了一个质的提升，广大民众的生产方式、生活环境也在潜移默化地发生变化，非遗正在渐渐地淡出传统视野，它不仅仅是遗存或古董，还是活态化的传承与发展。因此，急需技术性的手段对非遗进行抢救性的保护。现代数字信息获取与处理技术可以取代传统意义上的摄影、录音、录像保存，数字化技术如图文与立体扫描、全息与数字摄影、运动捕捉等没有书籍丢失与生霉、录像带分辨率降低及色彩退化、录音机失真等问题，很大程度上为非遗的保存提供了更加先进的方法与手段，能更加长久地记录和保存这些十分珍贵的非遗，为人类社会的可持续发展提供了条件。

2. 非遗的数字化复原和再现技术为非遗的传承提供了条件

由于生产方式、生活环境逐渐改变，非遗如今面临前所未有的传承困境，现代数字图像处理与虚拟数字复原再现技术日趋成熟，为非遗的还原与再现提供了可能。例如皮影戏将传统绘画、雕刻、美术融于一体，集电影、电视动画于一身，数字化保护开发过程采取2D、3D数字动画技术，恢复和再现绘画、雕刻、美术及表演的原场景，将皮影的制作过程、表演内容制作成可视的三维立体影像，打破学习非遗对特定人物、场地、时间的要求，实现对皮影戏的制作过程及表演原过程的重现，供后来的人们学习、交流及创新，从而增加人们对皮影戏的了解及兴趣，吸引更多的人加入传承非遗的队列。

3. 非遗的数字化保护方式有助于非遗的传播与展示

数字化虚拟展示技术与网络技术已经被应用到生活的方方面面，因此可将非遗与多种媒介相结合，借助各类平台进行传播，使其以新的方式适时地进入大众的视野，一传十、十传百，从而使非遗资源得到最大限度的共享。与此同时，现代新兴信息技术与非遗有机融合在一起，不仅可以使观众直观地看到非遗的内容、技艺等，还能使非遗"活起来"，吸引受众的注意力，让他们主动了解和关注非遗，从而更好地探讨非遗所要表达的真正意义。此外，我国为了促进非遗数字化保护的发展，已经在多个省、市建立起了拥有360°环视扫描、虚实结合场景、三维空间虚拟技术的非遗数字博物馆，例如北京的博物北京、故宫数字文物库、故宫名画记、故宫数字多宝阁，江西的博物江西，河北的河北数字博物馆等，这些数字化博物馆可以让人足不出户参观馆内藏品，在线学习各类优秀的传统文化等。因此数字化多媒体技术在非遗博物馆展览中的应用能向观众展示"活态"的非遗，进而促进非遗的展示、传播与交流。

4. 非遗的数字化保护有助于非遗信息共享

传统的非遗保护形式使非遗的传播范围小、受众面狭窄，导致许多优秀的非遗处于濒危的境地。随着当今社会网络、智能技术的发展，非遗数字化保护实现了复杂的非遗数字化存储、更新、修复、还原以及信息的全民共享。首先，数字化保护的优势是可以让人通过网络感受到非遗的生机与奥秘，加之非遗与虚拟技术、3D技术的融合，真实再现了非遗的内容，激发受众对非遗的热爱。如我们进入数字博物馆后，点击鼠标就可以看到黄平泥哨完整的制作技艺，包括和泥、摔打、手捏成型、染烧制、涂色的全过程。其次，非遗靠个人或者单单一个群体保护是行不通的，只有靠整个中华民族的力量才能持续发展。而数字化保护方式能够使非遗顺应时代的发展，更好地融入现代生活，进入大众的视野并得到广泛的认同，从而推动非遗产业化发展，为非遗传承人以及相关从业人员提供经济保障，激发其传承与传播非遗的信心。最后，数字化保护方式以活态的方式保存各民族非遗的内容和精髓，便于学者专家或爱好者研究以及普通公众查阅，促进了非遗的在线化共享和网络化传播。

二 我国非遗数字化保护领域积累的宝贵经验

自2011年国务院颁布《中华人民共和国非物质文化遗产法》以来，经过近十年的共同努力实践，我国非遗的数字化保护工作发展迅猛，抢救性发掘、记录、保存了一批濒危的少数民族代表性非遗项目的相关资料，也利用现代的数字化技术、可视化技术等为非遗的可持续发展与传承提供了新思路和新方法，在非遗的具体保护实践中积累了宝贵的经验，为世界范围内非遗的长期保护提供了良好的借鉴。

（一）建立非遗网站及数据库

我国的非遗资源种类繁多、内容丰富，通过构建数据库可实现对非遗的立档管理，进行实时监测，使得非遗保护工作可以高效顺利地进行。在科学的分类体系、合理的框架结构和有效的管理运行之下建立的非遗数据库，不仅能真实、系统、全面地记录一个地区或国家非遗的全貌，还提供了便捷查询、交换和利用数字资源的途径，对于非遗项目的保护、研究和传播，具有基础资料参考和动态辅助决策价值。[①] 我国非遗数目众多、分布广泛，尤其是少数民族非遗又散落在经济发展相对落后、交通信息不发达的民族地区，若是"一刀切"地采用传统的保存方法，需要耗费大量时间和精力，进行拉网式的清查寻找更会耗费大量的人力物力，因而部分地区非遗的保护管理工作举步维艰。而非遗数据库的构建和不断完善顺利地解决了这个难题。非遗数据库可以储存大量的资料，可以快速录入新的资料并对其进行科学分类，而且可以快速地搜索查询到所需的资料。数据库后台服务也会定期更新、查漏补缺，及时补充和修复非遗的数据资料，从而保证了对非遗进行科学管理的效率和质量。当前，我国各级基层政府部门逐渐意识到非遗保护的重要性，各地各级非遗保护中心也普遍建立了非遗网站及数据库，供公众免费参观、了解、学习和研究。部分省份甚至颁布了涉及非遗数字化保护的保护条例，如《贵州省非物质文化遗产保护条例》中第九条提到"县级以上人民政府负责组织对非遗进行普查、调查，文化主管部门具体实施，并对非遗予以认定、记录，建立档案和数据库"。此外，2017年10月上线的中国非遗保护数据库是个成功的例子。其数据库的总容量达276G，数据库包含11类资源（非遗项目、史料文献、研究专著、研究论文、影卷、影偶、田野调查

[①] 杨红：《档案部门与非物质文化遗产数据库建设》，《北京档案》2011年第3期。

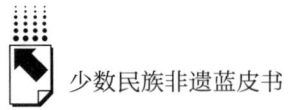

图片、田野调查音频、田野调查视频、田野调查笔记、传承人信息)、7 大栏目（史料文献、影卷、影偶、传承人、田野调查资料、代表作名录、研究成果）①。可以看出，数字化保护已成为非遗保护工作中的一大亮点。

（二）加快修复和抢救非遗资料

由于现代生活方式的不断冲击，非遗传承人及项目逐渐淡出人们的视野，也因为非遗所具有的稀缺性和不可再生性，非遗的修复与抢救已经时不我待，利用现代化的数字化技术对非遗进行抢救性保护是可行的也是必要的。由于非遗不是静态的陈列物，而是不断发展变化的动态的文化事项，靠传统的采访、录音、拍照、摄影等方式收集的非遗资料可能会随着时间的推移变得模糊，在保存过程中也容易丢失，变得不完整；也有可能在采访中的主客观意识导致所保存的东西有误，但因无法修改而一直传播错误的理念。而把收集的资料以数字化的形式存储在数据库中，一旦发现错误，可以及时修改和完善，以此确保非遗资料的准确性和完整性。同时，非遗的外观立体结构可以通过数字化技术记录和展示被完整修复、还原的过程。如福建省的非遗项目"木拱廊桥传统营造技艺"，因其使用短的木料且不用铁钉而闻名于世，通过编梁的技术来实现大的跨越。现今许多有着文化价值意义的拱桥被损毁、遗忘，桥梁师傅、修复手艺人也随着时代的发展越来越少，而数字化技术恰好能弥补这个短板。宁德市屏南县谢坑村在 2011 年重新修复还原了一座廊桥，福建省图书馆则利用现代化的机器设备对修复过程进行了完整拍摄，有效记录了廊桥修复的科学知识和精湛技艺，为后人保护、传承、学习、研究相关制作技艺提供了数字资源。② 尤其是在已有数字资源的基础上，通过计算机对桥梁位置、角度、长短、宽窄等技术参数进行数字化归纳，甚至可以设计出一套相应的软件程序，让设计出来的桥梁参数更为精准。再结合虚拟场景建模、计算机辅助设计等技术将木拱廊桥传统营造技艺

---

① 叶青、何研：《中国非遗保护数据库正式上线》，《科技日报》2017 年 10 月 30 日。
② 邵海鹏：《文化遗产"数字化"，创新保护传承手段》，《山西政协报》2018 年 5 月 25 日，第 3 版。

的全过程进行数字化处理,通过三维动画进行展示,人们就可以通过计算机欣赏到桥梁制作的全过程,非遗传承人便能更方便地依照数字化呈现的传统工艺进行复原。通过数字化技术加快修复和抢救非遗,使非遗能够以数字化的方式"活起来",从而赋予非遗项目"新生命",较为圆满地达到了"见人见物见生活"的新要求。

(三)实时掌握非遗发展规律实施动态管理

许多在历史长河中留存下来的非遗,如传统技艺、民俗、传统医药等,看似永恒不变,但随着现代科技进步和新的意识形态的影响,它们也在发生着改变,其本质是一种有生命力的文化,在漫长的历史长河中不断变化、发展。非遗是植根于民族民间的流动文化,是发展着的传统生产和生活方式,因此各个保护主体对非遗的实时监控极其困难。也因为缺乏对其的动态管理,政府对非遗的关注被动且效率不高。大数据的出现在很大程度上改善了这一情况。大数据的核心理念就是要建立清楚详尽的数据库,非遗演变和传承过程中的一切数据将被实时记录并保存在相关数据库中,实现联网进行实时更新和动态监控,从而全面地掌握非遗的演变过程,探索其演变规律,进而根据时代的发展,取其精华去其糟粕,促进非遗长期稳定的保护与发展。除此之外,通过数字化保护也能实时了解市场和消费者的动态,通过对市场和消费者的统计分析,针对性地开发受欢迎的非遗项目,从而促进非遗数字化产业发展。同时,数字化保护拉近了非遗和公众的距离,使公众明白保护和传承非遗是一个长期的多方参与的宏大工程,离不开政府的大力支持和传承人的默默坚守,更需要民众的关注和支持。因而非遗的保护和管理还需要不断与时俱进,只有牢牢抓住非遗的变化发展规律,对其实施动态管理,才能适应不断变化的环境。

(四)培养强大的非遗数字化保护人才队伍

非遗数字化保护的基层实践需要大批量的专业技术人才,如非遗数据库建设管理人才以及非遗文化体验相关的交互技术人才、可视化技术人才等。这方面的人才是一大批复合型人才：既需要熟知非遗保护和传承等文化理论知识，又需要熟练掌握较为高端的数字化技术。随着数字化技术的异军突起，以及在非遗保护中发挥巨大作用，我国逐步大力提倡实行数字化、个性化教育，培养数字化人才。《教育部关于加快建设高水平本科教育全面提高人才培养能力的意见》（教高〔2018〕2号）第24条就提及"应大力推动互联网、大数据、人工智能、虚拟现实等现代技术在教学和管理中的应用，探索实施网络化、数字化、智能化、个性化的教育"。非遗传承和发展的主力军是新一代年轻人，基层文化单位、高等院校、文化企业在培训和培养非遗相关人才时，要在非遗保护与传承的相关知识教育中融入"数字化"这一概念，除了涉及非遗数字化保护的相关理论知识，还涉及数字化保护的相关操作技能，以及我国关于非遗数字化的发展方向和方针政策等。随着现代可视化技术和人机交互技术的不断发展，非遗数字化技术人才的培养目标逐步向感知能力和交互能力方面发展：如何让计算机实现师徒教学口传心授的效果，如何在数字化技术下实现非遗展示系统与人们有更多的交流。当前，我国围绕非遗数字化保护的理论探讨和实践案例已先后召开了多次学术会议，并开设了相关非遗数字化培训班，[1]采取"理论+实践"的方式，重点培养了一批关于数字化采集、修复、展示的人才，从而为非遗数字化保护提供了强有力的人才支撑，也为世界非遗数字化保护提供了"中国经验"。

三 我国非遗数字化保护实践中存在的问题

非遗的数字化保护是现代科学技术与中国传统文化相融合的具体体现。社会文化发展的基础是科技创新，而科技发展的方向标是文化。科技推动着社会的前进，而文化从精神上支撑着社会发展，二者互通互补。[2] 在我国非

---

[1] 侯文斌：《全国非遗数字化采集专题培训班举办》，《中国文化报》2016年7月12日。
[2] 刘聪：《中国非物质文化遗产数字化保护的意义与实现》，《大众艺术》2016年第4期。

遗数字化保护飞速发展的进程中，其保护手段受重视的程度不断加深，其对非遗的有效传承也起到了巨大的作用，但也存在着非遗数字化保护法制建设不健全、数据库不完善、数字化传播方式单一、数字化知识产权保护力度不够等问题，亟待在未来的非遗保护与传承实践中逐一解决。

（一）非遗数字化保护体制机制不健全

非遗是一个和民族与国家紧密联系的概念，保护非遗对于继承弘扬中华民族优秀文化和推动我国当代文化创新发展具有重要的战略意义。[①] 因此保护数量可观的非遗是我国文化繁荣、经济发展的重要内容。我国第一次提到非遗数字化保护的官方文件是国务院办公厅在2005年3月26日颁发的《国务院办公厅关于加强我国非物质文化遗产保护工作的意见》，到2011年6月1日国务院公布《中华人民共和国非物质文化遗产法》，数字化在法律层面成为一种非遗保护方式。对比文化遗产保护较早的韩国、日本等国，我国非遗法制化建设起步晚，且现有的非遗法律条款内容大多关于非遗的调查、代表性名录等方面，数字化保护方面的内容较少，也尚未形成一个完整的法律保护体系。非遗数字化保护立法工作任重道远，具体体现为非遗数字化保护在我国基层政府层面尚缺乏进一步的重视。我国在2011年出台的保护非遗的法律文件中明确提出非遗数字化措施等内容，其在数字化保护方面的规定主要是政策上的，而对非遗收集、录入、存储的标准，以及在收集过程中如何对相关器物、遗址造成最少伤害的规定较少。我国各省（区、市）的非遗保护条例中关于数字化保护的条文也较少，部分地区到目前为止还未出台与非遗数字化保护相关的法规。不仅如此，我国还缺乏完善的与非遗法律保护相关的执法机构和队伍，公众在非遗数字化保护方面的法律意识也较为薄弱，因此健全非遗数字化的法律保护体系是当务之急。

---

① 王文章、陈飞龙：《非物质文化遗产保护与国家文化发展战略》，《华中师范大学学报》（人文社会科学版）2008年第2期。

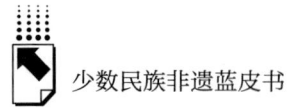

（二）非遗数据库构建不完善

非遗数据库作为保存非物质文化遗产资源信息的海量数据库，在传承和保护非遗上起到了不可替代的作用。非遗数据库能把各种非遗的相关信息（核心内容、代表性人物、传承方式）聚合在一起，方便人们调查研究、保护及利用。随着互联网技术的不断革新及发展，我国各地陆续建设了涵盖本地区非遗名录的数据库，但由于资金不足、专业人才匮乏、普及意识不够等，我国非遗的数据库建设较为滞后，内容和形式较为单一。首先体现在非遗的数据采集上，非遗无论是从内容、数量上看还是从类型上看都是多种多样的，不同地区的非遗采集标准不一样，因此其收集记录以及创作的第一手资料（相关图片、录音、视频）会因个人收集、整理资料方式的不同而不同；加之非遗自身的独特性、各个地区所入库的信息不对等原因，信息难以实现全网流通，给非遗的后续保护和管理带来了极大不便。[1] 其次体现在各个地区管理非遗机构的数据后台服务上。给数据后台服务投入大量资金以及技术性人才的地区，其非遗的数据更新周期也相应更短，能够及时发现错误并修补数据，而资金不足、人才欠缺的地区则举步维艰，导致地区间的非遗数据信息无法共享，非遗数字化保护项目的运作效率也因此受到影响。最后体现在数据库建设模式上，数量较多的非遗数据库没有摆脱固有的模式，大多数以文字、图画、影音的形式来展览内容，框架以文化遗产、保护基地、机构、政策、申报指南、遗产相关新闻等内容为主。这种初级数字化的数据库建设方式缺乏创新，更容易形成各自为政的信息格局。因此，非遗数字化保护的首要工作就是尽快形成统一的技术参数标准，建立相互融合、信息共享的联网数据库。

（三）非遗数字化保护的传播方式单一

当今社会是互联网飞速发展的时代，非遗的传播也发生了天翻地覆的变化，

---

[1] 周光雷：《数字化保护——非物质文化遗产保护的新路向》，《文化创新比较研究》2018年第20期。

传播内容也具备了信息化、数字化特征，渠道也更加多样化（报纸、书籍、电视、广播、网络等）。非遗传承的是传统优秀文化，提升其影响力不仅需要通过传统的传播方式，而且需要融合新媒体等传播渠道，展现出非遗"鲜活"的一面，促进其与现代接轨。但是目前我国非遗数字化传播形式单一，无创造性，较多非遗平台主要运用文字和图片来展示，仅有少部分网站融合视频、影像等表现形式，且较多平台普遍存在信息更新周期长、推送消息不及时、知识问答平台无人回复等问题。随着我国近年来经济的飞速发展，生活节奏也逐步加快，为了适应快速的生活节奏和年轻一代的精神需求，数字平台上的非遗信息与传统的"深、精"相反，以"快、浅"为主，商家或者平台为了争夺注意力经济，歪曲了非遗的文化内涵，使身为优秀传统文化的非遗在直播平台上沦为"文化快餐"。① 此外，我国很多省市虽然在博物馆、文化馆中的非遗展示区域中融入了 VR 体验、交互体验、电子阅读等新技术，但由于在利用新技术进行传播方面投入的资金少，较多体验项目长期处于初始状态。因而未来我国的非遗数字化保护也需要创建稳定、丰富、快速的传播渠道。

（四）非遗数字化知识产权保护力度不够

在互联网如此发达的时代，非遗数字化对非遗的保护起了重要作用，但也会面临数字化技术对原有的传承保护模式造成一定冲击的问题，如果加上录入存储方式不当或数据错误，就会造成非物质文化遗产资源的流失。非遗信息资源的联网共享和在线化传播，则可能遇到被公众浏览并肆意下载等问题，这样就涉及知识产权纠纷。

同时，在非遗数字化过程中知识产权也会遇到诸多难题，首先体现在意识上，如非遗通常都是由某个民族或者群体在历史长河中慢慢创造出来的，因此很多学者认为知识产权可能会割裂非遗的整体性，而且这些产权应该归属于谁？② 其实非遗数字化知识产权所保护的对象并非整个非物质文化形

---

① 周子渊：《非物质文化遗产的数字化传播研究》，《青年记者》2012 年第 26 期。
② 褚佳星：《我国非物质文化遗产数字化的知识产权保护研究》，硕士学位论文，东北农业大学，2019，第 16 页。

态，而是这个领域内可以获得知识产权保护的具体对象。其次体现在现有的法律法规上。现有的非遗知识产权主要依据《物权法》和《非物质文化遗产法》来保护，而数字化非遗知识产权的相关法律欠缺，导致非遗知识产权与现有知识产权之间因界限不清而产生矛盾，如"安顺地戏"认为《千里走单骑》电影侵权并打官司的案例。最后体现在非遗的知识产权也涉及非遗数字化后的数字产业发展，以及非遗的有效保护和长远性发展等问题。多数非遗传承人年纪偏大，对数字化感到陌生，担心非遗的数字化会泄露非遗的技艺，更会产生数字化后衍生品的归属权等问题。因此，加强对非遗的知识产权保护同样是数字化工作的重要内容。只有这样，才能既做好非遗的数字化保护，又充分调动传承人等相关人员的积极性，为非遗数字化保护与发展打下坚实的基础。

四 我国非遗数字化保护的未来发展建议

非遗数字化保护是一个持续的不断前进的过程，就我国的非遗数字化保护过程来说，要保证非遗保护的初衷不变并切实取得可喜的成效，就必须从数字化保护的基层实践出发，健全非遗数字化的法律保护体系，完善非遗数据库建设，丰富数字化保护的传播方式，并加大非遗数字化的知识产权保护力度。

（一）加强非遗数字化保护的法律法规建设

鉴于非遗的特殊性，单靠确认、立档、研究、保存、保护、宣传、弘扬、传承和振兴等保护措施已远远不够。必须加强立法，建立完善的法律保护体系，对非遗进行全面的保护。[①] 关于非遗的数字化保护，首先，厘清"数字化"的含义，再根据非遗的特征、传承方式等来寻找法律依据，明确非遗数字化保护的法律模式，再从上往下、从大往小往这个模式里添加法律

---

① 谢岩福：《我国非物质文化遗产的法律保护》，《经济与社会发展》2008年第10期。

条例，形成更有价值的法律体系。因为非遗不是呆板生硬的，而是承载着一个民族的历史和文化，其传承方式也是多种多样的，许多以口传身授方式传承的非遗其数字化保护需要更多的资金、人力，而这就更需要法律层面的支持。其次，我国非遗数字化保护的法律进程跟国外对比是相对滞后的，因此我国可以吸取国外数字化保护立法的先进经验，如日本对非物质文化遗产的保护极其重视，在2004年时由Noriko Kando等人设计了一种应用于物质和非遗异构信息资源多维度整合的元数据方案。最后，非遗数字化保护不仅仅是国家的事情，因而公众需要增强数字化法律意识，集思广益，以我国颁布的《非物质文化遗产法》为统领，立足于各个地区非遗的实际情况，制定相适应的地方性数字化法律条例。此外应建立专门的监管机构，重视数字化法律在实践中的执行效果和效率，并根据社会的需要及时修订，使非遗在数字化技术下得到全方位保护并使其文化价值得到全面利用。

（二）完善非遗数据库建设

非遗的保护工作是一项浩大的工程，它不仅是一个国家或地区文化的体现，还涉及文化差异性与文化认同性，更是与我国文化繁荣和经济建设密切相关。非遗数据库对我国非遗的保护和创新有着重要的意义，但严格意义上的非遗数据库并不是简单地对数据进行存储，而是在对非遗进行全面调查发掘的基础上，对所收集的数据按统一的标准进行整理、分类，再系统化地录入数据库。[①] 首先，从我国非遗数据库现状来看，应根据非遗的特点统一数据采集标准以及培养专业型人才，在资金的落实等方面也要加大力度，从而对非遗进行有效的整合。其次，现在很多非遗项目的传承处于濒危状态，如依靠口传心授方式传承的玛纳斯，有着重要的历史价值和文化价值，因而可以运用科学创新技术来保护这些文化遗产，运用触屏技术、VR虚拟展示技术增强非遗的逼真度和受众的体验性，实现随时随地阅读、交流互动，从而提高非遗的文化价值和利用效率。最后，根据每个地方的特色开展独具特色

---

① 余杰：《中国非物质文化遗产的数字化保护与开发研究》，《大众文艺》2015年第9期。

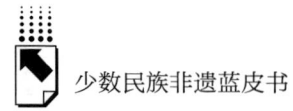

的数据库建设，这需要全面挖掘非遗的内涵并和专业的知识理论相融合，获取公众的需求导向。这样有助于引起公众的关注，建设实用价值与文化价值高度融合的非遗数据库，促进我国非遗的可持续保存和保护。

（三）丰富非遗数字化保护的传播方式

非遗数字化传播的主要目的是扩大非遗的受众面，以进入公众的视野从而提高影响力。因此要丰富非遗数字化传播的载体，可以充分发挥传统传播渠道和新兴传播渠道的优势，实现共赢。如央视播出的大型文博探索节目《国家宝藏》无疑是成功的，其回应了时代的需求，以明星演绎文物的故事和专家讲述与文物相关的专业知识的方式播出，不仅通过明星效应吸引到了观众，而且以观众喜闻乐见的方式传播了中国的优秀文化，做到了文化为内核，综艺为表象，创造了一种全新的传播形式。因此非遗的传承保护也应该抓住电视这一传播渠道，把非遗与各种各样的综艺、动画片、纪录片等结合起来，实现融合创新，扩大受众面，让非遗重回大众的视野。其次，智能手机是现今普及率最高的大众传播工具，因此，非遗的传播要充分利用这个传播工具，建立地方性非遗的网站、抖音号、官方微博、微信公众号等，在这些平台定期更新和推送非遗的相关信息，定期直播或建群，与非遗的粉丝交流互动并解答疑难问题，通过头脑风暴创造出更新颖、更凸显文化内涵的传播方式。同时，通过这些平台制造话题加强与受众的互动或举行关于非遗的比赛（拍视频、图片、文章、讲解等形式），鼓励受众发现和传播身边的非遗，以此扩宽其传播渠道，进入公众视野。最后，可以挖掘非遗的文化内涵并结合数字化技术发展文化创意产业，如数字化出版、影视、动漫、游戏等，以此来推动非遗数字化产业发展。同时还要加大在相关数字技术研发上的资金投入力度，满足非遗数字化传播的技术需求。

（四）加大非遗数字化知识产权保护力度

现代知识产权制度所保护的智力成果可以与非遗本身作为智力成果进行匹配，两者都是人类劳动实践而产生的智力成果，都是精神层面的知识存在。① 加大非遗数字化知识产权保护则要从以下方面入手。

首先，推进非遗数字化知识产权的法律法规体系建设，与现有的非遗区分开来，解决好法律上存在的诸多争议，应重点关注非遗数字化中的主客体认定、版权、成果运用权限等问题，并切实保护好非遗项目传承群体的利益，做到既满足公众的需求实现数据共享，又激发传承群体的主动性和创造力。②

其次，建立非遗数字化知识产权保护体系，由政府牵头带动各个地方运用各自的优势建立独具特色的非遗保护中心，全方位地保护非遗知识产权不受侵害，分别建立执法部门和监管部门对网络上的非遗进行管理和监督审核，通过法律手段保护非遗数字化的安全，对侵犯知识产权的用户给予一定的惩罚。

最后，非遗数字化带来的数字产业发展不仅要以文化为基础，坚持真实原则，还要注重提高非遗数字化保护的科学性，充分考虑传承人的建议，多与传承人沟通并鼓励和引导传承人学习数字化保护的相关知识，号召其参与非遗数字化保护工作。在相关的数字产业发展中也要根据知识产权来协调好利益关系，给予传承人充分的话语权和相关收益，从而达到真正保护非遗的目的。

---

① 桑郁琦：《完善非物质文化遗产的知识产权保护》，硕士学位论文，上海师范大学，2018，第12页。
② 赵月明：《论非物质文化遗产的知识产权保护》，硕士学位论文，吉林大学，2016，第12~13页。

民族篇

Reports of Ethnic Groups

B.2
2006~2018年黎族非物质文化遗产保护发展报告*

王月月 柴立 杨孝军**

摘 要： 黎族是我国的一个古老民族，在长期的发展进程中形成了独特的民族文化，构成了我国非物质文化遗产（以下简称"非遗"）中的一大瑰宝。报告从国家级、省级已公布的黎族非遗代表性名录、非遗传承人以及相关学术研究等方面入手，

---

* 基金项目：国家民族事务委员会人文社科重点研究基地南方少数民族非物质文化遗产研究基地（民委发〔2014〕37号）、教育部民族教育发展中心民族民间文化教育传承创新重点研究基地（高等院校）、贵州民族大学少数民族非遗传承创新研究团队的阶段性研究成果。

** 王月月，上海大学文学院2019级博士研究生，贵州民族大学人文科技学院讲师，研究方向为文化遗产研究；柴立，满族，教授，硕士生导师，医药化工高级工程师，贵州宏宇健康产业集团（筹）股份有限公司董事长兼首席执行官，研究方向为民族医药学；杨孝军，穿青人，贵州民族大学人文科技学院2017级文化产业管理专业本科生，研究方向为文化资源保护与利用。

对黎族非遗的发展现状进行了系统性的整理和分析,认为在制定相关法规体系、发展非遗旅游、支持和培养传承人、开展数字化保护、对外宣传与交流等方面取得了重要成果,但在传承人年龄、非遗旅游、非遗文创方面也存在一些问题需要解决。报告认为可通过完善法律法规、鼓励和培养传承人、规范非遗旅游市场、开发非遗文创、建立非遗工坊等途径促进黎族非遗的保护和发展。

关键词: 黎族　非物质文化遗产　数字化保护　文化创意

考古资料显示,黎族的先民在3000年前的殷周时期已经定居于中国海南岛,是我国一个古老的民族。黎族普遍自称"赛",因分布地区、服饰、方言等方面的差异,其内部又有"侾""杞""美孚""润""赛"等称呼[1]。据2010年第六次全国人口普查统计,黎族主要聚居在海南省保亭、昌江、白沙、陵水、乐东、琼中六个黎族自治县,以及三亚市、东方市、五指山市,其他散居在海口、万宁、屯昌、琼海、澄迈、儋州、安定等县市[2]。此外,全国黎族人口分布上万的省份主要有广东省(19579人)、贵州省(135173人)[3]。

一　黎族非物质文化遗产的名录保护情况

黎族非物质文化遗产资源十分丰富,不仅有多个项目入选了国家级非遗代表性名录,而且还有项目入选了世界级非遗名录。2009年10月,黎族传

---

[1] 杨圣敏主编《中国民族志》(修订本),中央民族大学出版社,2004,第347页。
[2] 杨圣敏主编《中国民族志》(修订本),中央民族大学出版社,2004,第346页。
[3] 国务院人口普查办公室、国家统计局人口和就业统计司编《中国2010年人口普查资料》,国家统计局官方网站,http://www.stats.gov.cn/tjsj/pcsj/rkpc/6rp/indexch.htm。

统纺染织绣技艺被联合国教科文组织列入世界首批急需保护的非物质文化遗产名录,跻身世界级非物质文化遗产之列。

(一)黎族国家级非遗代表性项目名录统计

根据国务院公布的四批国家级非物质文化遗产代表性项目名录对黎族非遗项目进行整理统计,第一批黎族非遗项目有 6 项,第二批 4 项,扩展项 1 项。第三批和第四批国家级非遗代表性项目中,无黎族非遗项目(见表1)。报告中的黎族非遗项目统计标准如下:一是项目名称中含有"黎族"的;二是申报地区为黎族自治县的;三是为黎族人民认同并加以传承的。

表1 国家级非物质文化遗产名录黎族非遗项目统计

项目类别	项目名称	项目编号	申报地区	批次	年份
传统音乐 (2项)	黎族民歌(琼中黎族民歌)	Ⅱ-111	海南省琼中黎族苗族自治县	第二批	2008
	黎族竹木器乐	Ⅱ-135	海南省保亭黎族苗族自治县、五指山市	第二批	2008
传统舞蹈 (1项)	黎族打柴舞	Ⅲ-32	海南省三亚市	第一批	2006
传统技艺 (6项)	黎族原始制陶技艺	Ⅷ-4	海南省昌江黎族自治县	第一批	2006
	黎族传统纺染织绣技艺	Ⅷ-19	海南省五指山市、白沙黎族自治县、保亭黎族苗族自治县、乐东黎族自治县、东方市	第一批	2006
	黎族树皮布制作技艺	Ⅷ-84	海南省保亭黎族苗族自治县	第一批	2006
	黎族钻木取火技艺	Ⅷ-87	海南省保亭黎族苗族自治县	第一批	2006
	黎族船型屋营造技艺	Ⅷ-182	海南省东方市	第二批	2008
	黎族泥片制陶技艺	Ⅷ-98	海南省白沙黎族自治县	扩展	2011
民 俗 (2项)	黎族三月三节	Ⅸ-12	海南省五指山市	第一批	2006
	黎族服饰	Ⅹ-111	海南省锦绣织贝有限公司、海南省民族研究所	第二批	2008
合计(项)		11			

注:数据根据国务院公布的四批国家级非物质文化遗产代表性项目名录整理而成,仅代表黎族非遗研究分课题组意见。

（二）黎族省级非遗项目代表性名录统计

根据黎族人口在全国的大致分布情况，课题组搜集了海南省、贵州省、广东省等黎族人口过万的省份公布的省级非遗代表性名录，发现黎族非遗主要分布在海南省，其他省份的省级非遗名录暂未收录黎族非遗项目。其中，统计数据显示，海南省五批非遗项目中黎族非遗共计41项（见表2）。

表2　省级非物质文化遗产项目名录黎族非遗项目统计

项目类别	项目名称	申报地区或单位	批次	年份
民间文学（2项）	黎族民间故事	海南省保亭黎族苗族自治县文化馆、海南省五指山市文化馆、海南省三亚市群众艺术馆、海南省琼中黎族苗族自治县文化馆、海南省昌江黎族自治县文化馆、海南省白沙黎族自治县文化馆、海南省乐东黎族自治县文化馆	第三批	2009
	黎从六之歌	海南省安定县文化馆		
传统音乐（7项）	黎族著名歌手王妚大民歌	海南省琼中黎族苗族自治县文化局	第一批	2005
	黎族赛方言长调	海南省陵水县非物质文化遗产保护中心	第二批	2007
	黎族传统器乐	海南省保亭黎族苗族自治县文化馆、海南省五指山市文化馆		
	崖州民歌	海南省乐东黎族自治县文化馆		
	海南军歌	海南省昌江黎族自治县文化馆		
	黎族民歌（琼中黎族民歌）	海南省琼中黎族苗族自治县文化馆		
	海南村话民歌	海南省东方市、海南省昌江黎族自治县	第五批	2017
传统舞蹈	黎族舞蹈（咚铃伽）	海南省琼中黎族苗族自治县文化局	第一批	2005
	黎族打柴舞	海南省三亚市群众艺术馆		
	黎族舂米舞	海南省五指山市文化馆		
	黎族共同舞	海南省五指山市文化馆	第二批	2007
	黎族面具舞	海南省东方市文化馆		
	黎族老古舞	海南省白沙黎族自治县文化馆	第三批	2009
	钱铃双刀舞（咚铃伽）	海南省陵水县非物质文化遗产保护中心	第四批	2012
传统体育、游艺与杂技（1项）	黎族传统体育和游艺（如拉乌龟、赶狗归坡等）	海南省昌江黎族自治县文化馆	第三批	2009

续表

项目类别	项目名称	申报地区或单位	批次	年份
传统美术（1项）	黎族传统剪纸艺术	海南省乐东黎族自治县	第五批	2017
传统技艺（14项）	黎族树皮布制作技艺	海南省保亭黎族苗族自治县文化馆	第一批	2005
	黎族骨器制作技艺	海南省白沙黎族自治县文化馆		
	黎族钻木取火技艺	海南省保亭黎族苗族自治县文化馆		
	东坡笠制作技艺	海南省琼海市文化馆		
	黎族干栏建筑技艺	海南省五指山市文化馆		
	南海珍珠传统养殖技艺	海南省陵水黎族自治县海陵珍珠养殖场	第二批	2007
	海南陵水黎族藤编技艺	海南省陵水黎族自治县藤竹工艺有限公司		
	黎族原始制陶技艺	海南省三亚市群众艺术馆	扩展	2009
	黎族泥片贴筑制陶技艺	海南省白沙黎族自治县文化馆	第三批	2009
	黎族独木器具制作技艺	海南省保亭黎族苗族自治县文化馆		
	黎族藤竹编技艺	海南省保亭黎族苗族自治县文化馆		
	黎族织锦纺染工具制作技艺	海南省琼中锦绣吉贝实业有限公司		
	黎族传统纺染织绣技艺（含麻纺织、缬染、双面绣、龙被织造）	海南省琼中黎族苗族自治县文化馆	扩展	2012
		海南省民族研究所		
		海南省五指山市文化馆		
		海南省乐东黎族自治县文化馆		
		海南省保亭黎族苗族自治县文化馆		
		海南省白沙黎族自治县文化馆		
		海南省东方市文化馆		
		海南省昌江黎族自治县文化馆		
		海南省陵水黎族自治县非物质文化遗产保护中心		
		海南省三亚市群众艺术馆		
	黎族西井（biang，黎语）酒酿造技艺	海南省琼中黎族苗族自治县	第五批	2017
传统医药（2项）	黎族医药骨伤疗法	海南省五指山市文化馆	第三批	2009
		海南省琼中黎族苗族自治县文化馆		
	黎族医药蛇伤疗法	海南省医药工业公司		

续表

项目类别	项目名称	申报地区或单位	批次	年份
民俗 （7项）	黎族传统婚礼	海南省琼中黎族苗族自治县文化馆	第二批	2007
	黎族船型屋居住习俗	海南省东方市文化馆		
	黎族渡水腰舟	海南省白沙黎族自治县文化馆		
	黎族传统服饰	海南省海南锦绣织贝实业有限公司		
		海南省民族博物馆		
	黎族文身	海南省艺术研究所		
		海南省保亭黎族苗族自治县文化馆		
	海南黎族苗族"三月三"节	海南省五指山市文化馆	第三批	2009
		海南省琼中黎族苗族自治县文化馆		
	军坡节	海南省屯昌县文化馆	第四批	2012
合计（项）		41		

注：数据来源于海南省非物质文化遗产网站、海南省文化广电出版体育厅网站、海南省人民政府网站，由黎族非遗研究分课题组整理而成，仅代表分课题组意见。由于各省份早期的非遗项目分类标准不同，海南省文化广电出版体育厅曾于2012年8月对本省的非物质文化遗产代表性项目做过一次调整，部分非遗项目的批次和批准年份以第一次公布的数据为准。

（三）黎族非遗项目代表性名录的特点分析

据表1、表2的统计数据，黎族非遗代表性项目在数量、类别、地域分布方面存在以下特点。

第一，黎族非遗代表性项目总数少，且各批次呈递减趋势。从国家级非遗项目数量来看，在四批1836项国家级非物质文化遗产代表性项目（含扩展）中，黎族非遗项目为11项，仅占全部非遗项目的0.5%，所占比重较小。而且，从批次数量来看，黎族非遗代表性项目数量逐年减少，在第三批和第四批中出现空白的尴尬境况。究其缘由，一方面在于各省普查部门在开展工作中可能有遗漏，有些项目未能引起普查工作小组的注意；一方面也可能在于各省申报部门在申报过程中未能充分地准备申报资料，或有些项目本身存在资料不足的情况而无法达到申报标准。

第二，黎族非遗项目种类少，部分项目缺失严重。在黎族国家级非遗名录中，非遗项目类别仅有传统音乐、传统舞蹈、传统技艺、民俗四种类别，

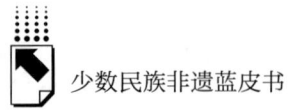

其他 6 种项目缺失。在黎族省级非遗名录中，非遗项目共有 8 个种类，然而不同种类间数量相差较大，如传统体育、游艺与杂技，传统美术分别有 1 项，而传统技艺类有 14 项。

第三，各地区间黎族非遗项目数量差别较大。中国 2010 年人口普查资料显示，黎族人口在全国分布较为集中的省份主要为海南省（1262262 人）、广东省（19579 人）、贵州省（135173 人）、浙江省（9391 人），其他省份人数未超过 5000 人，而四批国家级非遗、各省（自治区、直辖市）所公布的非遗数据显示，目前黎族非遗项目只在海南省有所分布，其他省份暂未发现。究其原因，课题组认为：其一，海南省为黎族的世居省份，历史悠久、人口较多，非遗传承项目较为丰富，而其他省份黎族人口较少，所传承的非遗项目数量本身较少；其二，广东省、浙江省的黎族人口分布较多，然而广东省、浙江省为务工人口输入较多的省份，可能部分黎族人口为外来务工人口，未能稳定地传承非遗项目；而贵州省的黎族与海南省的黎族存在较大差异，学者及当地民众普遍认为现居住于贵州省安顺市关岭布依族苗族自治县的"黎族"在族源、民族特征上与黎族并无直接关系①。

二 黎族非物质文化遗产项目传承人保护与分布现状

据黎族非遗分课题组统计，黎族省级以上的非遗传承人共计 56 人，其中国家级传承人 10 人（见表 3），省级传承人 46 人（见表 4）。海南省国家级非遗传承人共有 19 人，黎族占比近一半。

据表 3、表 4，可发现黎族非遗传承人呈现以下特点。

一是传承人所属类别分布不均。在国家级非遗传承人所属类别中，十大

---

① 石开忠：《五次人口普查贵州各民族人口变动原因分析》，电子科技大学出版社，2011，第 14 页。

表3 国家级非遗项目黎族代表性传承人统计

项目类别	序号	姓名	性别	出生时间	民族	项目编码	项目名称	申报地区或单位	传承人批次
传统舞蹈(2人)	02-0392	黄家近	男	1937	黎	Ⅲ-32	黎族民间打柴舞	海南省三亚市	第二批
	04-1585	钟朝良	男	1941	黎	Ⅲ-101	黎族老古舞	海南省白沙县	第四批
传统音乐(2人)	03-0869	王妚大	女	1923	黎	Ⅱ-111	黎族民歌(琼中黎族民歌)	海南省琼中黎族苗族自治县	第三批
	05-2148	黄照安	男	1960	黎	Ⅱ-135	黎族竹木器乐	海南省保亭黎族苗族自治县	第五批
传统技艺(6人)	01-0139	容亚美	女	1955	黎	Ⅷ-19	黎族传统纺染织绣技艺	海南省乐东县	第一批
	01-0124	羊拜亮	女	1935	黎	Ⅷ-4	黎族原始制陶技艺	海南省昌江黎族自治县	第一批
	03-1309	刘香兰	女	1969	黎	Ⅷ-19	黎族传统纺染织绣技艺	海南省五指山市	第三批
	03-1341	黄运英	男	1946	黎	Ⅷ-84	黎族树皮布制作技艺	海南省保亭黎族苗族自治县	第三批
	04-1837	符林早	女	1964	黎	Ⅷ-19	黎族传统纺染织绣技艺	海南省东方市	第四批
	05-2780	王照良	男	1952	黎	Ⅷ-87	黎族钻木取火技艺	海南省保亭黎族苗族自治县	第五批
合计(人)							10		

注:数据来源于《文化部关于公布第一批国家级非物质文化遗产项目代表性传承人的通知》(文社图发〔2007〕21号)、《文化部关于公布第三批国家级非物质文化遗产项目代表性传承人的通知》(文社图发〔2008〕1号)、《文化部关于公布第四批国家级非物质文化遗产项目代表性传承人的通知》(文非遗发〔2009〕6号)、《文化和旅游部关于公布第五批国家级非物质文化遗产代表性项目代表性传承人的通知》(文旅非遗发〔2018〕8号),由黎族非遗分课题组整理而成。

表4 省级非遗项目黎族代表性传承人统计

项目类别	姓名	性别	出生时间	民族	项目名称	申报地区或单位	传承人批次
民间文学(2人)	王朝芬	男	1937	黎	黎族民间故事	海南省保亭县	第二批
	黄启辉	女	1948	黎	黎族民间故事	海南省五指山市	
传统音乐(7人)	邢大民	男	1939	黎	黎竹木器乐	海南省五指山市	
	王取荣	男	1964	黎	琼中民歌	海南省琼中县	
	黄明光	男	1949	黎	黎族赛方言长调	海南省陵水县	
	冯玉蓉	女	1963	黎	歪歌	海南省陵水县	

续表

项目类别	姓名	性别	民族	出生时间	项目名称	申报地区或单位	传承人批次
传统音乐(7人)	梁运志	男	黎	1937	鹭歌	海南省三亚市	第二批
	陈人顺	女	黎	1927	崖州民歌	海南省乐东县	第三批
	林玉英	女	黎	1966	琼中黎族民歌	海南省琼中县文化馆	
传统舞蹈(6人)	黄桂荣	女	黎	1941	舂米舞	海南省五指山市	
	王连花	女	黎	1954	共同舞	海南省五指山市	第二批
	黄桂明	男	黎	1946	打柴舞	海南省三亚市	
	王仁召	男	黎	1942	老古舞	海南省白沙县	
	王有春	男	黎	1960	黎族老古舞	海南省白沙县文化馆	第三批
	黄其华	男	黎	1974	黎族打柴舞	海南省三亚市群众艺术馆	
传统戏剧(1人)	陈素珍	女	黎	1961	琼剧	海南省海口市	
传统技艺(24人)	黄桂琼	女	黎	1964	黎族纺染织绣技艺	海南省保亭县	第二批
	胡春芳	女	黎	1958	黎族纺染织绣技艺	海南省保亭县	
	黄秀贞	女	黎	1962	黎族纺染织绣技艺	海南省五指山市	
	符连早	女	黎	1964	黎族纺染织绣技艺	海南省东方市	
	符拜马丁	女	黎	1955	黎族纺染织绣技艺	海南省东方市	
	符小兰	女	黎	1936	黎族纺染织绣技艺	海南省白沙县	
	王瑞妹	女	黎	1962	黎族纺染织绣技艺	海南省白沙县	
	刘敉崖福	女	黎	1934	絣染	海南省昌江县	
	符秀英	女	黎	1965	双面绣	海南省白沙县	
	刘玉华	女	黎	1964	泥片制陶	海南省白沙县	
	符日兰	女	黎	1943	原始制陶	海南省三亚市	
	谭桂民	女	黎	1953	黎族竹藤编	海南省保亭县	
	陈惠珍	女	黎	1966	黎族竹编	海南省陵水县	

续表

项目类别	姓名	性别	民族	出生时间	项目名称	申报地区或单位	传承人批次
传统技艺（24人）	符春莲	女	黎	1974	黎族传统纺染织绣技艺	海南省白沙县文化馆	
	刘小珍	女	黎	1965	黎族传统纺染织绣技艺	海南省昌江县文化馆	
	郑春荣	女	黎	1961	黎族传统纺染织绣技艺	海南省陵水县文化馆	
	苗翠花	女	黎	1970	黎族传统纺染织绣技艺	海南省五指山市文化馆	
	黄丽琼	女	黎	1967	黎族传统纺染织绣技艺	海南省三亚市群众艺术馆	
	王金梅	女	黎	1961	黎族传统纺染织绣技艺	海南省琼中县文化馆	第三批
	陈丹	女	黎	1969	黎族传统纺染织绣技艺	海南省乐东县文化馆	
	韦花爱	女	黎	1965	黎族传统纺染织绣技艺	海南省乐东县文化馆	
	符庆香	女	黎	1956	黎族传统纺染织绣技艺	海南省东方市文化馆	
	张色太	女	黎	1960	黎族原始制陶技艺	海南省昌江县文化馆	
	王启敏	男	黎	1963	黎族骨器制作技艺	海南省白沙县文化馆	
民俗（6人）	黄向峰	男	黎	1955	黎族传统游戏与体育竞技	海南省昌江县	
	王进龙	男	黎	1942	黎族婚俗	海南省琼中县	
	符亚京	男	黎	1949	船型屋营造技艺	海南省东方市	第二批
	符那庆	男	黎	1952	船型屋营造技艺	海南省东方市	
	黎学章	男	黎	1947	珍珠养殖技艺	海南省陵水县	
	王秀丽	女	黎	1969	黎族传统服饰	海南省织贝公司	
合计（人）					46		

注：数据来源于海南省非物质文化遗产网站、海南省文化广电出版体育厅网站、海南省人民政府网站所公布的三批省级代表性非遗传承人名录，由黎族分课题组整理而成，仅代表课题组意见；传承人年龄截至2018年12月。

非遗类别中仅有3类；在省级非遗传承人所属类别中，十大非遗类别中共有6类。由此可见，其他类别的传承人还有待于挖掘、培养。就已有项目传承人来说，各项之间人数差别较大，国家级、省级非遗中都是传统技艺类最多，基本都是黎族传统纺染织绣技艺这一种。由此可见，这项技艺作为世界级非遗，在海南社会中引起了高度重视，受到了海南百姓的广泛关注；该项技艺在海南传统文化中，传播原本就较为广泛。

二是传承人老龄化严重，面临后继乏人困境。无论是国家级黎族非遗传承人（平均年龄约70岁），还是省级非遗传承人（平均年龄约62岁），平均年龄都在60岁之上，按国内的统计标准，超过60岁已属于老龄人口，岁数在50岁之下的只有几人，有几位传承人超出90岁高龄，黎族非遗已面临后继乏人的困境。

三 黎族非物质文化遗产保护和传承的经验回顾

海南省高度重视黎族非物质文化遗产的保护和传承，自2006年以来取得了较为突出的保护成果，集中表现在制定相关法规体系、发展非遗旅游、支持和培养传承人、开展数字化保护使黎族非遗大放异彩、开发创意产品并打造电商平台、重视对外宣传与交流扩大品牌影响力等方面。

（一）制定相关法规体系提供保障

在《保护非物质文化遗产公约》《非物质文化遗产法》的指导下，海南省也积极出台了适合本省非遗保护、发展情况的法规、规章。2008年，保亭黎族苗族自治县人民代表大会常务委员会公布了《保亭黎族苗族自治县非物质文化遗产保护条例》，其中第一章第二条对非遗的界定体现了对黎族非遗的重视，包括"黎族苗族等少数民族的语言及口头传统……黎族苗族传统纺织工艺、树皮布技艺、染绣工艺、装饰工艺、工艺美术……"2011年，海南省白沙黎族自治县人民代表大会常务委员会公布了《白沙黎族自治县非物质文化遗产保护条例》；2015年，海南省陵水黎族自治县人大常委会公布了《陵水黎族自治县非物质文化遗产保护条例》，其中第四章第二十七条规定"发展黎族、苗族等民间医药，推广黎族、苗族特色疗法"；2018年，海南省旅游和文化广电体育厅启动了《海南省非物质文化遗产保护条例》的编制工作。

在规章方面，2009年，海南省文化广电出版体育厅印发《海南省非物质文化遗产项目代表性传承人认定与管理办法》；2011年，海南省文化广电出版体育厅印发了《海南省省级非物质文化遗产代表性项目申报评定暂行办法》；2012年，海南省财政厅、海南省文化广电出版体育厅印发了《海南省非物质文化遗产专项资金管理暂行办法》；2012年，海南省文化广电出版体育厅印发了《海南省黎族传统纺染织绣技艺传承人保护培养暂行办法》；2012年，海南省文化广电出版体育厅印发了《海南省非物质文化遗产代表性项目传承村认定与管理暂行办法》；2017年，琼中黎族苗族自治县人民政府办公室印发了《2017年海南黎族苗族传统节日三月三黎苗文化旅游节活动方案》①，体现了对黎族苗族传统节日的重视；等等。

（二）发展非遗文化旅游，传播黎族文化

非遗旅游作为文化旅游的重要类别之一，是一种具有文化性、休闲性和参与性的高层次旅游活动②。"旅游与'非遗'的融合让'见人见物见生活'的非遗传承保护更具活力"③，让来海南的游客能够更好地感知非遗文化。海南省发展黎族非遗旅游的载体主要有民族文化村、博物馆展示区、餐饮住宿体验区等。此外，琼中黎族苗族自治县举办的黎苗文化旅游节也成为对外宣传的有效窗口。

---

① 琼中黎族苗族自治县人民政府办公室：《琼中黎族苗族自治县人民政府办公室关于印发2017年海南黎族苗族传统节日三月三黎苗文化旅游节活动方案的通知》（琼中府办函〔2017〕36号），2017年3月28日。
② 李萍：《发展非遗旅游 丰富海南旅游文化内涵》，《旅游纵览》（下半月）2018年第4期。
③ 赵优：《"旅游+非遗"海南更有味》，《海南日报》2019年7月24日。

1. 民族文化村

海南省目前建立了多处黎族民族文化村来展示黎族的传统民族文化,如海南槟榔谷黎苗文化旅游区、三亚市中廖村、三亚市文门村、五指山市南圣镇永忠村、五指山市毛阳镇初保村、东方市大田镇报白村、东方市白查村等。其中,目前在国内外影响最大的海南黎族民族文化村是槟榔谷黎苗文化旅游区(以下简称"槟榔谷")。槟榔谷位于保亭黎族苗族自治县,是国家5A级景区,是国家非物质文化遗产生产性保护基地,景区以展示黎苗文化为主,力求真实还原黎族人民的传统生活方式。景区由七大文化体验区构成,其中非遗村、甘什黎村、田野黎家、《槟榔·古韵》大型实景演出、黎苗风味美食街集中展示了黎族非遗文化。景区内最突出的展示为十项国家级非物质文化遗产,其中包括世界级非遗——黎族传统纺染织绣技艺。景区还邀请到了黎族传统纺染织绣技艺的传承人来实地展示其技艺,吸引了很多游客前来参观[1]。景区内的民族特色工艺品种类较多,如椰雕、黎族服饰、黎锦、黎族图腾电脑包等,深受游客喜欢。另外,游客也可以体验景区中举办的民俗活动,如赛隆奥(做一回黎家人)、打柴舞、拉乌龟、赶椰子、高空滑索等活动。

2. 博物馆展示区

近年来,随着生活水平的提高,人们对文化消费的需求更加渴望。自2008年中宣部、财政部、文化部、国家文物局印发《关于全国博物馆、纪念馆免费开放的通知》(中宣发〔2008〕2号)以来,全国各大博物馆陆续免费开放,博物馆也成了游客旅游路线中的重要组成部分。海南省作为一个旅游岛,当地的博物馆也成为游客的必游之地。海南省内游客较多的主要有海南省博物馆、海南省民族博物馆。海南省民族博物馆是全国六大民族博物馆之一,馆内设有黎族文物展常设展厅,向世人展示黎族的发展历程、风俗习惯[2]。海南省博物馆内也有部分关于黎族历史变迁、发展的

---

[1] 海南槟榔谷黎苗文化旅游区官方网站:景区介绍,http://www.binglanggu.com/。
[2] 中国民族博物馆:《海南省民族博物馆》,中国民族博物馆官方网站,http://www.cnmuseum.com/article/72.html。

图1　槟榔谷内黎族传统纺染织绣技艺展示（王月月摄）

展品。

3. 餐饮住宿体验区

餐饮、住宿是旅游活动的重要组成部分。随着教育水平的普遍提高，在当今的旅游活动中，游客不再仅仅观赏景物，而是更加注重体验旅游。槟榔谷内设有黎苗特色饮食区，可供游客体验当地美食，如竹香小黄牛、酒糟焖鱼、芭蕉芯炖排骨等；住宿方面有体现黎族传统船型屋技艺的兰花客栈，还有田园客栈，在外形、内部装饰方面都突出了黎族文化。当然，景区外的一些民宿也很好地体现了黎族文化。

图 2　槟榔谷内传承人获奖及作品（王月月摄）

（三）支持和培养传承人，保证后继有人

海南省从多个方面积极支持、鼓励和培养传承人。在政策支持方面，如前文所述，发布了《海南省非物质文化遗产项目代表性传承人认定与管理办法》（琼文发〔2009〕2 号）、《海南省黎族传统纺染织绣技艺传承人保护培养暂行办法》（琼文化〔2012〕138 号）。

在资金支持方面，政府每年会给传承人一定的传承活动补贴，并且引导他们在一定程度上进行创收，如槟榔谷景区内有几位黎族传统纺染织绣技艺传承人,他们通过纺织黎锦来创收。课题组在调查中了解到,一条普通花纹的围巾需要纺织一周左右,售价300元左右,而一条复杂花纹的围巾则需要纺织一个月,售价800元左右,更为复杂的家庭装饰用品价格更高一些。

在传承人培训方面,海南省非物质文化遗产保护中心牵头举办了相关培训班,如2018年6月,由中心指导、海南热带海洋学院承办的"非遗学堂"开班,组织了首期黎锦技艺培训班①。在非遗传承人的培养方面,还通过非遗进校园的形式传承黎族文化。以教材为依托,增加黎族非遗内容,尤其是黎锦纺织技艺,如海南省在中小学《劳动与技术》《专题教育读本》《海南历史》等教材中增加了黎锦的内容②;五指山市也在多所中小学开展了黎族织锦技艺实践课③。据海南省的粗略统计,从2013年开始推动黎锦进校园活动至今,已覆盖中小学生1.5万多人④。

(四)开展数字化保护,使黎族非遗大放异彩

随着技术的革新,非遗的数字化保护技术日渐成熟、丰富。2008年,黎族织锦这项传统工艺首次实现了应用电脑技术进行编排和设计图案,推动民族工艺走向数字化⑤;2012年,由海南省委宣传部、华风气象传媒联合制作的纪录片《海之南》,利用现代科技将海南传统的非遗文化以纪录片的形式进行保存,力求呈现真实的海南⑥。2016年,海南省非遗中心完成了文化部下达的黎族传统纺染织绣技艺数字化管理系统试点工作,为其他非遗的数

---

① 孙婧:《首期非遗学堂三亚结业,非遗达人绣黎锦》,中国文化传媒网,2018年7月2日。
② 中国文化报:《黎锦技艺将走进海南学校课堂》,中华人民共和国文化和旅游部官网,2013年6月18日。
③ 《五指山:"非遗"花开满庭芳》,《海南日报》2017年6月12日。
④ 《非遗"年轻化"》,《海南日报》2019年5月10日。
⑤ 尹海明:《国家首批非遗海南黎族织锦工艺的数字化"革命"》,中国网,2008年8月27日。
⑥ 赵婷、李艾琳:《非遗文化的影像艺术与现代传承——以纪录片〈海之南〉为例》,《青年记者》2017年第27期。

字化工作积累了经验；同年，海南省非遗中心组织召开了2016年海南省级非遗数字资料片拍摄工作协调会，还拍摄了黎族藤竹编技艺、黎族独木器具制作技艺、沉香造香技艺、海南粉烹制技艺等6部数字资料片[①]。2017年，五指山市政府与海南大学传媒学院合作拍摄了宣传片《五指山黎锦》[②]；槟榔谷景区专门做了宣传黎苗风情的网页，并且开通了微信公众号、官方微博等新媒体传播平台。

（五）开发创意产品并打造电商平台销售

海南省在《关于推动海南省文化文物单位文化创意产品开发的实施意见》的指导下，在非遗文化的创意开发方面也做了一些努力。一是通过举办文创大赛激发创意，2018年，保亭黎族苗族自治县举办了黎族苗族非物质文化遗产创意产品设计赛，大赛以"把非遗文化带回家"为目标，限定了黎族传统纺染织绣技艺、黎族藤竹编织技艺、海南苗族传统刺绣蜡染技艺三大非遗题材。其中两项是关于黎族的非遗项目，力求将贴近人们生活的黎族非遗文创产品推向市场[③]。另外，保亭还举办了黎族苗族服饰创意设计大赛，对黎族服饰进行了创新[④]。二是通过淘宝等电商平台进行销售和推广。目前，在淘宝网销售的主要产品为黎族服饰、黎族首饰、刺绣织带、黎族藤编等产品，其他电商平台所售产品相差不大。在网店方面，淘宝上较为出名的有海南幸福农庄（8年老店）、黎族故事（3年老店）等。

（六）重视对外宣传与交流，扩大品牌影响力

海南省依托文化遗产日，多次举办了关于黎族非遗的展示活动，对其影

[①] 《2016年非遗保护大事记》，海南省非物质文化遗产网，2017年4月19日。
[②] 《海南五指山：市场化让"非遗"传承焕发生命力》，中国社会科学网，2017年6月28日。
[③] 《保亭举办黎族苗族非物质文化遗产创意产品设计赛》，中新网，2018年6月21日。
[④] 《保亭黎族苗族服饰设计与"非遗"文创大赛颁出大奖》，网易海南，2018年8月18日。

响力的扩大具有重要的推动作用。2011 年，保亭黎族苗族自治县在"文化遗产日"期间，在偏远的南林乡举办了展示活动，展示了黎族钻木取火、黎族树皮衣制作、黎族织锦、黎族竹木器乐、黎族竹藤编织等技艺①。2016 年 9 月，海南省非遗中心赴马耳他参加海南省文化广电出版体育厅与马耳他中国文化中心举办的海南省民间美术技艺（非物质文化遗产）展示，促进了中马的文化交流②。2017 年，保亭黎族苗族自治县举办了海南黎族苗族非遗创意产品设计大赛，以"让文化遗产融入现代生活"为主题，通过举办大赛的形式不仅宣传了黎族的非遗文化，还推动了黎族非遗文化创意产品的设计与开发③。2018 年省文化广电出版体育厅在文化和自然遗产日当天，举行了海南省非物质文化遗产宣传展示活动，展示了黎族剪纸、黎族酉并酒、黎族制陶等技艺④。

四 黎族非遗在保护和发展中存在的问题分析

通过调查，课题组认为黎族非遗在当前的保护和发展工作中在法规体系、传承人年龄、非遗旅游、非遗文创等方面仍存在一些问题需要解决。

（一）黎族非遗保护的法规体系仍需完善

如前文所述，海南省在促进黎族非遗保护和发展方面出台了相关的法规条文、规章制度。目前，海南省已经有 3 个自治县出台了非遗保护条例，每个自治县也根据境内的非遗形式界定了本县内的非遗保护范围。而且，海南省在资金支持、传承人认定方面也出台了相应的规章制度。另外，调查组发现，截至 2018 年 12 月底，海南省已经启动了非遗保护条例的编制工作，但

---

① 邵长春、黄青文：《保亭举办活动展示非遗保护成果》，央视网，2011 年 6 月 12 日。
② 《2016 年非遗保护大事记》，海南省非物质文化遗产网，2017 年 4 月 19 日。
③ 《海南黎族苗族非物质文化遗产创意产品设计大赛》，设计网，2017 年 6 月 28 日。
④ 孟凡盛：《2018 年海南省非物质文化遗产宣传展示活动举行》，人民网，2018 年 6 月 9 日。

尚未出台正式的"海南省非物质文化遗产保护条例"。这相对于其他省份来说，在省级非遗保护条例的出台方面略显滞后。海南省作为黎族人民的主要聚居地，境内黎族文化资源十分丰富，但在出台关于保护黎族纺染织绣的条例后并未出台专门针对黎族所有非遗项目的保护条例。

（二）传承人面临老龄化且存在语言沟通障碍

传承人老龄化现象对全国来说是一个普遍现象，黎族非遗传承人也同样面临老龄化的问题。其原因可能与传统的观念有关，大多数掌握传统技艺的老人固守"传男不传女"或"传女不传男"的观念，而且在他们看来，技艺只能家传不能外传，而家中子女受现代生活观念影响较深不愿接受技艺传承的情况也较为常见，这种老观念使得这些技能即将沦为历史而不能代代传承。在培养传承人方面，虽然政府部门也牵头做了多次培训，在一定程度上保证了部分非遗项目后继有人，然而，调查组发现非遗项目的传承情况相差较大，传承人数较多的当数黎族纺染织绣技艺。这项技艺的传承偏重于"织"，而轻视了其他环节①。调查组在槟榔谷景区看到更多的是传承人在"织"黎锦，而缺少染和绣的环节。在语言沟通方面，现在很多年轻人不能完全听懂老人表达的内容。语言沟通的障碍一定程度上对黎族非遗文化的进一步传播起到了阻碍作用。

（三）非遗旅游市场存在混乱现象

海南岛作为国际旅游岛，旅游业在其发展过程中占据举足轻重的地位。然而，在非遗旅游过程中，同样出现了乱收费的现象。部分出租车司机、网约车司机在给乘客介绍景点时是有针对性的，到达推荐的景点后他们会对游客提出代买门票的要求，经课题组成员核实，司机代买的门票比游客在景区售票窗口所买价格要高；有的景区售票员也推荐游客在司机处

---

① 杜颖、于丽丽：《黎锦技艺：保护名录之内的传承之"惑"》，《海南日报》2013年10月17日。

买票，声称票价一样，实际和窗口买票相差几十元，这种混乱现象严重影响了游客的体验，影响了景区的回头率。再者，非遗项目所在地多已被开发成民族村，景区内的黎族手工制品标价远远高于一般商店价格，景区价格过高、缺乏统一定价标准导致游客更加倾向于前往超市购买而非直接在景区消费。

图3　槟榔谷内部分黎锦工艺品价格（王月月摄）

（四）非遗文创种类较少且销售渠道较窄

在文创种类方面，黎族非遗文创种类不够丰富。如前所述，海南省目前已经开发了部分非遗文化创意产品，然而种类还比较少。如黎族织锦、黎族服饰、旅游明信片、椰雕等，相比当下繁荣的文创大市场来说，显然种类还不够丰富。在销售渠道方面，电商平台较少。海南省作为旅游大省，在文创产品的销售方面实体店销售、景区内销售占很大比例，网上商城还比较少，在当下电子商务突飞猛进的社会大环境下，显然电商渠道也应该成为黎族非遗文创产品的销售主力渠道之一。在创新创意方面，当前黎族非遗的创新形式较为简单，还未能够形成高层次的文化创意产品，在此方面需要进一步加强人才的引进。

五 新时代背景下对黎族非遗保护和发展前景的思考

报告认为，在新时代背景下，黎族地区可通过完善法律法规、鼓励和培养传承人、规范非遗旅游市场、开发非遗文创、建立非遗工坊等途径促进黎族非遗的保护和发展。

（一）进一步完善黎族非遗保护相关的法规

针对黎族非遗保护法律法规不健全的现状，报告认为海南省应尽快加以完善。首先，尽快出台正式的"海南省非物质文化遗产保护条例"，以起到统领全省非遗保护的作用。其次，海南省作为全国黎族人民最大的聚居区，历史悠久，文化遗存丰富，应当出台专门针对黎族非遗保护的专项条例。最后，出台鼓励和支持开发黎族非遗文创产品的相关办法，调动文化企业的积极性，创造出内涵更加丰富、集实用性与审美性于一体的文创产品，塑造全国独一无二的黎族非遗品牌。

（二）全方位鼓励、支持和培养传承人

传承人是非物质文化遗产得以代代相传的核心，鼓励、支持和培养传承人至关重要。一是为非遗传承人的传习活动提供充足的资金支持，保障他们的基本生活，提高他们的生活水平，调动继续传承的积极性。二是平衡对各类非遗项目的重视程度，让黎族各项非遗项目能够大放异彩，定期举办各类非遗项目的培训班，传承各项非遗技艺，而非继续走"一枝独秀"的道路。三是继续推动黎族非遗文化进校园活动，根据本区域的情况编订相应的校本教材，设置相应的课程，聘请非遗传承人到学校授课，让学生能够有与传承人面对面交流的机会，增进对技艺的掌握程度。四是加强对黎语的解读与认知，让年轻人能够掌握部分民族语言，增加沟通与交流。五是转变观念，引

导传承人面向社会传授技艺,从文化传承的角度出发,转变性别观念,打消"教会徒弟,饿死师傅"的执念。

(三)建立统一标准,规范非遗旅游市场

针对旅游市场混乱问题,市场监管部门应该加强对非遗旅游市场的规范,在旅游纪念品定价方面,取消扰乱旅游市场的部分企业的营业资格,对同类旅游商品进行统一定价,规范旅游景区随意标价的行为。在交通用车方面,进一步加强对网约车公司的监管,督促他们定期培训,禁止司机参与代购景区门票的行为,禁止宰客,禁止诱导游客前往指定景区的行为,如有游客举报应当予以处罚,责令其整改。在景区管理方面,加强对景区员工的培训,禁止与网约车司机一起欺瞒消费者,规范他们的行为,以做好本职工作为准则。这些措施在一定程度上对保持海南岛国际旅游岛的美好形象起到重要作用。

同时,在落实中国"一带一路"倡议的大机遇下,寻求黎族非遗的国际化发展方向是中国民族文化繁荣发展、走向世界舞台需要大胆迈出的一步。将黎族的民族舞蹈、民歌等大型节目与国际接轨,在国内、全世界展开巡回演出,也可以大力宣传黎族非遗,提高黎族非遗知名度,日积月累,为打造黎族民族品牌逐步打下坚实的基础。

(四)深化非遗与文创的融合程度,让非遗走进生活

随着国家对中华优秀传统文化的重视,在文化产业发展得如火如荼的时代背景下,独具特色的黎族非遗与文创融合也是一种发展的潮流。首先,充分整合黎族的非遗资源,将可进一步开发的资源进行转化。其次,根据不同的黎族非遗种类,选择合适的文创形式进行创作,如黎族民间故事可以拍摄成电视剧、电影、动漫,也可以融入手机游戏、网络游戏,也可以将故事内容或插画做成明信片、鼠标垫、背包、服装等,转化成年轻人喜闻乐见的形式,实现对黎族非遗的传承。最后,为黎族非遗文创产品寻找更多的销售平台,在电子商务快速发展的背景下,黎族非遗文创产品也应该积极融入电商

网络中，将开发的非遗文创产品在更大的平台上进行销售和推广，逐渐塑造黎族非遗品牌。

（五）建立非遗扶贫就业工坊，增加当地居民收入

2018年，《文化和旅游部办公厅、国务院扶贫办综合司关于支持设立非遗扶贫就业工坊的通知》（以下简称《通知》）下发，旨在依托传统工艺带动民族地区脱贫。在《通知》的指导下，海南省也可以根据省内的实际发展情况，有序地开展非遗扶贫就业工坊的建设工作。虽然海南省目前贫困县已基本脱帽，但仍然有贫困人口12.26万[①]，可以尝试建立工坊。报告认为，海南省可以根据非遗项目的不同特色在各区域设立不同类别的非遗工坊，"一村一品"，走差异化发展路线，如有的以生产黎锦为主，有的以生产黎族藤编为主，带动当地贫困人口就业，增加收入，推动当地社会经济发展。

---

① 王子谦：《海南计划2019年国定贫困县（市）全部摘帽》，新浪新闻，2018年9月1日。

B.3
2006~2018年羌族非物质文化遗产保护发展报告

张文婷 周毓华 周紫东*

摘 要： 报告通过对羌族国家级、省级非遗项目和代表性传承人基本情况进行梳理，结合近十年来羌族非遗保护与传承的实践经验，深入分析了目前羌族非遗在保护与传承过程中存在的问题与不足，并针对这些问题提出了如下具体的对策建议：进一步完善非遗申报与管理工作，不断加强传承人队伍建设和人才培养，充分尊重当地群众在非遗保护中的主体地位，努力推动非遗保护跨区域合作发展，积极引入新兴媒体为非遗保护与传播赋能，以期为今后羌族非物质文化遗产的保护和发展提供建议。

关键词： 羌族 非物质文化遗产 人才培养 新媒体

古羌是我国历史上最古老的民族之一，有着悠久的历史和丰富的文化。现代羌族是从古羌中发展而来的，是古代羌族支系中保留羌的族称以及文化最为传统的一支。① 第六次全国人口普查结果显示，羌族总人口为309576人，其中聚居于四川省的就有29.7万人，约占羌族总人口的96%。目前，

---

* 张文婷，西藏民族大学哲学社会科学重点研究基地研究实习员，研究方向为文化产业、非物质文化遗产；周毓华，教授，西藏民族大学硕士生导师，研究方向为民族历史文化、非物质文化遗产；周紫东，中央民族大学藏学院本科生，研究方向为藏族历史文化。

① 贾银忠主编《中国羌族非物质文化遗产概论》，民族出版社，2010，第3页。

羌族人口主要分布在四川省阿坝藏族羌族自治州的茂县、汶川县、理县、北川羌族自治县,以及毗邻的松潘县、平武县、黑水县,陕西省宁强县、略阳县等相关地区。其余少量散居在四川省芦山县,甘孜藏族自治州的丹巴县,贵州省铜仁市的石阡县、江口县,甘肃省宕昌县、文县等地。① 羌族在其漫长的历史演进过程中创造了大量丰富且独特的非物质文化遗产,但是2008年汶川特大地震却对羌族的文化资源造成了巨大的破坏。转眼十多年过去,梳理、总结羌族非物质文化遗产保护与传承的有效方法和途径,不仅有助于未来羌族非遗的长远发展,对于我国其他民族非遗的保护与利用,亦可提供有益借鉴。

一 羌族非物质文化遗产名录建设情况

联合国教科文组织通过的《保护非物质文化遗产公约》(以下简称《公约》)规定,非物质文化遗产是指"被各群体、团体,有时为个人视为其文化遗产的各种实践、表演、表现形式、知识和技能及其有关的工具、实物、工艺品和文化场所"。2006年,文化部公布了第一批国家级非物质文化遗产名录,并将中国非物质文化遗产分为民间文学,传统音乐,传统舞蹈,传统戏剧,曲艺,传统体育、游艺与杂技,传统美术,传统技艺,传统医药,民俗共十个大类。② 可以看出,非遗是一个民族世代相承并与其人民生活息息相关的各种传统文化的总和,而羌族非物质文化遗产的最大特点就是不脱离本民族独特的生产、生活方式,它是羌族个性审美的生动显现。

为了使研究更具针对性和客观性,报告将主要以自2006年以来公布的世界级非遗名录、四批国家级非遗名录以及各省级非遗名录作为研究范围,并按以下四个要素梳理出羌族非遗项目。①项目冠有"羌族"名称,如羌

---

① 谌强:《羌族文化生态保护纳入国家计划》,光明网,2008年11月15日。
② 周毓华:《羌族的非物质文化遗产现状研究》,《西藏民族学院学报》(哲学社会科学版)2008年第3期,第61页。

年、羌族羊皮鼓舞。②虽未冠名，但项目由羌族主要聚居地区申报，富有当地特色，且项目传承人为羌族，如卡斯达温舞、瓦尔俄足节。③项目是羌族民族史的再现，如大禹的传说、羌戈大战。④早期汉族或其他少数民族文化形式传入羌族地区后，被羌族民众广泛接受，并与当地传统文化相融合而传承下来的项目，如许家湾十二花灯戏就是由当地羌族居民吸收内地花灯戏形式创新发展出的具有祭祀舞性质的花灯戏。①

（一）羌族世界级非物质文化遗产

2008年联合国教科文组织《保护和促进文化表现形式多样性公约》正式进入实施阶段，其核心工作就是审核、批准列入《人类非物质文化遗产代表作名录》和《急需保护的非物质文化遗产名录》的项目。②羌年作为羌族最为隆重的传统节日之一，是人们庆祝丰收，向神祈福、还愿的重要节日，一般从每年农历十月初一开始，节期三天到五天。届时，全村男女老少除了要着新衣吃团圆饭喝酒跳舞外，还要举行各种庄严的祭祖、祭神山活动，以答谢神明这一年的照顾，并求来年继续风调雨顺、平安顺遂。但是近年来，伴随着城镇化进程不断加快、外来文化的强势冲击，羌年的生存空间不断缩小。2008年汶川特大地震的发生，更使羌年的生存陷入岌岌可危的地步。正是在这一情况下，2009年羌年经过多方努力，成功入选首批《急需保护的非物质文化遗产名录》。

（二）羌族国家级非物质文化遗产

目前已公布的四批国家级非遗名录中，按上文中的标准统计的羌族非遗项目共有11项15处。从地域分布来看，项目申报地区全部来自四川省。其中以阿坝藏族羌族自治州为单位申报的有1处，汶川县6处，北川羌族自治县3处，茂县2处，黑水县、理县、松潘县各1处。

---

① 徐学书、喇明英：《羌族特色文化资源体系及其保护与利用研究》，民族出版社，2015，第122页。

② 温璐、许心怡：《中国非遗保护与国际合作之路》，人民网，2012年5月30日。

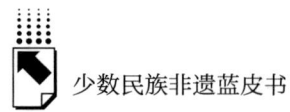

从项目类别来看，在11项国家级非遗项目中，传统音乐3项，约占总量的27%；民间文学2项、传统舞蹈2项、民俗2项，分别约占总量的18%；传统美术1项、传统技艺1项，分别约占总量的9%。而传统戏剧，曲艺，传统体育、游艺与杂技，传统医药项目均缺失（0项）。

从项目批次来看，2006年第一批共计3项；2008年第二批共3项，第一批扩展共1项；2011年第三批共2项，第二批扩展共2项；2014年第四批与第三批扩展名录均空缺（见表1）。

表1 国家级非物质文化遗产名录羌族非遗项目统计

项目类别	项目名称	项目编号	申报地区	批次	年份
民间文学（2项）	禹的传说	Ⅰ-91	四川省阿坝州汶川县、北川羌族自治县	第三批	2011
	羌戈大战	Ⅰ-122	四川省阿坝州汶川县		
传统音乐（3项）	羌笛演奏及制作	Ⅱ-38	四川省阿坝州茂县	第一批	2006
	羌族多声部民歌	Ⅱ-30	四川省阿坝州松潘县	第一批扩展	2008
	口弦音乐	Ⅱ-136	四川省北川羌族自治县	第二批扩展	2011
传统舞蹈（2项）	卡斯达温舞	Ⅲ-33	四川省阿坝州黑水县	第一批	2006
	羌族羊皮鼓舞	Ⅲ-62	四川省阿坝州汶川县	第二批	2008
传统美术（1项）	羌族刺绣	Ⅶ-76	四川省阿坝州汶川县	第二批	2008
传统技艺（1项）	羌族碉楼营造技艺	Ⅷ-186	四川省阿坝州汶川县	第二批扩展	2011
民俗（2项）	瓦尔俄足节	Ⅹ-18	四川省阿坝藏族羌族自治州	第一批	2006
	羌年	Ⅹ-82	四川省阿坝州茂县、汶川县、理县、北川羌族自治县	第二批	2008
合计(项)		11			

注：此表根据国家公布的四批国家级非物质文化遗产名录整理而成，仅代表课题组观点。

（三）羌族省级非物质文化遗产

在国家级非遗名录公布后，全国各省（区、市）也陆续建立起了省

(区、市）级非遗名录，为之后国家级非遗名录的扩充和完善奠定了坚实的基础。从地域分布来看，目前只有四川和陕西的省级非遗名录中有羌族的项目。截至2018年，在四川省已公布的五批省级非遗名录、陕西省已公布的六批省级非遗名录中，按上文中的统计标准，可计入羌族非遗的项目共有43项，其中四川省37项（含扩展），约占总量的86%；陕西省6项，约占总量的14%（见表2）。

表2 省级非物质文化遗产名录羌族非遗项目统计

项目类别	项目名称	项目编号	申报地区或单位	批次	年份
民间文学 （4项）	羌戈大战	Ⅰ-5	四川省阿坝州汶川县、北川羌族自治县	第二批	2009
			茂县	扩展	2011
	大禹的传说	Ⅰ-6	四川省阿坝州汶川县、北川羌族自治县	第二批	2009
	释比古唱经	Ⅰ-2	四川省阿坝州茂县	第三批	2011
	木姐珠和斗安珠	Ⅰ-3	四川省阿坝州汶川县	第三批	2011
			茂县	扩展	2014
传统音乐 （4项）	多声部民歌（羌族多声部民歌）	Ⅱ-24	四川省阿坝州黑水县	第一批	2007
	羌笛演奏及制作技艺	Ⅱ-25	四川省茂县文化体育馆	第一批	2007
			四川省北川羌族自治县	扩展	2009
	口弦（羌族口弦）	Ⅱ-28	四川省北川羌族自治县	第一批	2007
			四川省阿坝州汶川县、理县	扩展	2009
			茂县	扩展	2014
	花儿纳吉	Ⅱ-72	四川省阿坝州理县	第五批	2018
传统舞蹈 （6项）	羌族羊皮鼓舞	Ⅲ-16	四川省汶川县	第一批	2007
			四川省理县、茂县	扩展	2014
	卡斯达温舞	Ⅲ-20	四川省阿坝州黑水县	第一批	2007
	羌族莎朗（萨朗）	Ⅲ-9	四川省北川羌族自治县	第二批	2009
			四川省阿坝州茂县、汶川县	扩展	2011
	花灯（芦山羌族花灯舞）	Ⅲ-11	四川省芦山县	扩展	2014
	灯舞（羌族麻龙马灯）	Ⅲ-1	四川省北川羌族自治县	第三批	2011
	略阳羌族羊皮鼓舞	Ⅲ-48	陕西省略阳县	第三批	2011

续表

项目类别	项目名称	项目编号	申报地区或单位	批次	年份
传统戏剧（3项）	灯戏（许家湾十二花灯戏）	Ⅳ-4	四川省北川羌族自治县	第一批	2007
	羌族释比戏	Ⅳ-16	四川省阿坝州理县	第四批	2014
	端公戏		陕西省汉中市	第一批	2007
传统体育、游艺与杂技（1项）	羌族推杆	Ⅵ-6	四川省北川羌族自治县、阿坝州汶川县	第二批	2009
			茂县	扩展	2011
传统美术（2项）	羌族《刷勒日》	Ⅶ-35	四川省阿坝州茂县	第四批	2014
	宁强羌族刺绣	Ⅶ-47	陕西省宁强县	第五批	2016
传统技艺（13项）	羌绣传统刺绣工艺	Ⅷ-7	四川省汶川县、茂县	第一批	2007
			四川省北川羌族自治县、平武县	扩展	2009
	四川绿茶制作技艺（羌族罐罐茶制作技艺）	Ⅷ-38	四川省北川羌族自治县羌山雀舌茶叶有限公司	扩展	2018
	羌族水磨漆艺	Ⅷ-9	四川省北川羌族自治县	第二批	2009
	传统民居营造技艺（羌族石雕房）	Ⅷ-20	四川省北川羌族自治县	第二批	2009
	羌族碉楼营造技艺	Ⅷ-33	四川省阿坝州汶川县、理县、茂县、松潘县、黑水县、北川羌族自治县、平武县	第二批	2009
	酿造酒传统酿造技艺（羌族咂酒酿造技艺）	Ⅷ-2	四川省阿坝州茂县	扩展	2014
	羌族传统编织技艺	Ⅷ-6	阿坝州四川羌寨绣庄有限责任公司	第三批	2011
	羌族银饰锻制技艺	Ⅷ-7	四川省阿坝州茂县	第三批	2011
	麻布制作技艺	Ⅷ-8	四川省阿坝州汶川县	第三批	2011
	羌族羊皮鼓制作技艺	Ⅷ-130	四川省阿坝州茂县	第四批	2014
	宁强福兴老字号王家（核桃馍制作技艺）	Ⅷ-31	陕西省宁强县	第一批	2007
	略阳罐罐茶传统手工技艺	Ⅷ-134	陕西省略阳县	第四批	2013
	略阳菜豆腐节节制作技艺	Ⅷ-164	陕西省略阳县	第五批	2016

续表

项目类别	项目名称	项目编号	申报地区或单位	批次	年份
民 俗（10项）	羌年	X-3	四川省阿坝州汶川县、理县、北川羌族自治县	第一批	2007
	苏布士（羌年庆典）	X-6	阿坝州中国古羌释比传承研究会	第一批	2007
	羌族瓦尔俄足节	X-14	四川省阿坝州茂县	第一批	2007
	大禹祭祀习俗	X-7	四川省北川羌族自治县	第二批	2009
	羌族婚俗	X-5	四川省北川羌族自治县、阿坝州茂县	第三批	2011
	古尔果（羌族转山会）	X-7	四川省阿坝州茂县	第三批	2011
	羌族成人冠礼	X-8	四川省阿坝州汶川县	第三批	2011
	羌族服饰	X-20	四川省阿坝州四川羌寨绣庄有限责任公司	第三批	2011
	羌族夬儒节	X-80	四川省阿坝州理县	第四批	2014
	基勒俄足（羌族狩猎节）	X-84	四川省阿坝州茂县	第五批	2018
合计（项）	43				

注：该表根据四川省人民政府官网、陕西省人民政府官网公布的省级非遗名录整理而成，数据仅代表课题组观点。

从项目类别来看，传统技艺13项，约占总量的30%；民俗10项，约占总量的23%；传统舞蹈6项，约占总量的14%；民间文学、传统音乐均占4项，分别约占总量的9%；传统戏剧3项，约占总量的7%；传统美术2项，约占总量的5%；传统体育、游艺与杂技1项，约占总量的2%。曲艺、传统医药项目数均为0项（见表2）。

从项目批次来看（不含扩展），四川省方面，2007年第一批非遗名录中羌族项目共计10项，2009年第二批非遗名录共8项，2011年第三批非遗名录共10项，2014年第四批非遗名录共4项，2018年第五批非遗名录共2项；陕西省方面，第一批2项，第二批空缺，第三批1项，第四批1项，第五批1项，第六批空缺（见表2）。

结合表1和表2可以看出，目前羌族非遗在名录建设与保护方面呈现以下三个方面的特点。

1. 项目申报地区不均衡

目前羌族非遗项目申报地区主要涉及四川和陕西两省，其中羌族国家级非遗项目全部来自四川，而省级非遗名录中四川省项目约占总量的86%，以上情况的出现与羌族人口数量及地理分布有着十分密切的联系。第六次全国人口普查结果显示，四川省羌族人口约占全国羌族人口的96%，其主要聚居地区为四川西北部岷江上游和涪江上游岷山山区一带，该地区也是历史上古羌人的聚居地。羌，原是我国中原地区对西北游牧部落的一个泛称，古羌族在其漫长的发展进程中受政治、经济等因素不断向外迁徙扩张，其中一支向南来到今四川西北部地区，通过与当地其他民族融合发展，逐渐形成了今日的羌族。现代羌族不仅继承了羌人族群称谓，其文化也与川西北历史上的羌人文化有着重要的传承关系。陕西省虽不是羌族的主要聚居地区，但近年在羌族文化的抢救和保护过程中也发挥了积极的作用，2008年由文化部命名的"羌族文化生态保护实验区"就将范围划定在了四川省和陕西省的各羌族主要聚居地内。

2. 项目类别不完善

从目前已公布的四批国家级非遗名录中看，羌族非遗项目总数为11项，项目类别主要集中在传统音乐、传统舞蹈、民间文学以及民俗这四类；传统美术、传统技艺次之；传统戏剧，曲艺，传统体育、游艺与杂技，传统医药则项目数为零。而在羌族省级非遗名录中，传统技艺、民俗、传统舞蹈则占比较高，仅这三类就占据了总数的67%。此外传统戏剧，传统体育、游艺与杂技在省级非遗名录中均实现了重要突破。但值得注意的是，目前曲艺、传统医药无论是在国家级还是省级名录中均空缺。羌族的非物质文化遗产资源极为丰富，且具有鲜明的地域特色，但就目前名录建设情况来看，其还有很大的发展空间，需要相关部分不断加强非遗的普查和申报力度，不断补充和完善项目类别，努力实现国家级、省级非遗代表性项目类别全覆盖。

3. 项目各批次数量呈下滑趋势

根据上文中对表1、表2的分析，我们可以看出，无论是目前已公布的四批国家级非遗名录，还是五批四川省级非遗名录，各批次羌族非遗项目数量都不算多，且均在第三批以后呈现明显的下滑趋势。自2006年国务院颁布第一批国家级非遗名录后，羌族非遗的保护与传承工作开始逐渐受到外界重视。2008年汶川特大地震的发生虽使羌族人民及羌族文化蒙受了巨大的损失，但危机中也蕴含着契机，伴随着《汶川地震灾后恢复重建条例》《汶川地震灾后恢复重建总体规划》的实施，以及羌族文化生态保护实验区的建立，保护与抢救羌族文化成为灾后重建工作的重要内容，羌族非遗项目的申报与审批工作也在这一阶段进入了高峰期。但随着灾后三年重建的结束，抢救保护羌族文化热潮逐渐降温，受各级地方文化部门对羌族非遗申报工作重视程度减弱的影响，羌族非遗项目的数量无论是在国家级还是省级名录中都出现了明显的下降趋势。

二 羌族非物质文化遗产代表性传承人基本情况梳理

非物质文化遗产作为一种"活态文化"，在漫长的历史发展中，主要通过传承人（或传承群体）的世代相传而得以延续。历史上的羌族没有文字，所以羌族文化的传承主要依靠代际的口耳相传、口传心授，这也使得非遗传承人的保护情况直接决定着羌族非遗的存续发展。通过梳理羌族国家级和省级非物质文化遗产代表性传承人信息，我们可以发现：

（一）在地域分布上，传承人均来自四川省

从表3、表4中可以看出，羌族国家级、省级非遗代表性传承人全部来自四川省，其中国家级传承人9人、省级传承人71人。这些传承人主要集中在四川省阿坝州藏族羌族自治州的汶川县、茂县、理县以及绵阳市北川羌族自治县等羌族主要聚居地区。非遗传承人作为非遗存续发展的主体和关键力量，近年来越来越受到政府的重视和保护。以阿坝州为例，通过制定

《阿坝州非物质文化遗产项目代表性传承人认定与管理办法（试行）》，在走村入户摸清家底的基础上，建立发现、推荐非遗传承人的激励机制，充分发挥专家和社会组织在传承人评估、认定、管理等工作中的作用，有效提高了该地区非遗传承人的申报数量及质量。

（二）在年龄层次上，传承人老龄化程度高

从目前已公布的五批共9位国家级非遗代表性传承人中，80岁及以上的就占了5人，60~79岁有2人，另两位年龄信息空缺。其中斯旦真先生已于2009年去世，享年83岁。在四川省已公布的六批共71位省级羌族非遗代表性传承人中，80岁及以上13人、60~79岁有31人、40~59岁18人，另9人年龄信息空缺。可以看出，目前羌族非遗代表性传承人老龄化现象已十分明显。近年来不少羌族传承人都在公开场合表达过招不来徒弟的担忧，社会的变迁以及现代人审美、价值观念的变化，使得当代青年人对学习和继承传统非遗文化表现得十分淡漠，即使有一些青年人愿意学，也受困于经济回报、职业地位等现实问题，他们中的很多人最终都选择了放弃。羌族非遗传承后劲不足的问题，如不及时采取措施，一些濒危非遗项目甚至可能出现"断代"危机（见表3、表4）。

（三）在性别比例上，男性传承人比率较高

对表3、表4进行统计后发现，9位国家级非遗代表性传承人中，女性3人占33%，男性6人占67%；而在71位四川省级非遗代表性传承人中，女性19人占27%，男性52人占73%。由此可见，羌族非遗代表性传承人在男女性别比例上差异较大。造成上述情况的原因，一方面是受"传内不传外""传男不传女"等早期家族传承观念的影响，另一方面也与非遗项目自身属性有关。例如，羌绣国家级、省级代表性传承人均为女性，瓦尔俄足节（又称羌族妇女节）大部分传承人也都是女性；而在以羌年、卡斯达温舞、大禹祭祀等为代表的非遗项目中，出于宗教祭祀习俗的要求，传承人则皆为男性（见表3、表4）。

2006~2018年羌族非物质文化遗产保护发展报告

表3 国家级非遗项目羌族代表性传承人名单

项目类别	序号	姓名	性别	民族	出生年月	年龄	项目编码	项目名称	申报地区	传承人批次
传统音乐	02-0278	龚代仁	男	羌族	1934.08	84	Ⅱ-38	羌笛演奏及制作技艺	四川省阿坝州茂县	第二批
	03-0831	郎加木	男	羌族	1945.04	73	Ⅱ-30	羌族多声部民歌	四川省阿坝州松潘县	第三批
传统舞蹈	02-0393	斯旦真	男	藏族	1925	83	Ⅲ-33	卡斯达温舞	四川省阿坝州黑水县	第一批
	03-0939	朱金龙	男	羌族	1951.06	67	Ⅲ-62	羌族羊皮鼓舞	四川省阿坝州汶川县	第三批
传统美术	03-1293	汪国芳	女	羌族	1936.02	82	Ⅶ-76	羌族刺绣	四川省阿坝州汶川县	第三批
	05-2686	李兴秀	女	羌族	—	—	Ⅶ-76	羌族刺绣	四川省阿坝州汶川县	第五批
民俗	03-1476	肖永庆	男	羌族	1937	81	Ⅹ-82	羌年	四川省阿坝州茂县	第三批
	03-1477	王治升	男	羌族	1938.05	80	Ⅹ-82	羌年	四川省阿坝州汶川县	第三批
	05-2977	余无子满	女	羌族	—	—	Ⅹ-18	羌族瓦尔俄足节	四川省阿坝藏族羌族自治州	第五批
合计					9人					

注：该表根据文化和旅游部公布的五批《国家级非物质文化遗产代表性项目代表性传承人名单》整理而成，仅代表课题组观点。表中"—"表示暂无数据，传承人年龄为截至2018年的年龄。

表4 省级非遗项目羌族代表性传承人名单

项目类别	项目名称	姓名	性别	年龄	申报地区	批次
民间文学	羌戈大战	王泽勇	男	56	四川省北川羌族自治县	第四批
		马前国	男	54	四川省阿坝州汶川县	
	大禹的传说	绕一三	男	58	四川省北川羌族自治县	
	释比古唱经	杨忠平	男	—	四川省阿坝州茂县	第六批

续表

项目类别	项目名称	姓名	性别	年龄	申报地区	批次
传统音乐	羌笛演奏及制作技艺	陈海元	男	62	四川省阿坝州茂县	第一批
		何王全	男	54		
		龚代仁	男	84		
		王国亨	男	61		
		何克知	男	86		第二批
		王国亨	男	62		
		何王全	男	—		
		陈海元	男	—		
	羌族多声部民歌	见车亚	男	54	四川省阿坝州松潘县	第二批
		郎加木	男	73		
		何天发	男	68	四川省阿坝州茂县	
		亚刚初	男	69		
		尤登良	男	72		
		尤生富	男	73		
		尤云姐	女	61		
		尤珍初	女	67		
		郑兴龙	男	59		
		泽旺仁青	男	—	四川省阿坝州松潘县	第六批
		格洛扎西	男	—		
	口弦	王泽兰	女	73	四川省北川羌族自治县	第三批
		周顺兰	女	65		
		韩青瓜	女	—	四川省阿坝州理县	第六批
传统舞蹈	卡斯达温舞	曲吾	男	90	四川省阿坝州黑水县	第一批
		斯旦真	男	83		
	羌族羊皮鼓舞	杨骏清	男	49	四川省阿坝州汶川县	第二批
		赵邦蓝	男	81		
		朱金龙	男	67		
	羌族萨朗	王华平	男	—	四川省阿坝州茂县	第六批
传统戏剧	灯戏（许家湾十二灯戏）	唐孝友	男	66	四川省北川羌族自治县	第三批
		苟正万	男	50		
传统体育、游艺与杂技	羌族推杆	陈仕琼	男	41	四川省北川羌族自治县	第四批
		汪清寿	男	51	四川省阿坝州汶川县	

续表

项目类别	项目名称	姓名	性别	年龄	申报地区	批次
传统手工艺	羌族传统刺绣工艺	汪斯芳	女	47	四川省阿坝州汶川县	第二批
		陈平英	女	61		
		汪国芳	女	82		
		王露群	女	55	四川省阿坝州理县	
		陈清芳	女	50	四川省阿坝州茂县	
		李兴秀	女	57		
		马新琼	女	54		
		陈云珍	女	47	四川省北川羌族自治县	第五批
	羌族水磨漆艺	朱红志	男	56	四川省北川羌族自治县	第四批
	羌族碉楼营造技艺	王国跃	男	66	四川省阿坝州汶川县	
	羌族银饰锻造技艺	杨维强	男	—	四川省阿坝州茂县	第六批
民俗	瓦尔俄足节	兰巴姐	女	86	四川省阿坝州茂县	第一批
		陈秀英	女	86		
		殷启珍	女	70		
		高英姐	女	66		
		杨保生	男	71		
		余光元	男	70		
		余五子满	女	76		
		余兴保	男	61		
		王正平	男	72		
	羌年	王治高	男	73	四川省阿坝州汶川县	第二批
		王治升	男	80		
		朱光亮	男	83		
		母广元	男	77	四川省北川羌族自治县	
		杨华武	男	55		
		王福山	男	72	四川省阿坝州理县	
		任永新	男	89	四川省阿坝州茂县	
		尚永庆	男	81		
		余友成	男	67		
		杨年弟	男	94		
		杨友云	男	65		
		王万伦	男	72		
	大禹祭祀习俗	王官全	男	66	四川省北川羌族自治县	第四批
		李加碧	男	68		
	羌族服饰	张和琼	女	—	四川省阿坝州茂县	第六批
合计				71人		

注：该表根据四川省已公布的六批《省级非物质文化遗产项目代表性传承人名单》整理而成，数据仅代表课题组观点。表中"—"表示暂无数据，传承人年龄为截至2018年的年龄。

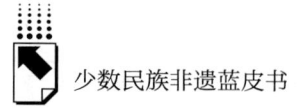
少数民族非遗蓝皮书

三 羌族非物质文化遗产保护与传承中的实践经验总结

由于认识的不足和经费、人才的制约,早期羌族的文化资源保护主要集中在物质文化资源,对非物质文化遗产的保护力度很小。2008年汶川特大地震发生后,伴随着灾后重建,特别是文化重建政策的实施,羌族的非遗保护工作得到了国家和海内外各界人士的大力支持。近年来,除了相继建立起各级非物质文化遗产名录及代表性传承人名录外,经过近十年的实践和探索,积累了如下经验。

(一)开展非遗普查,进行数字化保护

早在2005年国务院办公厅发布的《关于加强我国非物质文化遗产保护工作的意见》中就强调:"要运用文字、录音、录像、数字化多媒体等各种方式,对非物质文化遗产进行真实、系统和全面的记录,建立档案和数据库"。2008年汶川地震发生后,四川省政府紧急开展了羌族非物质文化遗产普查和调研工作,通过全面摸清羌族非遗的种类、数量、分布情况、生存现状等信息,为羌族非遗保存了一批重要资料和珍贵实物,也为后续非遗保护工作提供了坚实的基础。作为一项重要的非遗保护手段,羌族非遗普查工作一直持续至今。2015年阿坝州组织专家和业务骨干深入基层,共调查了1290项非遗项目,走访了1600位传承人,拍摄照片2万余张,拍摄录像540小时,记录文字资料1000余份,搜集实物1500多件。2016年北川县文化广电局通过整理和完善各级非遗项目文字、图片和影像资料,编辑出版了五万余字、百余幅图的《北川非遗》图书和5小时时长的影碟。

非物质文化遗产数字化保护主要强调的是通过数字化采集、存储、处理、展示、传播等技术,为非遗建立档案库、资源库、网站、博物馆和展览馆等提供先进、生动的技术支持。2009年,中国非遗中心主导,佳能(中国)公司主办了羌族非物质文化遗产数字化保护项目,通过大量实地走访拍摄,最终形成了羌族非遗动态影像数据库、羌族非遗静态影像数据库及羌

族非遗 3D 动作数据库三大影像数据库。① 此外，2008 年 7 月，羌族文化数字博物馆正式上线；2011 年 7 月阿坝州藏族羌族自治州非物质文化遗产中心正式成立，同年 10 月北川非物质文化遗产保护中心正式落成，2016 年北川数字文化馆也正式上线。大量实践经验证明，数字化技术在非遗的存储、展示、教育传播上具有天然优势，今后必将成为非遗保护的重要手段之一。

（二）颁布法律法规，提供制度保障

我国在 2006 年通过了《国家级非物质文化遗产保护与管理暂行办法》，2008 年通过了《国家级非物质文化遗产项目代表性传承人认定与管理暂行办法》，但直到 2011 年 2 月 25 日才正式通过了《中华人民共和国非物质文化遗产法》。上述法律、政策都是从国家宏观层面为非遗保护提供法律依据，各地方在具体的实施过程中还需根据自身非遗现状和特点制定有针对性的地方法规。2008 年 5 月 21 日，《北川羌族自治县非物质文化遗产保护条例》正式公布。同年，为做好汶川大地震灾后非遗保护工作，文化部与四川省、陕西省积极配合，编制实施了《羌族文化生态保护实验区规划纲要》。② 根据规划纲要，各受灾州、县也相应制定了实施方案和实施细则。2011 年 5 月 27 日，四川省人大常委会正式批准《阿坝藏族羌族自治州非物质文化遗产保护条例》，于当年 7 月 1 日起正式实施。

（三）建立文化生态保护实验区，实行整体性保护

非物质文化遗产的形成发展与其所处地区的自然、人文生态环境密切相关，所以保护对象"不仅仅限于单项的非物质文化遗产及与之相关联的诸多条件，也包含了非物质文化遗产及与之构成传承链条的文化、社会、经济、自然环境等因素的系统整体"。建立国家级文化生态保护实验区，是我

---

① 杨光：《羌文化抢救行动背后的影像公益》，新浪网，2009 年 11 月 11 日。
② 四川省文化和旅游厅：《羌族文化生态保护实验区在京授牌》，2008 年 11 月 15 日。

国非遗整体性保护的一次重要探索和创新。自 2007 年以来,文化部已先后设立了 21 个国家级文化生态保护实验区,其中羌族文化生态保护实验区于 2008 年 11 月 14 日成立。其范围以四川省阿坝州的茂县、汶川县、理县和绵阳市的北川羌族自治县为主要区域,兼及毗邻的四川省阿坝州松潘县、黑水县和绵阳市的平武县,以及陕西省宁强县、略阳县的相关区域①。十年的羌族文化生态保护实验区建设,为保持羌族文化资源的多样性、完整性和丰富性起到了积极的作用。

(四)发展文旅产业,推动非遗生产性保护

在有效保护和传承的前提下,通过对一些非物质文化遗产进行生产性保护,不仅符合非遗传承的特定规律,也有利于增强非遗自身的活态性及传承人的传承积极性。② 羌族的很多非物质文化遗产在发展文化产业、民族手工业、旅游业等方面都具有较高的经济价值,近年来也进行了生产性保护方面的探索,并取得了不错的成绩。以代表性项目羌绣技艺为例,它本是羌族妇女在农忙间隙从事的民间手工艺,汶川大地震后,为促进羌族非遗的保护与传承,同时也为了拓宽当地妇女的就业渠道增加家庭收入,2008 年 7 月由李连杰壹基金及成都高屯子文化机构等联合发起成立了阿坝州妇女羌绣就业帮扶中心,并在成都启动了羌绣帮扶计划。该计划通过对研发、培训、生产、销售、推广、回报六个环节进行帮扶,先后在阿坝州培训近两万名羌族妇女,部分绣娘高峰时期年收入可达上万元。除了成立帮扶中心外,各种羌绣合作社和羌绣公司也应运而生,它们采用"企业+合作社+农户"的模式,为当地数千名羌族妇女创造了不离乡土就能增加收入的工作机会③。

由于羌族地区的旅游资源以特色民族文化为主,而旅游产业的发展又对

---

① 黄文、杨艺:《灾后羌族非物质文化遗产传承发展的共生研究——对阿坝州羌族文化生态保护实验区的实践解析》,《西南民族大学学报》(人文社会科学版)2011 年第 5 期,第 129 页。
② 李荣启:《非物质文化遗产"生产性保护"的重要性与可行性》,《美与时代》(上旬) 2014 年第 9 期,第 22 页。
③ 《阿坝州妇女羌绣就业帮扶中心——羌绣帮扶计划》,搜狐网,2010 年 3 月 30 日。

当地文化的传承弘扬和创新传播有重要的积极作用，因而促进非遗项目与旅游产业融合，大力发展文化旅游，成为羌族地区灾后重建的重要抓手。在羌族文化生态核心区，先后建立了一批重点旅游项目，如北川羌城旅游区、茂县羌族民俗文化演艺街区、大禹文化旅游区等。此外，在一些旅游村寨，村民们将非遗项目与当地民俗节庆活动相融合，涌现了众多极具知名度和影响力的旅游节会活动，如汶川县大禹文化旅游节、理县花儿纳吉赛歌会、茂县祭山会、羌年等。2018 年，汶川县累计接待游客 563 万人次，实现旅游综合收入 25 亿元[①]；北川羌族自治县接待游客 768 万人次，实现旅游综合收入 63.6 亿元[②]。文旅产业不仅让当地群众吃上了"旅游饭"，也逐步实现了羌族非遗的活态传承与可持续发展。

（五）扶持培育传承人，提高民族文化认同

非遗要保护，更需传承。面对目前羌族非遗生存环境的剧烈变化，以及非遗传承人年龄偏高、传技困难的现象，自 2016 年起，中央财政每年为国家级代表性传承人提供 2 万元传习补助，为省级代表性传承人提供 5000 元传习补助，此外各州县也都相应设立了自己的补助标准。这些来自政府的直接经济资助，缓解了传承人现实的经济压力，提高了传承人的传技积极性和主动性。而众多羌族非遗传习所、传习基地的建立，也为非遗传承人、当地社区居民及非遗爱好者搭建了一个良好的传承学习空间。为了提高年轻一代对羌族文化的认同感和传承自觉性，茂县凤仪镇小学、松潘县小姓乡中心校等学校，将羌族文化内容列入了乡土教材，并开设了众多丰富多彩的羌文化兴趣班，让学生们在轻松的氛围中感受羌族文化的魅力。

（六）开展各类文化展示，弘扬宣传民族文化

为了让更多的人认识和了解羌族非遗文化，提高羌族非遗的知名度和影

---

① 旺娜：《2018 年汶川县人民政府工作报告》，汶川县人民政府官网，2019 年 3 月 21 日。
② 《北川："生态＋"赋能助推经济转型升级》，绵阳市政府官网，2019 年 4 月 27 日。

响力，政府、社会组织、企业和村寨等开展了一系列帮助非遗"走出去"的文化展示传播活动。2007年和2009年，羌族非遗展演被连续作为第一届和第二届成都国际非物质文化遗产节的重要展示项目，引起了广泛关注。此外茂县、汶川县、北川县还将羌年、祭山会、羌族多声部民歌、禹的传说等羌族代表性非遗项目作为创作元素，相继打造出《羌魂》《尔玛吉》《禹羌部落》等大型歌舞剧并在全国多地进行巡演。2014年羌绣国家级传承人李兴秀和其他120多名非遗传承人一起，走出国门参加了美国著名的史密森民俗节并在现场进行了展演。2018年北川羌族草编技艺亮相第23届米兰手工艺博览会。

四 羌族非物质文化遗产保护与传承中存在的问题

十年的地震灾后重建以及羌族文化生态保护实验区的探索发展，使得羌族非物质文化遗产在抢救、保护与传承发展方面均取得了巨大的成就，也积累了众多宝贵的经验。但就目前来看，羌族非遗在保护与传承中还存在着一些不足之处。

（一）非遗名录项目类别不完善，分布不均衡

对羌族国家级和省级非遗名录进行梳理发现，目前羌族非遗项目数量并不多，且项目类型主要集中在民俗、传统音乐、传统技艺等方面，传统体育、游艺与杂技类项目仅省级1项，而曲艺、传统医药类项目至今仍然空缺。以羌医药为例，同样作为少数民族传统医药，苗医药、藏医药不仅都已入选国家级名录，还在学术研究、产业开发等方面取得了不错的成绩，反观羌医药无论是保护力度还是资金、政策、人才均相对滞后。从区域分布来看，羌族非遗主要集中在四川省，其他省份数量明显较少。此外，汶川地震之后的重建时期，羌族非遗项目申报出现了一次高峰期，但随着时间的推移，无论是国家级还是省级项目申报数量都呈现明显的下滑趋势。

（二）非遗传承人老龄化严重，新生力量不足

非遗传承人老龄化严重、非遗后继无人，目前已成为制约非遗发展的普遍问题。羌族非遗的传承主要依靠人的自身而存在，并以声音、形象、技艺为表现手段，存续环境极为脆弱。早年间，出于谋生需要、"传男不传女"的传统以及宗教禁忌等原因，羌族非遗传承人总数并不多，且男女比例相差较大。进入现代社会，伴随着经济的发展、外来文化的冲击，羌族非遗的生存空间日渐缩小。机器化大生产逐渐取代了质朴的手工制作，现代流行文化不断冲击着当地传承千年的民族传统，年轻人纷纷离开家乡外出求学打工或彻底搬离村寨过上城市生活。目前能够不受外界纷扰，潜心学艺投身羌族非遗传承事业的年轻人已寥寥可数。

（三）部分非遗项目存在过度开发情况

"生产性保护"概念自提出以来，就为非遗的保护工作打开了一个新思路。但是由于缺乏必要的认识和规范指导，部分非遗项目在面对市场进行产业开发时，逐渐迷失了初衷和方向。羌绣作为灾后非遗生产性保护的代表性项目，无论是在促进非遗的活态传承方面还是在提高当地妇女的经济收入等方面都起到了积极的促进作用。但值得注意的是，产业化要求进行标准化规模生产，原本具有个体创造性的民间手工艺品，逐渐变成按图制作且缺乏个性的批量商品，其独特性和文化魅力也大大降低。此外，在面向旅游产业进行的民俗节庆展演活动中，为了满足游客消费市场的需要，一些原本具有极强精神内涵和宗教祭祀性质的民间仪式活动，逐渐变为重外在而轻内涵的舞台化表演，对传统文化的真实性和完整性造成了冲击、破坏。

（四）当地群众在非遗保护中主体地位的缺失

长久以来，非物质文化遗产都是由当地群众基于民间传统自发或自觉传承而来的。作为非遗的传承者，当地群众理应也是非遗保护工作的重要参与者。但目前，很多羌族群众的非遗保护意识还比较淡薄，主动参与保护工作

的积极性不高，认为那都是政府和各级传承人的事，与自己无关。群众参与非遗保护意识的缺失，对非遗保护造成了不利影响。

（五）非遗保护各自为政，难以形成合力发展

按照《羌族文化生态保护实验区规划纲要》规定，保护区将"打破行政区划界限、地区习俗界限，打破经济建设、社会建设、文化建设界限，整合整个羌区的羌文化和非物质文化遗产资源"。① 但在实际操作中，各县区出于自身发展利益的考虑，并未真正形成合力，而是呈现各自为政、各行其是的状态。由于地域相对集中，文化资源极为相似，各县在文化形象和品牌资源打造上竞争十分激烈，如早年间汶川县和北川县的"大禹故里"之争，以及茂县、汶川县、北川县争相打造"中国古羌城""羌绣之乡"等。在此情况下，非遗资源整合力度不足，导致文化形象分散、非遗产品同质化严重，最终使得消费市场不断分流，整体竞争力下降。

五 羌族非物质文化遗产保护与传承的对策建议

羌族非物质文化遗产作为千百年来历史和文化的深厚积淀，不仅是我国少数民族文化的重要组成部分，同时也是我国民族文化多样性的重要体现。近年来，随着全球化、城市化进程加快，人们生产生活方式的转变，羌族非遗保护不断面临着新的挑战，如何在继承前期成功经验的同时，针对新问题、新情况，制定相应的对策建议就成了目前羌族非遗保护与传承工作的题中之义。

（一）进一步完善非遗项目的申报和管理工作

非遗名录式保护是目前非遗保护工作中最基本也是最重要的方式之一，它为非遗项目的抢救记录以及之后的传承、利用、发展都起到了积极

---

① 王珍、俞灵、蒋彬：《羌族文化该怎样重建》，《中国民族报》2008年6月6日。

的促进作用。羌族主要聚居在川西北岷江上游和涪江上游流域，其非遗生存空间大多比较偏远，所以对羌族非遗进行保护与传承应当首先对其非遗资源进行深入的摸排和挖掘，争取做到"不漏村居、不漏种类、不漏项目"，全方位地掌握非遗的分布和存续情况，为后续申报工作提供重要支撑。其次，积极开展非遗项目的申报工作，不断完善国家、省、市、县四级非物质文化遗产名录体系，稳步提升羌族非遗在各级名录中的比重，填补项目空缺并兼顾各项目类别的均衡分布情况。最后，要杜绝"重申报、轻保护"的功利思想出现。非遗项目申报成功只是"万里长征的第一步"，后续保护好、利用好、管理好非遗资源，才是非遗保护工作的重中之重。

（二）不断加强传承人队伍建设和人才培养

非物质文化遗产作为一种"活"的文化，它展现的是人们实践着的生活方式，其保护与传承的核心在于人。对非遗传承人的保护除了建立名录、发放财政补助解决其传技的后顾之忧外，还应帮助其不断增强自身的传承实践能力和传承责任意识。一方面，定期开展非遗传承人的研修研习培训活动，帮助传承人深化对本地区、本民族传统文化知识的了解，以及加深对所持有非遗项目的认识和把握。另一方面，引入非遗传承人评估与退出制度。通过对非遗传承人传承实践情况进行评估，将那些传承意识不强、履行义务不力，以及出于各种原因而无法继续履行传承工作的传承人评定为不合格，连续两次考评为不合格者，将取消代表性传承人资格。关于非遗人才培养方面，应进一步鼓励公众特别是青年人群对非遗的了解和参与。可以借助"非遗进校园"活动的开展，逐步发挥大学在非遗传承中的重要作用。通过在高校中进行非遗课程教学实践，促进开展相关的跨专业、跨学科研究活动，为之后的非遗传承与保护工作提供科学的理论支持。

（三）增强当地群众在非遗保护中的主体地位

非遗的传承与保护，强调要"见人、见物、见生活"，这种独特的生活属性决定了非遗的保护最终要回归社区、回归生活，在民众的日常生活中得到延续和发展。所以，要充分尊重传承人和当地群众在非遗保护中的主体地位，尊重他们的文化传承、实践以及再创造的权利。要不断开展非遗的宣传教育工作，提高当地群众的文化自信以及保护非遗的自觉性和主动性。政府在非遗保护中应扮演好组织者、管理者和支持者的角色，采取"民办公助"的形式为当地群众开展各类非遗文化活动提供帮助和支持。特别是在传统节庆活动方面，政府应"还节于民"，减少政府行为对民间非遗活动的过多干预。

（四）努力推动非遗保护跨区域合作发展

目前，各地方在非遗保护与发展过程中各自为政、各行其是的做法，已严重制约了整个羌族地区非遗文化形象的塑造和传播，同时也对文化旅游及其相关产业发展造成了一定的冲击。各地方政府应从全局角度出发，克服地方保护主义和文化圈地主义，转变单打独斗的工作作风，通过政策制定、财政支持、平台打造等方式，加强各羌族聚居地间的跨区域合作和交流，形成合力实现非遗资源共建共享，努力打造出一批特色鲜明的羌族非遗文化品牌和产业带，不断推进整个羌族地区非遗文化的持续健康发展。

（五）积极引入新兴媒体为非遗保护与传播赋能

传统的媒体主要包括电视、广播、杂志、报纸等主流信息媒介，而新媒体则是在传统媒体的基础上，结合了新时代的科学技术而产生的信息存储与传播的新的媒体形式。① 一方面，在新媒体时代下，随着数字技术的进步和互联网技术的发展，影像、语音、3D、VR 等技术的运用，既能完整地保留非遗的本貌，又能生动地展示其艺术特征、制作过程及表现手法，让人们可

---

① 钟蕾、周鹏：《新媒体多元化形式下的非遗数字化保护探析》，《包装工程》2015 年第 10 期，第 2 页。

以更加生动、立体、全面地认识和了解非遗。另一方面，近年来伴随着电脑、手机、平板电脑等移动终端的广泛使用，一大批网络交流平台如微信、微博、抖音、斗鱼等逐步走进人们的日常生活。将非遗保护与这些新兴媒体相结合，不仅可以扩大非遗的传播范围和影响力，还能帮助非遗传承人与广大群众进行即时的在线沟通、交流，增强人们对非遗知识的了解，以及对非遗保护重要性和必要性的认识。

B.4
2006~2018年毛南族非物质文化遗产保护发展报告*

王韬 苏安宁**

摘　要： 毛南族是我国有着悠久历史的少数民族,在其主要聚居的贵州省和广西壮族自治区都是世居少数民族之一,创造了丰富多彩的非物质文化遗产。这些非物质文化遗产作为我国少数民族非物质文化遗产的重要组成部分存留下来。报告通过对政府公布的各级非物质文化遗产名录及非物质文化遗产项目代表性传承人名录中的毛南族非物质文化遗产及其传承人进行梳理,分析其分布的特点,探讨毛南族非物质文化遗产保护与传承的基本经验及存在的问题与不足,并针对性地提出保护与传承的对策及建议。

关键词： 毛南族　非物质文化遗产　法规　数字化保护

毛南族主要聚居在贵州省黔南布依族苗族自治州平塘县、惠水县和独山县,以及广西壮族自治区河池市环江县境内,是两省(自治区)的世居少数民族之一。①

---

* 基金项目：国家民族事务委员会人文社科重点研究基地南方少数民族非物质文化遗产研究基地(民委发〔2014〕37号)、教育部民族教育发展中心民族民间文化教育传承创新重点研究基地(高等院校)、贵州民族大学少数民族非物质文化遗产传承创新研究团队建设的阶段性研究成果。
** 王韬,苗族,硕士,贵州民族大学人文科技学院讲师,研究方向为西南民族历史与文化;苏安宁,苗族,硕士,贵州民族大学人文科技学院讲师,研究方向为文学理论与批评。
① 《毛南族简史》编写组、《毛南族简史》修订本编写组：《毛南族简史》,民族出版社,2008,第1页。

一 毛南族非物质文化遗产保护现状

毛南族非物质文化遗产是毛南族人民历史上积累的重要文化财富，在毛南族人民与其赖以生存发展的自然生态环境和社会环境不断互动的历史进程中，不断地被创造与再创造，为毛南族人民提供持续的族群认同和文化认同基础。

（一）国家级毛南族非物质文化遗产名录

在已公布的四批国家级非物质文化遗产名录中，毛南族非物质文化遗产有3项，分别是第一批民俗类1项、第二批传统舞蹈1项、第三批传统美术1项（见表1）。

表1　国家级非物质文化遗产名录毛南族非遗项目统计

项目类别	项目名称	项目编号	申报地区	批次	年份
民俗	毛南族肥套	Ⅸ-17	广西壮族自治区环江毛南族自治县	第一批	2006
传统舞蹈	毛南族打猴鼓舞	Ⅲ-63	贵州省平塘县	第二批	2008
传统美术	竹编（益阳小郁竹艺、毛南族花竹帽编织技艺）	Ⅶ-51	湖南省益阳市、广西壮族自治区环江毛南族自治县	第三批	2011
合计(项)	3				

注：此表根据文化和旅游部公布的四批国家级非物质文化遗产名录整理而成，仅代表毛南族非遗分课题组观点。

（二）省（自治区）级毛南族非物质文化遗产名录

按照《中华人民共和国非物质文化遗产法》和《国务院办公厅关于加强我国非物质文化遗产保护工作的意见》（国办发〔2005〕18号）的要求，贵州省自2005年至2018年已公布四批省级非物质文化遗产代表作名录，广西壮族自治区自2007年至2018年已经公布七批自治区级非物质文化遗产代表性项目名录，其中毛南族非遗入选情况如表2所示。

表2 省（自治区）级非遗代表性项目名录毛南族非遗项目统计

级别	项目类别	项目名称	申报地区	批次	年份
省级	传统舞蹈	毛南族打猴鼓舞	贵州省平塘县	第二批	2007
自治区级	民俗	毛南族肥套	广西环江县	第一批	2007
	传统美术	毛南族花竹帽编织工艺	广西环江县		2007
	民俗	毛南族分龙节	广西环江县	第三批	2009
	传统技艺	毛南族木雕技艺	广西环江县	第四批	2012
		毛南族石刻技艺	广西环江县		2012
	传统舞蹈	毛南族傩舞	广西环江县	第七批	2018
合计（项）	7				

注：此表根据贵州省公布的四批省级非物质文化遗产代表性项目名录和广西壮族自治区公布的七批自治区级非物质文化遗产代表性项目名录整理而得，仅代表毛南族非遗分课题组观点。

（三）市级毛南族非物质文化遗产名录

在国家级非遗名录和自治区级非遗名录的指导下，广西壮族自治区河池市建立起市级非物质文化遗产保护名录，其中毛南族非遗如表3所示。

表3 广西壮族自治区河池市市级非遗代表性项目名录毛南族非遗项目统计

项目类别	项目名称	申报地区	批次
民间文学（1项）	毛南族民歌	环江县	第三批
传统舞蹈（1项）	毛南族傩舞		第三批
传统技艺（3项）	毛南族花竹帽编织工艺		第一批
	毛南族石刻		第二批
	毛南族木面具雕刻		第二批
民俗（3项）	毛南族肥套		第一批
	毛南族分龙节		第一批
	毛南族婚俗		第三批
合计（项）	8		

注：此表根据广西壮族自治区河池市公布的五批市级非物质文化遗产代表性项目名录整理而得，仅代表毛南族非遗分课题组观点。

（四）县级毛南族非物质文化遗产名录

平塘县作为毛南族聚居的主要区域之一，为更好地挖掘、保护、研究、弘扬毛南族非物质文化遗产，促进民族民间文化传承，在国家级名录、省级名录的指导下，建立起平塘县县级非物质文化遗产名录，其中毛南族非遗项目有7项（见表4）。

表4 贵州省平塘县县级非遗代表性项目名录毛南族非遗项目统计

项目类别	项目名称	申报地区
传统舞蹈(4项)	毛南族打猴鼓舞	平塘县
	毛南族拦门舞	平塘县
	毛南族舞火龙	平塘县
传统体育、游艺与杂技(2项)	毛南族斗捺奴	平塘县
	毛南族斗地牯牛	平塘县
民俗(2项)	毛南族火把节	平塘县
	毛南族砍利	平塘县
合计(项)	7	

注：此表根据贵州省平塘县公布的县级非物质文化遗产代表性项目名录整理而成，仅代表毛南族非遗分课题组观点。

从表1、表2、表3、表4中可以看出，毛南族非物质文化遗产名录及其分布具有以下几个特点。

从分布地域上看，集中分布在贵州省平塘县和广西壮族自治区环江县，只有入选第三批国家级非物质文化遗产名录的毛南族花竹帽编织技艺是环江县与湖南省益阳市益阳小郁竹艺合报的。毛南族主要聚居在贵州省黔南布依族苗族自治州平塘县和广西壮族自治区河池市环江县，民族聚居提供了非物质文化遗产产生的土壤。

从名录保护体系上看，毛南族非物质文化遗产已建立起较为完备的四级名录保护体系。从国家到贵州省和广西壮族自治区，到河池市，再到平塘县，都有一定数量的毛南族非物质文化遗产被列入非遗名录，建立起了毛南族非物质文化遗产保护的四级名录体系，将毛南族非物质文化遗产纳入政府保护体系之中。

从数量和级别来看，各级非遗名录互为补充。从表1、表2、表3、表4中可以得出毛南族非物质文化遗产的数量，在国家级非遗名录中有3项，省（自治区）级非遗名录中有7项，市级非遗名录中有8项，县级非遗名录中有7项，其中国家级3项均包含在省（自治区）级非遗名录中，省（自治区）级7项非遗项目也基本包含在市级非遗名录中。上级名录被纳入下级名录之中，说明下级名录对上级名录起到了很好的补充作用，弥补了毛南族国家级非遗项目数量少的缺憾。

二 毛南族非物质文化遗产传承人保护现状及特点

非物质文化遗产传承人作为非物质文化遗产的承载者和传递者，对非物质文化遗产的保护与传承有着重要意义。为进一步保护和传承非物质文化遗产，国家和地方各级政府制定措施评选各级非物质文化遗产项目代表性传承人，并以建立非物质文化遗产项目代表性传承人名录的方式进行保护与传承。从2009年至2018年，文化部已公布了五批国家级非遗项目代表性传承人名录，贵州省公布了四批省级非遗项目代表性传承人名录，广西壮族自治区公布了五批自治区级非遗项目代表性传承人名录。毛南族非遗传承人也被收入国家级和省（自治区）级非遗项目代表性传承人名录之中（见表5）。

根据表5可以得出，毛南族非物质文化遗产传承人保护具有以下几个方面的特点。

第一，传承人分布不均衡。传承人分布的不均衡主要体现在四个方面：一是各级、各地区名录中毛南族传承人数量少且不均衡，毛南族国家级非遗传承人有2人，贵州省省级非遗传承人有1人，广西壮族自治区自治区级非遗传承人则有9人，尚不能完全覆盖已经通过政府认定的各级非遗项目；二是传承人分布地域不均衡，广西壮族自治区有10人，贵州省仅有1人；

表5 各级非遗项目毛南族代表性传承人

级别	序号	批次	项目类别	项目名称	申报地区	传承人 姓名	年龄	性别
国家级	04-1960	第四批	民俗	毛南族肥套	环江毛南族自治县	谭三岗	59	男
	05-2644	第五批	传统技艺	竹编（毛南族花竹帽编织技艺）	环江毛南族自治县	谭素娟	51	女
省级	02-035	第二批	传统舞蹈	毛南族打猴鼓舞	平塘县卡蒲毛南族乡甲翁小学	石治禹	59	男
自治区级	60	第二批	传统技艺	毛南族花竹帽编织技艺	环江毛南族自治县人民政府	谭素娟	51	女
	66		民俗	毛南族肥套		谭益庆	64	男
	117	第三批	传统技艺	毛南族花竹帽编织技艺	环江毛南族自治县非遗保护中心	谭汝	31	女
	130	第四批	传统技艺	毛南族木雕技艺	环江毛南族自治县非物质文化遗产保护中心	方文展	48	男
	131		传统技艺	毛南族木雕技艺		谭圣慈	80	男
	132		民俗	毛南族分龙节		谭福军	59	男
	133		传统技艺	毛南族石刻技艺		谭火炼	55	男
	134		民俗	毛南族肥套		谭献刚	54	男
	136	第五批	民俗	毛南族分龙节	环江毛南族自治县非物质文化遗产保护传承中心	谭继明	49	男
合计（人）				12				

注：此表根据国家公布的五批《国家级非物质文化遗产代表性项目代表性传承人名单》及贵州省四批《省级非物质文化遗产代表性项目代表性传承人名单》、广西壮族自治区五批《自治区级非物质文化遗产代表性项目代表性传承人名录》整理而成，仅代表毛南族非遗分课题组观点，年龄截至2018年12月31日。

三是传承人的项目类型不均衡，民俗类有5人，传统技艺有5人，传统舞蹈有1人；四是传承人性别比例失衡，男性9人，女性2人，女性明显比男性少。

第二，政府认定的非遗项目与非遗传承人不匹配。目前，政府认定的各级毛南族非遗项目共有15种，而政府认定的非遗项目传承人仅涵盖6种非遗项目，另有9种尚无政府认定的传承人，使得非遗传承出现了政府认定的

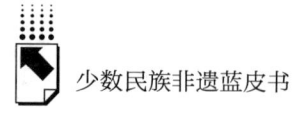

部分项目没有对应的传承人的窘境。

第三,传承人"青黄相接",传承有序。80 岁及以上的有 1 人,60~69 岁有 1 人,50~59 岁有 6 人,40~49 岁有 2 人,30~39 岁有 1 人。其中 51 岁的谭素娟先后分别进入了第五批国家级非物质文化遗产项目代表性传承人名单和第二批自治区级非物质文化遗产项目代表性传承人名录。传承人在 30 岁以上年龄段均有分布,且大部分在 50~59 岁,使毛南族非物质文化遗产得以有序传承。

三 毛南族非物质文化遗产保护的基本经验

近年来,在非物质文化遗产保护与传承获得更多关注的背景下,毛南族非物质文化遗产保护工作如火如荼地展开,已积累了一定经验,这对毛南族下一阶段的非遗保护工作具有一定的参考价值。

(一)通过生产性保护打造毛南族非物质文化遗产旅游品牌

通过生产性保护将非物质文化遗产资源转化为文化产品,推动了非物质文化遗产融入当代、融入大众、融入生活。非物质文化遗产生产性保护模式的展开,一方面丰富了人民群众的精神生活;另一方面提高了非物质文化遗产传承人的地位和收入,提供了就业岗位,实现了一定的社会效益和经济效益。

就我国非物质文化遗产保护现状而言,生产性保护方式较为普遍,这种保护方式起步时间早,现已初见成效。如广西壮族自治区环江县作为全国唯一的毛南族自治县,依托该县丰富的民族民间传统文化资源,加大文化建设投入力度,推进"文化活县"建设。该县自 2009 年始,由县政府牵头举办毛南族分龙节文化旅游活动,活动内容包括纳牛、祈福仪式等非物质文化遗产展演,龙舟、独竹漂比赛等民族传统体育竞技,还有徒步古道、书法摄影展、五香美食节、万人傩面狂欢晚会、项目推介会、产品展销会等现代商业性体验活动。分龙节旅游活动节迄今已举办 10 几届①，毛南族文化品牌开发初见成效。

（二）初步建立了毛南族非遗四级名录保护体系

2005 年 12 月 22 日发布的《国务院关于加强文化遗产保护的通知》要求建立非物质文化遗产国家—省—市—县四级保护体系。四级保护体系的建立，编织了非物质文化遗产保护网，一方面强调了非物质文化遗产的重要性，另一方面指导了非物质文化遗产保护的实践。毛南族是我国人口较少的山地民族，恶劣的生存环境一定程度上限制了民族的发展，民族特色的留存与保护任重道远。为响应国家非物质文化遗产保护的号召，实现毛南族非物质文化遗产自我保护的目的，建立起完整的保护体系显得迫切而必要。目前，在已公布的四批国家级非物质文化遗产名录中毛南族非物质文化遗产有 3 项（民俗 1 项、传统舞蹈 1 项，传统美术 1 项）；毛南族所在省（自治区）公布的省（自治区）级非物质文化遗产名录中毛南族非物质文化遗产有 7 项（广西壮族自治区 6 项、贵州省 1 项）；市级毛南族非物质文化遗产有 8 项（广西壮族自治区河池市）；县级毛南族非物质文化遗产有 7 项（贵州省平塘县）。由此，毛南族非物质文化遗产的四级保护体系已经初步建立。

（三）出台法规及规章保障非遗的保护与传承

2008 年 5 月 4 日，文化部部务会议审议通过《国家级非物质文化遗产项目代表性传承人认定与管理暂行办法》（2008 年 6 月 14 日正式施行）；2011 年 2 月 25 日，中华人民共和国第十一届全国人民代表大会常务委员会第十九次会议审议通过《中华人民共和国非物质遗产法》（以下简称《非遗法》）（该法于当年 6 月 1 日正式施行）。《非遗法》确定了非物质文化遗产调查的主体、原则、方法，它的实施从国家立法层面为非物质文化遗产传承

---

① 《第十届环江毛南族分龙节将展世界最大铜鼓》，《人民日报》2018 年 5 月 19 日。

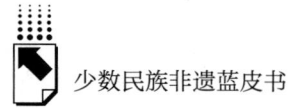

与保护提供了依据。在《非遗法》设立的框架下，各省（区、市）结合本地实际，积极出台与之配套的法规条例。毛南族聚居的广西壮族自治区和贵州省积极探索，逐级推进相关政策条例出台，通过立法明确非物质文化遗产保护的必要性，赋予非遗传承人合法地位。

2012年3月30日，贵州省第十一届人民代表大会常务委员会通过《贵州省非物质文化遗产保护条例》（该条例于2012年5月1日起施行），规定了贵州省非物质文化遗产保护的细则；2014年5月，贵州省委办公厅、省政府办公厅联合印发《贵州省非物质文化遗产保护发展规划（2014～2020年）》；2017年11月，贵州省黔南州发布《黔南州民族民间文化传承与发展行动方案》，方案明确对毛南族聚集的平塘县提出重点打造"毛南族文化"和"牙舟陶"品牌的发展要求；2018年1月，黔南州人民政府办公室印发《黔南州民族特色村寨保护与发展三年行动方案（2018～2020年）》，旨在保护州内少数民族特色村寨；2018年11月，《黔南州推进文化产业发展三年行动方案（2018～2020年）》下发，提出整合州内少数民族文化资源，将州内毛南族文化资源也纳入其"好花红"民族文化品牌框架中。

2016年11月30日，广西壮族自治区第十二届人民代表大会常务委员会第二十六次会议通过《广西壮族自治区非物质文化遗产保护条例》（该条例于2017年1月1日起施行）；2018年1月1日，《河池市非物质文化遗产保护条例》正式实施，旨在加强对河池历史文化的保护、推动旅游产业和文化事业发展；2018年10月26日，广西壮族自治区文化厅印发《广西壮族自治区非物质文化遗产代表性项目代表性传承人认定与管理暂行办法》，以正式文件形式确定了自治区内非遗项目传承人的认定管理。此外，还有如《广西壮族自治区人民政府办公厅关于促进地方戏曲传承发展的实施意见》（桂政办发〔2016〕124号）等文件从不同角度为自治区特色文化的传承与发展贡献了力量。

（四）打造公共文化空间，提升文化认同感

构筑文化的公共空间已经成为21世纪中国在社会主义市场经济条件下

追求文化发展尤其是公益性文化发展必不可少的环节。公共文化空间的形成，就是打造文化传播的平台，有利于提升民族文化认同感，这对非遗的保护与传承具有重要作用。2012年6月，广西环江毛南族自治县的毛南族博物馆正式开馆对外开放，博物馆内陈设分为专题展区和普通陈列，为参观者提供了了解毛南族历史文化的空间。除了建设博物馆作为公共文化空间，非物质文化遗产进校园也成为毛南族非遗传承的手段：如在环江县下南乡下南中学每年都举行毛南族传统体育竞技比赛；环江县民族中学每年都举办民族民俗文化艺术节，有跳壮族竹竿舞、跳苗族芦笙舞、跳毛南族花竹舞、唱毛南族山歌比赛等项目。

四 毛南族非物质文化遗产保护中存在的问题

毛南族非物质文化遗产保护工作是在摸索中前行的，积累有益经验的同时也暴露了问题。目前来看，这些问题集中表现为毛南族非物质文化遗产保护与传承的专门性法制不健全、非遗名录收录进程缓慢、缺乏联动等。

（一）非遗保护与传承的法规体系不健全

总体来看，中国的非物质文化遗产保护工作尚处于起步阶段，非遗立法工作稍显年轻态。

具体就毛南族非遗保护工作而言，法制建设尚不健全。首先，毛南族非遗保护法规仍需健全。毛南族聚居的省份针对本地实际出台相关法规的进程不一致：贵州省早在2012年起制定了《贵州省非物质文化遗产保护条例》，但是至今地州级毛南族非遗保护条例仍是空白；广西壮族自治区的《广西壮族自治区非物质文化遗产保护条例》直到2016年才问世，自治区的非遗保护条例制定后，下一级人大常委会迅速反应制定了地级市的非遗保护条例，如《河池市非物质文化遗产保护条例》；相较而言，毛南族聚集的两个省区在完善我国非遗保护与传承法律体系建设上的表现历史进程不统一，逐

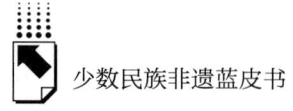

级非遗法规制定步调不一致。其次,专门针对毛南族非遗保护与传承的单项条例仍未出台。

(二)主客观发展受限,非遗名录收录进程缓慢

一个民族的发展水平在很大程度上影响了其民族文化的体量与发展的能力。这具体表现为汉族对其非物质文化遗产保护工作进程及成效明显好于少数民族。少数民族人口少,发展水平较低,文化水平整体不高,虽有国家政策的倾斜,但却难以实现与汉族完全同步。而毛南族作为人口较少的山地民族,是少数民族中的少数民族,外界关注更少,自发声音更小,这在一定程度上制约了对本民族非物质文化遗产保护与传承工作的展开。所以,种种主客观条件的限制,如民族人口少、生存环境恶劣、发展水平较慢等使得能投入非遗保护工作中来的人力物力都有限,这些都直接导致了非遗普查工作进程滞缓,名录收录不齐全。

(三)非物质文化遗产传承与保护缺乏联动性

总人口仅十余万人的毛南族,聚居在广西壮族自治区环江县和贵州省平塘县、独山县一带,跨越两个省级行政区,较难形成民族内部沟通交流;两个省份非遗政策不一致,进程不同步,非遗传承与保护工作相对独立。因此,毛南族非物质文化遗产传承与保护工作尚显分散,缺乏联动性。严格意义上讲,毛南族聚居的两个地区目前尚未建立起完整的非物质文化遗产四级保护体系:广西壮族自治区有国家级—自治区级—市级,缺少县级;贵州省有国家级—省级—县级,缺少市级。本报告论述的毛南族非物质文化遗产从国家到省级到市级到县级的完整保护体系是整合了贵州和广西两地的成果,从理论层面架构的。

(四)现代科技手段应用不足,数字化保护效果有限

非物质文化遗产的保护与传承需要与时俱进,在科技发展日新月异的今天,数字化手段的运用为非遗保护与传承打开了新思路。然而,毛南族现阶

段非遗保护与传承中数字化手段运用不足：首先，无论是广西还是贵州，尚未搭建起专门的毛南族非物质文化遗产数据库；其次，毛南族非遗成果保护与传承对数字化手段的运用虽然有所触及，但层次还较低，如影音技术的使用，更高级的 AR、VR 技术因为资金成本高、操作难度大，几乎没有投入对毛南族非遗的保护中。现阶段，毛南族非遗成果的保护与传承较多地依赖传统手段，如纸质品等实体资源的保护多采取收藏原版或制作仿本的形式，此种形式保护的非遗成果必须置于固定的场所，对保存条件要求高，保存成本大，使用不够便捷；民歌、舞蹈等技艺性遗产多依赖传承人的口传心授，这种人为传承的方式只有当下传承人的完整记忆，民族技艺的历史性留存不够完整……这些传统手段对非遗的保护，从根本上来看只是在减缓非遗流失的速度而难以实现长效的完整的保护与传承。

五 毛南族非物质文化遗产保护与传承的对策及建议

尽管进度缓慢的毛南族非物质文化遗产的保护与传承在现代社会语境内面临着新的困境，在当前制度更加健全、科技更加进步的新时代，非物质文化遗产的保护与传承也拥有诸多路径。

（一）建立健全毛南族非遗保护法规体系

少数民族非遗保护立法为我国少数民族非物质文化遗产保护工作提供了法律保障，现阶段非遗保护法律体系的建构仍较缓慢。少数民族非遗保护法律体系的完善，离不开各个民族立足自身为本民族非遗保护立法。毛南族非物质文化遗产保护与传承的进一步发展有赖于非遗保护与传承法律体系的健全：同已有法律的协调、同社会惯例的协调、同我国承诺的国际保护义务的协调[①]。毛南族人口聚居地应积极推动毛南族非物质文化遗产保护与传承的单行条例出台，并认真抓好落实。此举一方面有利于完善非遗保

---

① 费安玲：《非物质文化遗产法律保护的基本思考》，《江西社会科学》2006 年第 5 期。

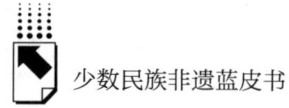

护法规体系,另一方面对毛南族非遗保护与传承更具指导性。同时可以利用多元平台(如网络、媒体等),开展非遗普法教育宣传工作,提升人们对非物质文化遗产保护与传承重要性的认识。

(二)整合多方资源,形成联动保护机制

在毛南族非遗保护过程中,四级名录保护体系已搭建成形,然而体系的内容有待进一步充实。首先,需要加大对毛南族非遗的普查力度,完善非遗名录。通过普查的方式,获取完整的非遗项目,申报各级非遗名录,丰富毛南族非遗谱系。其次,要推进毛南族聚居地之间的对话。广西壮族自治区和贵州省是毛南族人口聚居的主要省份,当前两地的非遗保护工作相对独立,两地毛南族非遗保护工作也没有形成联动。现阶段,有必要加强两地之间的交流对话,汇聚两地力量,共同发掘毛南族文化资源,丰富毛南族文化体系,完善非遗保护机制。通过非遗普查横向填充非遗名录体系;通过不同地域间毛南族文化保护的对话,纵向聚合多方力量,形成全方位的非遗保护机制,力求使毛南族文化得到更科学的发展。

(三)推进数字化保护,使非遗文化焕发新的生机

在非遗保护与传承的实践中,数字化保护手段的运用可以实现非遗长效发展,赋予其新的生机。因此,对毛南族文化遗产进行数字化建设,将互联网、3D、AR、VR等数字化新技术引入毛南族非遗保护与传承中确有必要:如搭建专门的毛南族非物质文化遗产数据库进行数字化保存;建设数字博物馆,将现有实体资源通过现代化手段转化为数字资源,在减少对实体资源的损耗同时还能更长效保存;利用VR技术实现非遗项目立体化,公众通过VR眼镜便可置身非遗项目学习中;加快影音技术的使用,通过影像的方式记录非遗传承人的技艺,留存完整的历史资料,丰富毛南族非遗库存,使毛南族文化遗产"活"在当下、走向未来。

非遗数字化保护
Digital Protection

B.5
土家族传统节日的数字化保护
——以酉水流域土家族"过赶年"为例

姚伟钧 郎 芹*

摘 要： 传统节日习俗与人的需求、社会变迁、价值观念、经济发展等方面具有密切的关系。然而在全球化语境下，传统节日习俗正经受着信息化、市场化、现代化等力量的强烈冲击，呈现形式化、表层化、商业化、庸俗化的趋势，文化传承正面临严重危机。数字化保护技术作为当前保护非物质文化遗产的重要手段，为文化传承提供了新的路径。文章主要以酉水流域土家族"过赶年"为例，论述了非物质文化遗产数字化保护的现状及其重要作用，同时也提出了

---

* 姚伟钧，汉族，华中师范大学历史文化学院教授，博士生导师，研究方向为中国文化史与文化产业；郎芹，土家族，华中师范大学研究生，研究方向为民族文化史与民族非物质文化遗产。

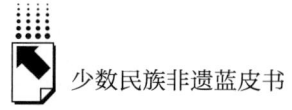

非遗数字化保护与传承的主要路径。

关键词： 酉水流域 土家族 过赶年 数字化保护

一 土家族"过赶年"的地域分布

"过赶年"是土家族最隆重且持续时间最长的节日。土家族"过赶年"的习俗分布面广，在历史上，湖北的长阳、五峰、鹤峰、宣恩、来凤、咸丰、利川，重庆的酉阳、秀山，湖南的龙山、永顺、保靖、古丈、大庸、桑植，贵州的印江、沿河、江口、德江、思南等地都有"过赶年"的习俗。目前，"过赶年"习俗主要保留在酉水流域，其中以讲土家语的永顺、龙山、古丈、保靖几县的土家山寨"过赶年"最为隆重。

"过赶年"，俗称"提前过年"，即赶在汉族过年的前一天过。汉族过年是腊月三十，土家族过年比汉族要提前一天，若腊月大则二十九过年，腊月小则二十八过年，若家中遇孝，还要提前一天，既二十八或二十七过年。光绪《龙山县志》载："土人度岁，月大以二十九日为岁、月小则以二十八日。"① 乾隆《永顺县志·风土志》卷四亦载："土民……十二月二十八夜祀祖曰祭鬼，禁闻猫犬声。②"可见"过赶年"的习俗历史悠久。对于"过赶年"的由来，最广泛的传说是为了抗倭打仗而提前。相传明嘉靖三十三年（1554）冬，永顺、桑植、保靖、容美等湖广地区的土司，接到明廷征调土家族土兵赴苏淞前线协剿抗倭的命令，永顺、保靖土兵需要率先出征，其时正值年关将近，按路程计算，不等过年就得出发，为了使出征官兵过了年再走，永顺、保靖土司下令军民提前过年，以欢送抗倭土兵。土兵出征

---

① 丁世良、赵放主编《中国地方志民俗资料汇编·中南卷》（上），书目文献出版社，1991，第647页。

② 丁世良、赵放主编《中国地方志民俗资料汇编·中南卷》（上），书目文献出版社，1991，第630页。

后,在满腔爱国热情的激励下,在苏淞前线与各族官兵并肩作战,抗击倭寇。由于土官谋划正确、土兵骁勇善战,创下明抗倭以来的首次大捷,朝廷称永顺、保靖土兵"东南战功第一",嘉靖皇帝颁旨嘉奖。为了纪念此次征战大胜,同时也表达广大民众对抗倭将士的怀念,此后,酉水流域等地的土家人决定每年腊月二十九(或二十八)过年,世代相传成俗。新中国成立以后,湘西土家族苗族自治州人民政府为了落实党的民族政策,保护土家族这一民间习俗,决定将土家年列为地方法定节日,休假一天。

土家族过年不但在时间上有其独特之处,而且年事活动持续时间之久、内容之丰富多彩,在中华民族大家庭中也是少见的。一进入腊月,土家族人便忙于打粑粑、做团馓,节日气氛笼罩土家族村村寨寨,一直到来年正月十五撤下堂屋中祭祀围帐、摆手锣鼓收场,整个年事活动才告结束。在酉水流域,土家年的活动内容十分丰富,主要有打粑粑、做团馓、杀年猪、推豆腐、插柏梅、贴钱纸、贴春联、贴门神、吃团年饭、送亮、果树过年、扫尘、守岁抢年、拜年等。

二 "过赶年"数字化保护的迫切性

土家族"过赶年"蕴含着土家人的历史、生活、文化、艺术、精神等方面的内容,保护好、传承好该习俗对研究土家族历史和民俗文化、增强社会凝聚力、构建和谐社会等都具有十分重要的价值。也正因为如此,土家族"过赶年"于2006年被列入湖南省省级非物质文化遗产名录,永顺县非物质文化遗产保护中心为保护主体。2010年5月18日,土家年被列入第三批国家级非物质文化遗产名录。明清以来,酉水流域的土家人几乎都有"过赶年"的习俗,但随着社会的发展,"过赶年"在土家民众节日生活中的功能和地位逐渐减弱,主要表现在以下方面。

(一)年节时间的变化

传统意义上的"过赶年"要在汉族过年的前一天,但是随着现代文化的渗透，土家族在过年的时间上也不断向春节靠拢，酉水流域一些地区的土家族已经不再"过赶年"了，而是和汉族人一样过除夕。从目前调查的情况看，除酉水中上游和贵州梵净山等地一些讲土家语的山寨，在老人的带领下仍按旧俗"过赶年"外，大多数土家族山寨都过除夕，时间上和汉族过年已经没有区别。并且，随着生产力的不断发展，越来越多的孩子走出大山上学，年轻人走进城市打工，在现代生活方式的影响下，很多年轻的土家人对于"过赶年"的民俗传统逐渐淡忘和遗忘了。"过赶年"对于他们来说只是从先辈那儿留下来一种浅浅的记忆，只是保留了过年的形式，他们并不在意过年的时间、历史渊源、祭祀礼仪等内在含义①。

（二）年节准备的简化

过去，土家人在年节准备上十分烦琐，年前需要杀过年猪、坑腊肉、灌香肠、推豆腐、酿米酒、做团馓、打糍粑。如今，随着经济的发展、市场供应日益丰富，土家人在年节准备上的简化特别明显，年节所需食品都是直接在集市上购买。之前，土家人进入腊月十八以后，家家户户都要用最好的大糯米打糍粑、做团馓、酿米酒。这些传统的年菜都是土家人用自己生产的粮食手工加工而成的，制作过程既是一家团聚、享受美好生活的过程，也是文化传承的过程。

此外，年菜上的变化也很大，过去，土家人过年吃团年饭，一定要蒸甑子饭、蒸肉、煮合菜。过年这天土家族村寨家家户户要架甑子，甑子下层一般是蒸的大米饭，上层蒸的是用小米或米粉子裹的坨坨肉。土家族人过年要架甑子蒸饭、蒸坨坨肉和吃合菜，和土家族祖先的战争生活分不开。据说，当年土家族官兵集中在一起过年，人数众多，肉无法一一切成片，只有砍成坨坨，裹些小米、米粉子蒸熟，至于其他的菜，几乎没有分别细炒，只好放在一起煮成合菜。后来，这种方式代代相袭，逐渐变成土家族过年时

---

① 黄柏权、崔芝璇：《土家年的文化空间建构及其变迁研究》，《三峡论坛》（三峡文学·理论版）2018年第1期。

的一种饮食习俗。现在随着生活方式的变化，外来饮食文化的涌入挤压了传统饮食文化的生存空间，土家人过年煮合菜和吃坨坨肉的越来越少，鱼、虾等被搬上了土家人的餐桌，致使传统的年节菜逐渐消失。

（三）祭祀礼仪的简化

土家族崇巫尚鬼，凡节日必祭祀。以往，土家人"过赶年"要祭祀各种神灵，都有很烦琐的祭祀礼仪，过年的核心就是祭祀。"过赶年"主要祭祀的祖先神有八部大王、土王神、家祖神。八部大王被认为是土家人的始祖之一，之前在永顺老司城、龙山马蹄塞和水坝洞都建有八部大王庙，供八部大王。酉水流域土家族普遍信仰土王，各村寨设有土王庙或土司祠、鬼党（土司阴魂衙署）。因各地土司即土王的姓氏不同，酉水流域各地所祭祀土王的内涵也不同。

随着父系家庭的建立和个体家庭的出现，土家族信仰逐步转向一家一户家庭祖先信仰，在氏族个体家庭中，出现了专门供奉家庭祖先的神位，每逢年节要大敬。此外，土家族是一个农耕民族，对大自然依赖性较强，在过年时会祭祀各种自然神，如太阳神、牛王神、猎神、土地神、龙王神、火神、灶神等都是土家先民最早的崇拜对象。目前，酉水流域不少房屋改建砖屋，中间已无神堂，没有了祭祀之地，随着土地祠、摆手堂多被拆毁，过年敬八部大王和土王很少见。近年来，尽管有些土家村落重修了摆手堂、官厅、土地祠，"过赶年"的习俗得到部分恢复，土家族的岁时祭祀文化仍面临濒危的境地，或许再过十几年，土家人"过赶年"的丰富文化内涵，就会变成单一的"团年"而已。

（四）拜年活动日益淡化

酉水流域的土家人对"拜年"作广义和狭义两种理解。广义的理解即正月初次拜会，包括乡邻的初次拜会、亲友之间的拜会、活人对死人的烧祭等三个方面；狭义的拜年则仅限于亲族之间。土家族的正式拜年是从正月初一开始的，这一天遇到行人都要拜年，多是相互说一些吉利、祝福的话语。

给外婆和舅舅家拜年的礼物最为讲究，传统的礼物有猪腿、粑粑、酒、团徽、砂糖等。现在，随着生活方式的变化，传统的拜年礼物粑粑和团徽已很少见，取而代之的是腊肉、酒、挂面和糖。并且，有的年轻人为了方便，不再带实物礼品，而是直接给长辈钱，让他们购买自己所需要的东西。

除了拜年礼物，在拜年方式上也有很大变化，传统酉水流域土家人拜年的形式多种多样，有的地方是晚辈在初一清晨要给公公、婆婆、叔叔、伯伯等长辈拜年，晚辈拜年长辈必须给压岁钱或送糖果、花生、瓜子等礼物，以表心意。现在，随着大量村寨人口外出务工，拜年的观念也逐渐淡化，除岳父母、舅舅等少数亲戚必须拜年外，其他远房亲戚尽量不去。过去女婿向岳父岳母拜年要磕头，现在已经没有了。过去土家人很看重拜年，给亲戚家拜年基本是全家动员，拜年十分讲究登门拜访，现在在生活节奏加快和现代生活方式的影响下，登门拜年的方式逐渐减少，取而代之的是以打电话、发短信等方式拜年，朴实的乡情、亲情、友情不断被淡化。

（五）娱乐方式时尚化

过去土家人在过年期间有许多传统集体文娱活动，跳摆手舞、玩茅古斯、玩狮子、划彩龙船等都是传统年节习俗中必不可少的集体活动。最具特色的是跳摆手舞和玩茅古斯，"过赶年"的晚上，土家村寨里烧起冲天大火，调年旗高高飘扬，男男女女围着旺火跳摆手舞、唱调年歌、玩茅古斯，共同庆祝新年的到来。对此，乾隆《永顺县志·风土志》就有这样的记载："又一土俗各寨有摆手堂，每岁正月初三至初五六之夜，鸣锣击鼓，男女聚集，摇摆发喊，名曰摆手，盖拔除不祥也。[①]"新中国成立前，酉水流域土家族在"过赶年"期间都有跳摆手舞的习俗，一般村寨都建有神堂（摆手堂），一到晚上土家寨子的人都集中去摆手堂跳摆手舞娱乐。现在随着网络的发展，信息的传播日益加速，大众的娱乐方式也变得更加多元化。

---

① 丁世良、赵放主编《中国地方志民俗资料汇编·中南卷》（上），书目文献出版社，1991，第 623 页。

如今，土家人和其他地方民众一样，过年期间，亲朋好友聚集在一起打麻将、玩扑克成为不少人的选择，不参加玩麻将和扑克的人，就是聊天、看电视、上网，很少有人"过赶年"。这些状况导致"过赶年"的文化内涵、文化形式的传承人大量减少，民俗文化面临着保护与传承的危机。因此，对极具民族特色的"过赶年"民俗文化进行全方位的保护、开发和传承成为迫在眉睫的任务。

三 新媒体时代"过赶年"的数字化保护现状

随着我国科技发展水平的不断提高，新媒体时代已然到来。以数字技术、信息技术为支撑的网络媒体、手机媒体、数字电视等新媒体在"互联网+"背景下迅速崛起，改变了社会信息传播方式和人们的生活习惯。大众从传统的信息接收者转变为信息的发布者、接受者、交互者，增强了信息传播的及时性、互动性和反馈性。在这样一个大背景下，为了让"过赶年"文化信息得到永存、价值得到充分宣传发挥，近年来酉水流域各地方政府在采用文化与科技融合的数字化保护方面进行了一些尝试。

（一）数字化采集和存储技术为"过赶年"的完整保护提供了基本保障

非物质文化遗产的数字化，就是用数字采集、储存、处理、展示、传播等技术，将非物质文化遗产转换、再现、复原成可共享、可再生的数字形态，并以新的视角加以解读、以新的方式加以保存、以新的需求加以利用的一种非遗文化保护手段[①]。一般而言，非遗数字化保护有三层含义：非遗数字资源的长期储存、非遗数字资源的长期可获取、非遗数字资源的长期可传播[②]。

数字化技术的发展，在"过赶年"民俗文化的保护和传承中起着重要

---

① 王耀希主编《民族文化遗产数字化》，人民出版社，2009，第8页。
② 张效娟：《非物质文化遗产的数字化保护与开发——以青海刺绣艺术为例》，《青海社会科学》2018年第3期。

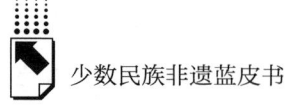

作用，它为"过赶年"民俗文化的采集、保存、展示与传播提供了完整的保障和更为广阔的共享平台及利用空间。

《国务院办公厅关于加强我国非物质文化遗产保护工作的意见》（国办发〔2005〕18号）指出："要运用文字、录音、录像、数字化多媒体等各种方式，对非物质文化遗产进行真实、系统和全面的记录，建立档案和数据库。"数字化采集就是运用数字化技术和设备，全面采集"过赶年"民俗文化的非遗信息，它是非遗数字化保护与开发的关键一步，也是数据处理与运用的基础。数据采集采用的先进设备，主要包括单反数码相机、数字化硬盘录像机、全息投影仪、扫描仪、录音笔等。采集的内容主要包括拍摄图片、视频和录制音频，获取"过赶年"民俗文化的相关资料和数据，并进行数字化转化、存储；对"过赶年"的实践场所、饮食、服饰、舞蹈、宗教祭祀等进行数字化记录、存储；对"过赶年"实践的过程等，进行动态、立体、高清晰的记录、存储。

通过这些现代数字化采集和储存技术，不仅可以把土家人"过赶年"的档案资料如手稿、音乐、照片、影像、艺术图片等，编辑转化为数字化格式，把这些资料保存在数字磁盘、光盘中，以供长期保存和传承之用；而且还可以建立"土家族'过赶年'文化遗产数据库"进行存储和管理，这样便于人们利用该平台查询有关信息，让更多人了解土家人"过赶年"这一非物质文化遗产，促进其保护与传承。因此，酉水流域各地对数字化保护非物质文化遗产十分重视，各地非物质文化遗产管理部门都在开展相关的工作，已经取得了一些进展。

（二）数字化展示与传播技术为"过赶年"广泛共享提供了平台

"过赶年"数字化展示与传播主要包括三个方面：首先是利用三维场景建模、特效渲染、虚拟场景协调展示等动画技术，对酉水流域土家族"过赶年"的实践场所、饮食、服饰、舞蹈、宗教祭祀等进行真实再现；其次是借助多媒体集成、数字摄影、知识建模等技术，建立包括文字、声音、图像、视频、知识在内的土家族"过赶年"数字博物馆；最后是基于数字媒介统一平台建立数字博物馆,将"过赶年"民俗文化的完整信息整合在一起,并借助网络信息技术进行传播。网络信息技术简便、快捷、传播广等特点有利于拓宽文化传播的渠道,使得受众范围不断扩大,让非物质文化遗产的展示、传播与利用更为便利和充分。

由于"过赶年"的文化典型性,目前在酉水流域各地方政府网站中,其图片、视频、文字介绍均被广泛展示,如大家搜索湘西土家族苗族自治州人民政府网,网页中有详细图片、文字对其介绍;湖南省非物质文化遗产网,其网页中的民俗栏目也对土家族"过赶年"文化的来历,打糍粑和杀年猪等的历史渊源、基本内容、艺术特色、人文价值、表现形式有完整、科学、翔实的文字记载和叙述;湖南非物质文化遗产网络展示交易馆网站便对省级非遗土家族"过赶年"的来历、习俗进行了介绍;土家族文化网"岁时节令"栏目,也设有专栏介绍土家族"过赶年"来历、准备、禁忌、程序以及呼吁对"过赶年"文化的抢救与弘扬,这类文章所占板块比例约为65%。

此外,在百度视频搜索中输入土家族"过赶年"字样,出现了40多条不同视频片段(检索日期为2019年3月)。在百度图片搜索中输入土家族"过赶年"字样,出现图片约为13000张。在地方政府播放的各类宣传片中,与"过赶年"有关的片段也是必不可少的,如2015年湖南卫视"新春走基层、直播惹巴拉"摄影组在龙山县苗儿滩拍摄"直播惹巴拉"宣传片,对"过赶年"习俗中的炕腊肉、做团馓、吃合菜、团年进行了形象的介绍。"市井发现"栏目组拍摄的宣传片《市井年事》,对古丈县断龙乡米多村土家族"过赶年"习俗进行了现场报道。2017年1月26日,湖南卫视直播了王家坪镇石堰坪一带群众开展精彩的打糍粑、跳高花灯、"过赶年"、毕兹卡相亲会等活动。由此可见,相关信息的展示也是十分充分的。同时,有学者提出将土家族过年的活动搬进数字博物馆,用文字、音频、视频等进行陈列和介绍的建议,准备借鉴土家族织锦的做法,把"过赶年"活动过程用虚拟现实数字技术表现出来,利用2D、3D、全息投影技术,以可视化方式真实展示体验式的"过赶年"活动,使人们深度了解濒临消失的"过赶年"民俗文化的原貌,进而促进非物质文化遗产的有效传承。

（三）虚拟现实技术为"过赶年"的创新发展提供了空间

数字化虚拟非物质文化遗产是指运用先进的虚拟现实技术对非物质文化遗产进行数字重建。虚拟现实的人机交互技术是其应用发展过程中的关键技术，与虚拟现实技术相应的高性能硬件设备是其产业化的重要条件①。在采集基础上，对"过赶年"民俗文化中蕴含的饮食、服饰、娱乐等因素进行提取、编辑并将其与其他文化相结合，是文化传承和利用的重要途径。将"过赶年"民俗文化数字化的最大益处是不仅可以记录和保存相关信息，还可以利用数字化技术进行数字生产和数字传播，并转化为文化生产力，形成规模经济效益，实现经济发展与文化产业的有效结合。如可以利用民族色彩浓厚的"过赶年"文化资源，发展乡村民俗旅游，实现产业化、市场化运作。这样不仅使得当地的传统节日文化因产业运作得以传承，产业也以传统节日文化为内容而显示出了活力，形成村落传统节日文化保护与产业文化运作良性的二元互动模式，传统节日的抢救保护与产业的发展也因之获得可持续发展的动力②。

近年来，酉水流域各地方政府对采集的信息进行编辑加工，创办了许多活动，市场好评如潮。如2015年重庆市扶贫办策划开展了"网上村庄"活动，借助互联网手段，倡导100万市民到贫困村过年，市民可以在举办活动的村寨体验到正宗的打糍粑、做汤圆粉子、打豆腐、做团馓等年俗活动，还能体验到土家年中的"放天星""抢银水""赶毛狗"等年俗娱乐活动。在酉阳平桥村，市民可体味酉水河边冉土司的年味，坐在火铺上喝苞谷酒、吃豆腐鱼等。活动期间，"网上村庄"宣传吸引了约1万辆车、11万城市消费者到全市16个贫困区县过大年、购年货，整个活动实现乡村旅游消费及农产品销售2000余万元，取得了十分显著的扶贫效果。

---

① 黄永林、谈国新：《中国非物质文化遗产数字化保护与开发研究》，《华中师范大学学报》（人文社会科学版）2012年第2期。
② 李彩萍：《传统节日的传承与保护 北京民俗博物馆传统节日活动的实践与思考》，《中国博物馆》2008年第4期。

再如2017年，张家界举办"过赶年"民俗文化节，活动以"冬游张家界，嗨动全世界"为主题，深度挖掘传统土家民俗，全面汇聚精品文化资源，守正创新，将祭祀祈福、民俗表演、特色美食、土家年货融为一体，让国内外游客深度体验民间"过赶年"的欢腾场景。这次活动拉动了120亿元以上的旅游文化消费，惠及中外游客500万人次。随着"过赶年"习俗的知名度越来越高，相关食品也随着"过赶年"文化的传播远销国内外市场。因此，利用数字化技术对"过赶年"文化进行合理而有效的开发、利用及产业化，有利于形成新的行业及衍生产品，延长产业链，使文化产业的比重在酉水流域得到提高。

虽然在新媒体语境下，数字化技术在酉水流域土家族"过赶年"民俗文化的保护与开发方面发挥着重要作用，但依然存在缺点和不足之处。如，在保护和传承过程中社会、政府以及民众对"过赶年"民俗文化的认识不足，导致保护与传承工作缺乏科学的认识和正确的方法。又如，民俗旅游在开展的过程中逐渐背离保护"过赶年"习俗的初衷，忽视核心精神的传承，只注重旅游能够带来的短暂经济效益，从而片面地过度开发，致使民俗旅游商业化、庸俗化气息严重。再如，在"过赶年"民俗文化数据库的建设中，内容不够充实，且大多局限于对其年节习俗的传说与程序进行简要的文字介绍，缺乏相关的图片、视频和音频进行完整展示，数字化表现手段不够丰富，信息量有限，用户很难获取"过赶年"习俗全面、准确的信息。

四 "过赶年"数字化保护与传承的路径

"过赶年"民俗文化遗产数字化保护应该注意以下几个方面的问题，或者说可以遵循以下路径。

（一）要加强民俗文化的核心精神的传承

数字化技术对文化直接、生动而多样性地表达，使观众能够很好地感受土家族"过赶年"的文化魅力。随着信息技术的不断发展，网站、手机、电视等数字化技术媒介增加了文化传播受众、知识量，甚至也激发了外界人士参与到"过赶年"的习俗中来，一定程度上带动了酉水流域旅游文化的发展。随着酉水流域土家人"过赶年"习俗的知名度越来越高，相关食品也随着"过赶年"文化的传播远销国内外市场。

《中华人民共和国非物质文化遗产法》第四条指出："保护非物质文化遗产，应当注重其真实性、整体性和传承性，有利于增强中华民族的文化认同，有利于维护国家统一和民族团结，有利于促进社会和谐和可持续发展。"因此，民俗文化的精神传承与物质文化传承同样重要，对于对增强民族凝聚力，促进社会的和谐发展具有重要意义。酉水流域土家族"过赶年"的民俗记载了土家族壮士抗击倭寇的丰功伟绩，生动形象地展示了土家族人民坚决抵御外国侵略者、英勇反抗民族压迫的传奇历史，彰显了土家族为国分忧的民族责任感与不甘屈辱的民族品格，树起了土家族的精神丰碑，已然成为土家族的"族徽"。"过赶年"习俗中，也体现了一种和谐的亲情与和睦的人际关系，其内容的丰富多彩、历史之久，在中华民族大家庭中并不多见。因此，保护好、传承好该习俗对于提升亲情关系、增强社会凝聚力、构建和谐社会具有极为重要的意义。

学者刘明阁认为："在非物质文化遗产保护活动中，强化对儿童的非物质文化教育，是民俗类非物质文化精神传承的重要途径①。"然而遗憾的是，目前不仅是儿童，就连青年学生对本民族"过赶年"的文化内涵也不太了解，很多中学生只知道过年要吃粑粑、团徽，根本不知道"过赶年"的来历，又有什么传统意义和文化精神。因此，在数字化时代，要真正地做到"过赶年"文化的精神传承，必须多种手段并用，无论是发展文化产业还是把与"过赶年"习俗有关的物质商品化，在这个过程中都不能只重视经济的发展而忽视民俗文化核心精神的传承。

（二）要促进数字化技术与文化生态的保护和营造

非遗产生于民间，繁荣于民间，与当地的社会、人文、自然环境密切相

---

① 刘明阁：《论民俗类非物质文化遗产的传承、保护和利用》，《江汉论坛》2012年第10期。

关，失去了特定的环境，非遗便失去了赖以生存的土壤和空间。近年来，在全球经济一体化和现代化城市建设的大背景下，非遗赖以生存的文化环境遭到严重损毁。因此，文化保护传承最核心的还是保护文化赖以生存发展的特定生态环境，在传统文化生态环境因为生活方式改变而存续困难的时候，势必要寻找文化赖以存在的新生态，只有这样文化才能长久存续①。在文化生态的保护和营造过程中，数字化技术所能发挥的作用是十分巨大的。近年来土家族"过赶年"民俗融入旅游过程，举办丰富多样的"赶年节"就是利用数字化技术促进文化传承、寻找文化新生态的一种表现。而在新文化生态营造中，与新的文化产业、文化消费需求相结合是一种必经路径，可以将非遗与游戏产业、文化创意产业等新型产业结合起来，发挥出现代技术的作用，促进其开发与传承。

（三）要努力完善非物质文化遗产数据库

保护非物质文化遗产工作的深层意义在于推进文化遗产保护事业长期良性发展。近年来，随着全球化和城镇化的加速推进，人口流动越发频繁，村落中传统的人员结构、居室结构等不断变化，村落空心化现象在酉水流域土家族地区越来越明显，致使民族特色浓厚的"过赶年"遭遇文化现实困境，逐渐面临生存危机。同时，时下年轻人受现代生活方式的影响，对传统文化兴趣不浓，也导致"过赶年"习俗后继无人。因此，为了避免民族特色文化的逐步遗失，建立完善的土家族"过赶年"文化遗产数据库就显得尤为重要。但是，目前数据库的内容并不充分，大多局限于对其年节习俗的传说、程序进行简要介绍，数据库内容还需大量充实。为了促进"过赶年"文化的传承，还需通过各种渠道收集完整资料，不断为数据库更新内容，如可以配备相关文字、图片、动画、视频、音频等原始资料，完整、科学、翔实地记录"过赶年"的来历，打糍粑、杀年猪、吃合菜、插柏梅等活动的

---

① 莫彦峰、莫代山：《少数民族优秀传统文化数字化技术传承探索——以土家族织锦"西兰卡普"为例》，《三峡论坛》（三峡文学·理论版）2018年第6期。

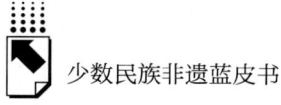

历史渊源、基本内容、艺术特色、人文价值、表现形式，使"过赶年"文化的展示更为充分和直观。

在数据库建设内容方面，可以将"过赶年"民俗文化资源数据库分为文献全文数据库和文化实物图片数据库两部分，其中文献数据库从载体形式上分为与"过赶年"民俗文化有关的论文、专著、音像制品等；文化实物图片库包括酉水流域土家人"过赶年"期间穿的服饰、饮食等图片，此外还包括活动期间所跳的摆手舞、茅古斯等一系列具有民俗风情的表演视频。多种形式和多个门类的文化数据库，不仅有利于从整体上提高过"过赶年"民俗文化的保护水平，方便用户检索，获取"过赶年"习俗全面、准确的信息，还可以利用互联网简便、快捷、传播广等特点让更多人了解和体验酉水流域土家人"过赶年"的民俗文化魅力，最终达到保护与传承的目的。

B.6 非物质文化遗产数字化传播研究

——以鄂西土家族为例*

孙传明 庄新雪**

摘　要： 日趋成熟的数字化技术和新媒体应用为非物质文化遗产的保护和传播提供了崭新的思路。本文以民族文化资源极其丰富的鄂西土家族地区为例，通过问卷调研、实地访谈等方式，从非物质文化遗产数字化概念的普及度、数字化展品的体验效果等方面分析用户对非物质文化遗产数字化保护成效的评价，并分析影响数字化传播的主要因素。在信息时代，需要从树立以人为本的数字化传播理念、创新多方协同的数字化产品开发机制、丰富非物质文化遗产传播渠道等方面发力，促进非物质文化遗产在现代社会中的数字化传播和共享。

关键词： 非物质文化遗产　数字化传播　土家族　新媒体

一　引言

在信息时代，"互联网+"与各行各业的深度融合极大地促进了各领域

---

* 基金项目：国家社科基金青年项目"少数民族非物质文化遗产数字化保护现状与对策研究"（项目编号：15CMZ022）的阶段性成果。
** 孙传明，博士，华中师范大学国家文化产业研究中心副教授、硕士生导师，芬兰图尔库大学博士后，研究方向为文化遗产数字化保护与传播；庄新雪，华中师范大学国家文化产业研究中心研究生，研究方向为文化遗产数字化保护与传播。

的快速发展和转型升级。同样,对非物质文化遗产(以下简称"非遗")的保护和传播,也迫切需要互联网、数字化等信息技术的融合与创新。近年,世界各国普遍采用数字化技术对本国文化基因进行采集、记录,使其得以更永久的保存,并通过社交媒介等新媒体平台进行文化传播和推广。当下,我国各民族在非遗传承人抢救性记录工程、数字化资源库、新媒体平台使用等方面也取得了显著的成绩,但是各民族开展的非遗数字化保护工作仍存在着较大的差别。现代文明的冲击导致文化的同化,各地经济社会发展与文化的不协调性致使很多非遗依然面临难以生存的困境。[①]

土家族在我国分布范围较广,这些地区拥有独特的地理位置、自然风光。土家族在悠久的社会进程中留下了许多灿烂的文化,成为中华优秀传统文化的重要组成部分。但是在信息社会,土家族文化也面临着危机,一些极具特色的非遗鲜有发展,继承传播现状非常严峻。近年,我国鄂西土家族地区的非遗保护部门也采取多样的保护措施,包括使用视频、音频等数字化手段进行记录和传播,并取得显著的成绩。基于上述背景,本报告以鄂西土家族非遗为例,对其非遗数字化现状进行实地调研和分析,以期提出加快非遗数字化传播的具体建议和策略,促进少数民族非遗的可持续发展。

二 鄂西土家族非遗数字化现状

(一)鄂西土家族非遗现状

土家族主要生活在鄂西、湘西、渝东和黔东北地带,分布范围较广。鄂西地区土家族主要分布在湖北恩施土家族苗族自治州和宜昌市。恩施地区以山区为主,自然地理环境保存较好,时至今日,各市县都还保留着较为丰富的非遗资源。截至2017年底,恩施州共拥有15项国家级非遗项目、63项

---

① 陈廷亮、张磊:《守望民族的精神家园——湘西土家族苗族自治州非物质文化遗产保护与传承现状调查》,《中南民族大学学报》(人文社会科学版)2008年第6期。

省级非遗项目、5 名国家级非遗传承人、76 名省级非遗传承人，以及 1 个国家级文化生态保护实验区，5 个省级文化生态保护实验区。宜昌市土家族主要集中于长阳和五峰两个土家族自治县。这两个土家族自治县共有 7 项国家级非遗项目（其中土家族撒叶儿嗬在两个地区均为国家级项目）、18 项省级非遗项目、6 名国家级非遗传承人、81 名省级非遗传承人，2 个省级文化生态保护实验区。

虽然鄂西地区非遗资源丰富，但是其传承人老龄化问题特别突出，目前 11 名传承人年龄普遍较大，平均年龄在 75 岁以上（其中民间故事家孙家香于 2016 年病逝、肉连响传承人吴修富和撒叶儿嗬传承人张言科均于 2017 年病逝）。受知识水平和技术限制，他们很难利用新媒体等平台进行非遗传播，亟须非遗保护部门通过传承人抢救性记录工程等平台对这些珍贵的非遗瑰宝进行数字化采集记录。

（二）鄂西土家族非遗数字化保护和传播概况

目前，鄂西土家族非遗的数字化建设工作也在有序进行，包括服务器、摄像机等数字化设备购置，以及数字化资源库的建设等基础工作均在持续开展。除了对当地非遗进行数字化音视频记录外，恩施州博物馆作为我国以土家族为特色的博物馆，也拥有丰富的非遗数字化陈列，其依托恩施当地的民风民俗等非遗资源，制作了摆手舞、撒叶儿嗬等多种多样的数字化作品，并在展馆中以平板电视、投影、人机交互等方式进行展示。恩施当前的非遗数字化资源主要由当地非遗中心等单位进行存储和管理。数字化形式以图片、音频、视频等为主，容量较大。但是当前数字化资源的管理以文件夹管理为主，并且缺乏先进的三维数字化手段。

湖北宜昌市是全国最早的非遗数字化保护试点之一，为使非遗资源得到永久保存、传承传播、利用发展，先后建成了多种数据库，数字化资源建设工作较为成熟，为我国后续开展非遗数字化标准制定和数据库建设提供了经验借鉴。在非遗实体展示方面，长阳博物馆、长阳资丘镇非遗展览馆等场馆对当地民族民间文化资源均进行了实物展示，并且制作了长阳南曲等当地非

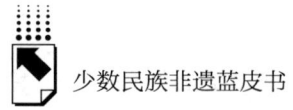

遗的音频、视频资源在展馆进行数字化展示。在数字化产品传播方面，各地非遗保护中心也与电视台合作，对本地非遗进行采集，以纪录片或者电视专栏的形式进行播出。如宜昌长阳县在当地电视台设置长阳土家故事特辑，每期到各乡镇采风，推出当地土家民间故事。此外，长阳县也突破传统数字化形式，与华中师范大学国家文化产业研究中心合作，开发土家族撒叶儿嗬三维数字化展示平台，并在中小学作为教学平台推广使用。

三 鄂西土家族非遗数字化传播分析

非遗数字化保护的核心价值需要通过广泛的共享与传播才能体现出来。非遗数字化传播包括利用传统电视、互联网平台等新旧媒体对非遗数字资源和数字化产品进行推广和共享服务，让更多的人通过手机、电脑等终端了解非遗，包括通过虚拟技术体验非遗等。为了解公众对非遗数字化的满意度情况，以及对数字化传播渠道的反馈情况等信息，本节通过在湖北恩施、宜昌等地博物馆和高校等单位发放问卷，以及对恩施、宜昌等地非遗保护机构进行访谈等方式进行数据收集。这次调研共回收有效问卷246份，调研内容包括用户感兴趣的非遗类型、用户对非遗数字化工作的满意度等方面的情况，同时重点针对影响非遗数字化传播的渠道进行分析。最后，结合数据收集情况对结果进行综合分析，对当前非遗的数字化传播现状进行评价。

（一）用户反馈情况分析

1. 非遗数字化概念普及度分析

调查发现，受调查者人群中对"非遗数字化"这一概念有所耳闻的人数占总数的66.1%。大部分群众对非遗的图片、音频、视频等多媒体方式的展示形式有所了解，但对"数字化"这个相对专业的概念，却不清楚其所包含的范围。对于30岁以下的用户，听过"非遗数字化"概念的人数占该年龄段总人数的60%，而30岁以上的用户对这个概念的了解比例则占77%。由此说明，非遗数字化概念在不同的年龄层之间普及度也稍有不同。

2. 非遗数字化展品体验效果分析

用户参观数字化文化产品和参加非遗数字化展示的活动次数均较少。45.2%的观众没有参与过相关活动，49%的观众只参观了1~3次。主要原因是鄂西地区博物馆的文化展品更多的是实体形式，一些非遗项目并不需要通过数字化来展现，而是会在特定的时间通过表演形式来展现。例如，恩施女儿城的土家民俗表演和恩施土司城的土家歌舞展演等非遗活动，在当地都有较高的知名度，人们无须进博物馆也可以体验到当地丰富多彩的非遗活动。此外，博物馆、文化馆等地也基于单位网站、微信公众号等，通过图片、音视频等多媒体方式展示其馆藏资源。因此，很多用户认为不需要通过访问相关的实体展馆了解非遗。同时，非遗展馆的数字化资源丰富程度还处在中等水平，约有43.1%的用户认为数字化资源丰富度一般，37%的用户认为比较丰富。部分问卷用户虽然进了当地的博物馆，但是并未特别关注场馆内的数字化展示，仅将其作为实体展示的辅助手段。在用户喜欢的展陈方式调研中，用户最喜欢的方式是"实体+数字化"的展示形式，其次是纯实体的展示形式，仅有2人选择纯数字化展示形式（见表1）。

表1 用户喜欢的展陈方式

单位：人，%

展陈方式	频数	百分比
"实体+数字化"展示形式	180	73.2
纯实体展示形式	55	22.4
纯数字化展示形式	2	0.8
缺失	9	3.7
总　计	246	100.0

然而"实体+数字化"的展示效果并不理想。如表2所示，非遗数字化展示形式单一、展品较少、内容乏味等因素，也导致观众很少体验到与非遗互动的效果，或者并未有效关注到场馆内的数字化内容。

表2 影响非遗数字化体验的因素

影响因素	占比(%)	影响因素	占比(%)
展示形式单一	32.1	专业性过强	15.8
展品较少	24.2	其他方面不足	6.6
内容乏味	21.3	总计	100

（二）影响非遗传播的因子分析

本次因子分析主要针对影响非遗信息传播的各种渠道，共选取了7个变量，分别为：X1（博物馆等实体展馆）、X2（电视广播）、X3（报纸杂志）、X4（非遗官方平台网站）、X5（非遗官方平台微博）、X6（非遗官方平台微信）、X7（现场活动等其他渠道）。因子分析的目的在于对这7个渠道变量进行浓缩，提取公共因子。[①] 由于因子数目不多，本部分提取3个公共因子F1、F2、F3分别代表新媒体、传统媒体和实体展示渠道。表3表示通过因子分析法对影响非遗传播渠道的权重进行评价，当前用户更加关注新媒体传播渠道，传统媒体传播渠道和实体展示渠道也占据较为重要的地位。

表3 因子权重

因子	变量	因子意义	因子权重(%)
F1	X4、X5、X6	新媒体传播渠道	41.04
F2	X2、X3	传统媒体传播渠道	30.93
F3	X1、X7	实体展示渠道	28.03

结合部分单位访谈及问卷情况，对3个公共因子进行分析。

第一，新媒体传播渠道。鄂西地区各非遗保护单位也积极利用新媒体平台的传播优势，利用微信、微博、网站等平台，对本地区的非遗相关信息和

---

① 庄新雪：《鄂西土家族非物质文化遗产数字化保护现状及对策研究》，硕士学位论文，华中师范大学，2017。

近期举办的相关非遗活动进行新媒体传播。目前，恩施州和宜昌长阳、五峰两县的非遗保护机构都开通了微信公众号，恩施市非物质文化遗产保护传承展演中心、长阳土家族自治县民族民间传统文化保护中心等部分机构还独立设置了网站或者微博，以展示各地区的非遗资源和当地各具特色的非遗活动，方便群众了解当地的非遗活动和成果。例如，湖北长阳在"长阳在线"微信公众号里开设了"巴土风韵"板块，用于传承土家民俗文化。该板块在当地已小有名气，其粉丝不断增加，单帖浏览量最高达到1.5万次，非遗类视频浏览量近30万次。此外，"长阳非遗保护"公众号开通的"都镇湾故事"和"土家讲坛"等栏目也广受好评。但是鄂西部分单位在微博和网站的使用方面也存在信息更新滞后、缺乏专门的维护管理等问题。例如，在鄂西地区，除恩施州体育新闻出版广电局、恩施州博物馆、恩施州文化馆、长阳民族民间传统文化保护中心、长阳博物馆等几个单位的信息更新较为及时外，部分单位的微信公众号自建立以来推送信息的次数较少，开通的微博、网站上的新闻更是停留在几年以前。虽然，新媒体传播渠道被认为比传统媒体传播渠道和实体展示渠道更为重要，新媒体传播渠道也使更多的群众更方便的关注当地或者自身感兴趣的非遗，并且自觉地作为传播者，通过朋友圈等方式二次传播非遗。但是，在新媒体平台的利用率和日常维护管理等方面仍需不断完善。

第二，传统媒体传播渠道。报纸和电视是传播非遗最为主要的传统媒体。鄂西当地的纸质媒体和电视台一方面通过自身的用户覆盖和品牌优势对很多当地的非遗活动进行介绍；另一方面也依托当地丰富的非遗资源，制作了多个以非遗为主题的栏目。随着互联网技术的发展，信息传播渠道更加多样化，宜昌《三峡日报》等传统媒体开始在新媒体平台成立官方推广平台。同时，传统媒体也与新媒体合作拓展传播渠道，比如，2016年举办的首届恩施州文化艺术节也将传统电视直播及网络直播相结合，收看人次达200余万。2019年湖北长阳资丘镇举办的第44届民族文化艺术节上，《三峡日报》等媒体还在微博上进行了直播，获得较好的宣传推广效果。

第三，实体展示渠道。在非遗实体展示方面，恩施州博物馆和长阳博物馆、资丘民族文化馆等举办了多项针对本地区非遗的展示，包括撒叶儿嗬、长阳南曲等非遗资源，形成了实物陈列、数字展示相结合的展陈方式。在展出手段上，基于实体展示空间，博物馆也通过视频、触摸屏互动、投影等生动形象的方式扩充实体陈列内容，增强吸引力。虽然博物馆数字化展示较丰富，但因后期维护和成本等问题，在日常开放中，数字化设备开启较少。同时，视频等数字化展示内容较专业和冗长乏味，普通观众很少会深入观看和了解。其他一些单位的非遗场馆则以非遗实物展示为主，或者在一些特殊节日开展非遗现场展演。但是静态的非遗图片、服装道具实物等展示会使参观者感到乏味，定期非遗活动展演也主要面向现场群众，局限性较强，同新媒体和传统媒体相比，传播影响力较弱。

四　非遗数字化的传播路径

非遗数字化传播的三个主要渠道需要有新颖、丰富的数字化产品作为载体，本部分主要从数字化传播理念、数字化产品开发机制，以及三个主要传播渠道的创新等方面提出相应的路径策略。

（一）树立以人为本的数字化传播理念

在信息化高速发展的今天，观众对非遗展示和传播有了新的文化需求。观众不仅仅是非遗数字化传播服务的受众，同时也是非遗信息传播的载体和非遗发展壮大的基础。因此，非遗的数字化传播要从观众的需求出发，做到以人为本。以博物馆、文化馆中针对非遗的展览为例，人们参观非遗展览时，不仅想要获得展品背后所反映的非遗信息，更希望获得独一无二的互动式文化体验。传统的"以物导向"将非遗实物放在展陈设计的主体地位，一味地突出实物而忽略了观众对非遗相关知识获取的需求，使观众只识展品，不理解展品背后的意义。① "以人为本"的展陈体系是将观众的需求放

---

① 刘楠：《中国博物馆新媒体的应用现状与未来发展对策》，硕士学位论文，湖南大学，2018。

在首位，展陈项目设计以观众的需求为出发点，秉承为观众服务的原则，根据观众的不同需求，同时考虑数字化传播与展示设备的适用性和便易性，将非遗知识以观众喜闻乐见的方式呈现出来。

同时，不同观众群体需求不同，数字化传播应考虑不同观众群体的特点。不同观众群体在年龄、知识结构、观展水平、兴趣爱好等方面千差万别，这些差异性决定了不同观众群体的需求截然不同。在设计非遗的新媒体展陈时，需要融入不同的非遗元素来吸引和服务不同的观众，满足其需求。例如，就少儿群体而言，由于少儿群体知识结构层次较浅，对较深层次的非遗缺乏理解力，在数字化展陈设计时加入动漫元素，将非遗的知识内容以少儿能够理解的卡通动漫的形式展现出来。针对行业观众，数字化展陈设计内容主要以专业、学术的语言来阐释，因为对于行业观众而言，获取到专业的非遗知识是满足其需求的关键；针对普通的观众群体，展陈设计时应更注重知识的普及性，将学术性的语言通俗化，以深入浅出的方式对非遗进行阐述。针对不同观众群体的需求特点进行展陈设计能够营造差异化的展览环境，使不同的展览环境和观众群体之间形成一种实用型的服务关系，在满足观众需求的同时增强观众的获得感。

（二）创新多方协同的数字化产品开发机制

当前交互式、虚拟化的数字化产品均是用户较为感兴趣的类型，但是该类型产品需要前沿的交互技术和资金作为支撑。目前，很多非遗保护单位的数字化专项资金主要用于传统的数字化记录工作，在形式和功能上较为单一。虽然基层非遗保护部门负责管理和保护当地的非遗资源，拥有雄厚的资源优势，但是缺乏技术和研究基础。高校和科研机构虽然具有较强的科研实力和技术成果，但是缺乏非遗资源支持，或不了解当地非遗的内涵，在进行科学研究时，难以实现非遗资源与技术的有效融合。因此在非遗数字创意产品开发方面，各单位需另辟蹊径，建立协调有效的保护工作机制，解决资金和技术问题。

首先，通过良好的体制机制鼓励非遗保护部门加强与科研院所、社会企业等力量的协同与合作。文化保护部门可以借助这些单位的技术力量共同开展非遗数字化项目，将虚拟现实、动作捕捉、全景交互等先进的数字化技术应用在非遗数字化产品的开发中。同时，文化保护单位也可通过政产学研合作，争取多方面的专项资金支持，例如国家艺术基金、文化和旅游部文化创新专项等。其次，各文化保护单位开展数字化工作应加强非遗传承人的参与，让传承人全程参与到数字化的过程中，实现传承人、数字化技术人员、数字化工作、传承对象灵活方便地交流互动，使数字化工作者进一步明确工作需求，实现对非遗最真实、完整、创新的数字化保护。

（三）丰富非遗实体展示方式

"实体+数字化"是大部分用户最感兴趣的非遗展示方式，同时，受众对数字化的展示也提出了更高的要求。不过，当前鄂西的博物馆、文化馆等展馆在工作日人流较少，数字化展示形式较为单一，主要以实物、图片陈列和视频片段播放的形式展示。在数字化展示方面，非遗相关的展馆可以借鉴科技馆的展陈方式。因此，文化馆、博物馆在进行文物等实体资源展示时，应该将更多的本地特色非遗资源引入展馆内。通过采用数字化、网络化以及智能化等手段，探索创新非遗的数字化展示应用，开发具有科技含量的数字化展品，增加数字化资源量和体验度，吸引更多的用户前来参观，增强人流量和提升用户口碑。例如，土家族撒叶儿嗬的数字化展示，仅仅通过图片、视频的形式远远不够，虽然可以基于数字影像和配套展板介绍展示撒叶儿嗬的内涵，但是它的文化底蕴、舞蹈特征等内涵仍难以生动形象地展现。湖北长阳民族民间传统文化保护中心与华中师范大学国家文化产业研究中心合作，通过三维虚拟的动漫形象，全方位生动展示了撒叶儿嗬的舞蹈和内涵，这些先进的展示和体验方式必然会受到广大观众的喜爱，有效地增强展示效果。此外，通过举行多种类型的非遗文化展示活动，不仅有效提升了传承人的积极性，营造了群众自觉参与的氛围，也激发了观众对非遗的兴趣和关注度，并带动受众基于微信、微博等社交媒体平台实现对非遗进行更广泛的传播。

（四）发挥传统媒体传播优势

传统媒体具有强大的公信力和品牌力，应借助这一优势，增强其对本地区非遗资源的传播影响力。纸质媒体可与非遗保护部门合作，对当地特色文化设立专栏，包括对非遗资源数字化保护情况、目前的数字化工作动态等进行报道。贴近群众生活的优秀内容自会受到大众的欣赏，因此非遗相关的电视、广播节目也应在内容和传播方式上进行创新。中央电视台热播的文化类综艺节目《国家宝藏》，通过采用全新的形式讲述那些历久弥新的"老故事"，获得大量好评，一时成为各地热议的话题，实现高效全面的传播和覆盖。同时，很多传统的少数民族民俗活动、民间文学作品等也可以被改编、拍摄成电影、动画，或者电视节目等进行传播，例如广西电视台推出的《少数民族民间故事动画系列片》，以动漫的形式弘扬广西少数民族特色文化，让用户以更形象的方式感受传统非遗故事。

在新旧媒体融合方面，可以结合传统媒体的影响力与新媒体的互动性等优势，让越来越多的非遗在登上电视台、广播台的同时，也利用新媒体平台与受众进行广泛互动。例如中央电视台播出的《中国诗词大会》，通过使用全媒体互动策略，充分利用传统电视、移动客户端的优势，实现实时多屏传播。在节目播出同时，电视观众可以通过手机与场上选手同步答题，增加观众对节目的参与感和实现口碑传播。因此非遗保护部门也应尽快通过媒体融合打造以全媒体为特征的融媒体传播平台，将非遗活动信息和非遗知识在融媒体的平台上进行传播和共享。

（五）充分利用新媒体传播平台

新媒体的介入为传统文化资源的开发和信息产业的融合带来更广阔的空间，其对非遗资源的创新包括新的创意设计、新的文化产品形态、新的营销模式、新的衍生品盈利模式等。因此，作为当前主流的传播渠道，许多非遗保护部门已经建立的微信、微博、官网等非遗传播平台的内容也要与时俱进，保证信息的实时性和真实性。此外，非遗传播营销的方式也应该富有创意。通过这些群众熟悉的展示平台，以人们感兴趣的方式传播非遗，非遗才能为更多人所知，也能培养出一批非遗爱好者，并以这些爱好者群体为中心，对非遗进行二次传播，形成强大的号召力①。例如平民视角的传统手工艺类纪录片《寻找手艺》在经历了被13家电视台拒片之后，却在以"95后""00后"为主的年轻人聚集的B站（哔哩哔哩网站）上广受好评，并被众多自媒体赞赏。此外，非遗活动现场也可以用直播的方式进行宣传，可以直观、快速地向观众展现非遗活动现场的全貌。同时，观众也可以通过直播平台与非遗现场进行实时的交流，表达自己的观点。活动组织者也可以及时收到观众对该非遗活动的反馈，这对日后活动的举办、非遗方式的改进都有着较为积极的影响。同时传承人也可以利用直播平台，在与受众的传播互动中获取收益，比如非遗艺人可以在直播平台通过展示其传统技艺获得用户的关注和奖励支持，也可以利用直播平台或者电子商务平台出售个人的非遗艺术品等，不仅有利于非遗的生产性保护与传播，也为传承人带来收益，并为用户购买非遗手工艺品等产品提供了快捷的渠道。

  非遗的文化保护单位也应当重视游戏、影视、音乐等民众喜闻乐见的新媒体内容形式，让用户在娱乐的同时，也感受到非遗别样的风采，有效提升非遗传播力。例如，故宫博物院委托开发的《皇帝的一天》《紫禁城祥瑞》等手机APP，让人们以游戏娱乐的形式了解故宫，了解传统的宫廷文化。此外宜昌长阳县民协与当地的电商企业合作，在当地特产清江椪柑的包装上粘贴长阳特色民歌的二维码标签，顾客在购买椪柑的时候，可以通过手机扫一扫收听当地的民歌，体验味觉和听觉的双重享受。

  总之，随着多点触摸屏、智能手机等移动终端的发展和普及，新媒体逐渐成为非遗保护和传播的重要载体和手段，大大增强了受众的主动性和兴趣度。但是非遗的数字化产品开发也要遵循非遗的文化传承发展规律，在进行创造性生产和新媒体传播时，杜绝非遗的过度商业化、娱乐化，尽可能保持

---

① 李林容主编《新媒体概论》，法律出版社，2015，第62~65页。

非遗的原生性。① 同时，非遗数字化传播是一个循环往复的过程，把信息传播出去并不意味着传播活动的结束，传播效果是传播过程中的一个重要反馈。因此，在非遗数字化传播过程中，也需要持之以恒，多方位地接受用户和市场的反馈，通过实践、反馈、改进、再实践等多个迭代过程开发出符合观众需求的数字化产品，实现非遗在信息时代的有效传播。

---

① 李然：《民族传统文化的生态重构与传承发展体系再造——以土家织锦为例》，《广西民族大学学报》（哲学社会科学版）2017年第3期。

B.7
毕节市非物质文化遗产的数字化保护研究

俞俊峰 刘 享*

摘 要： 毕节市是典型的多民族聚居地，各族人民世代在这片土地上繁衍生息，形成了深厚的民族文化底蕴和丰富的民族文化资源。随着贵州省大数据战略行动实施，毕节市积极尝试大数据与其他产业融合，利用大数据的特点促进地方各项事业发展。文章从数字化保护角度出发，对毕节市非遗进行梳理，探讨毕节市非物质文化遗产数字化保护的路径，分析目前毕节市非物质文化遗产立法、执法、司法保护的现状。通过数字化保护推动非遗资料系统、全面、安全的保存，实现非遗资源的开放共享，促进非遗文化的传播与交流等。

关键词： 非物质文化遗产 数字化保护 毕节 立法

一 毕节市非物质文化遗产的文献研究

毕节市现有的国家级非遗7项、传承人3人[①]（见表1），非物质文化遗

---

* 俞俊峰，法学博士，贵州民族大学副教授，硕士研究生导师，研究方向为政府规章、民族区域自治、非物质文化遗产法规保障等；刘享，贵州民族大学硕士研究生，研究方向为宪法学与行政法学。
① 卯昌福：《毕节市非物质文化遗产展览馆开放》，《毕节日报》2018年8月2日。

产传承人保护体系初步建立。通过知网以非遗名进行主题检索得出,目前从法学角度对这7项非遗进行研究的成果极少。一篇是张艳以《非物质文化遗产法》为指引,探讨威宁彝族回族苗族自治县执行《非物质文化遗产法》的成效和问题,提出地方立法构建,制定"威宁彝族回族苗族自治县非物质文化遗产保护条例";其余非遗学者们多是从民族学的角度进行研究。如何耀基于政府对少数民族文化保护的视角,以对苗族芦笙舞"滚山珠"的保护为例,探讨政府在少数民族文化发展中的作用,提出纳雍县政府应该对"滚山珠"采取建设培训基地、成立艺术团、注重专利权的保护、支持艺术学校的创办等保护措施①。

表1 毕节市国家级非物质文化遗产名录项目统计

项目类别	项目名称	项目编号	申报地区	批次	年份(年)
传统舞蹈 (2项)	芦笙舞·滚山珠	Ⅲ-23	贵州省纳雍县	第一批	2006
	彝族铃铛舞	Ⅲ-69	贵州省赫章县	第二批	2008
传统戏剧 (1项)	彝族撮泰吉	Ⅳ-85	贵州省威宁彝族回族苗族自治县	第一批	2006
民俗 (1项)	苗族服饰	Ⅹ-65	贵州省纳雍县	第二批	2008
传统技艺 (1项)	彝族漆器髹饰技艺	Ⅷ-12	贵州省大方县		
民俗 (1项)	彝族火把节	Ⅹ-10	贵州省赫章县	第三批	2011
传统戏剧 (1项)	傩戏(庆坛)	Ⅳ-89	贵州省金沙县	第四批	2014
合计(项)	7				

注:根据四批《国家级非物质文化遗产代表性项目名录》而得,时间截至2019年5月1日。

毕节市成功申报省级非物质文化遗产43项,分为传统音乐类、传统舞蹈类、传统戏剧类、传统技艺类、传统医药类、民俗类等(见表2)。这43

---

① 何耀:《政府对少数民族文化的保护——以贵州省纳雍县苗族芦笙舞"滚山珠"的保护为例》,硕士学位论文,贵州师范大学,2015,第14~39页。

项非遗从法学角度进行的研究很少。

毕节市非物质文化遗产种类繁多，而当前学界虽对毕节市非物质文化遗产的项目有了部分研究，但也有少数项目在学术研究上是空白，如荞酥传统制作技艺（威宁）、长坝狮灯（金沙）、豆制品制作技艺（大方）、赶毡制作工艺（威宁）、烟火（金沙）、清池贡茶制作技艺（金沙）、赫章彝族火把节、鸟笼制作技艺（黔西）等。且已有研究多是从少数民族文化、民族学、舞蹈学、政治学等角度探讨非遗保护的现状、特征、作用、措施，进而提出相应的措施。从检索的文献来看，从法学角度对毕节市非遗保护进行研究的文献很少，且已有研究主要针对法律在实施中存在的问题及适用效果。目前，在中国知网上没有找到毕节市非遗数字化保护的相关文章①，再以"贵州非物质文化遗产数字化保护"为主题在知网上进行检索，得到一篇王伟杰、肖远平2018年发表在《湖北民族学院学报》上的文章，主要对少数民族非遗数字化进行研究，毕节市非遗的数字化保护研究刚拉开序幕。

表2 毕节市省级非物质文化遗产项目统计

项目类别	项目名称	申报地区	批次	年份（年）
传统音乐 （5项）	薅秧歌	金沙县	第二批	2007
	苗族飞歌	纳雍县	扩展	2007
	苗族三眼箫音乐艺术	织金县	第三批	2009
	彝族《莫蒿苗》	赫章县		
	普宜乐都莫轰	毕节市	第四批	2015
传统舞蹈 （6项）	赫章苗族大迁徙舞	赫章县	第一批	2005
	威宁彝族酒礼	威宁彝族回族苗族自治县	第二批	2007
	四桐鼓舞			
	素朴金钱棍	黔西县		
	苗族斗鸡舞		第三批	2009
	苗族芦笙蹉步舞	毕节市		

---

① 在中国知网上以"毕节市非物质文化遗产数字化保护"为主题进行检索，得出文献数量为零（检索日期2019年3月15日）。

续表

项目类别	项目名称	申报地区	批次	年份(年)
传统戏剧 (5项)	文琴戏	黔西县	第二批	2007
	花灯戏	黔西县	扩展	2009
	阳戏	黔西县		
	穿青人傩戏	织金县		
	傩戏	纳雍县	扩展	2015
传统体育、游艺与杂技(2项)	苗族射弩	织金县	第二批	2007
	长坝狮灯	金沙县	第三批	2009
传统技艺 (9项)	赶毡制作工艺	威宁县	第一批	2005
	砂陶制作工艺	织金县	第二批	2007
	烟火	金沙县		
	荞酥传统制作技艺	威宁彝族回族苗族自治县	第三批	2009
	鸟笼制作技艺	黔西县		
	豆制品制作技艺	大方县		
	酱香型白酒酿造技艺	金沙县	第四批	2015
	清池贡茶制作技艺			
	苗族蜡染	纳雍县、织金县	扩展	
传统医药 (2项)	火龙丹	金沙县	第三批	2009
	黔西王氏食痔医药	黔西县	第四批	2015
民俗 (14项)	箐苗服饰	纳雍县	第二批	2007
	彝族年	赫章县		
	化屋苗族文化空间	黔西县		
	彝族咪谷	毕节市		
	大屯三官寨彝族祭祀			
	仡佬族吃新节	金沙县		
	苗族跳花节	大方县、金沙县、赫章县	扩展	
	苗族服饰	金沙县、纳雍县		
	彝族毕摩习俗	赫章县	第三批	2009
	彝族丧葬习俗	金沙县		
	彝族火把节	大方县、赫章县		
	彝族苗族跳花节	赫章县		
	彝族服饰	赫章县	第四批	2015
	彝族婚嫁习俗	赫章县	扩展	2015
合计(项)		43		

注：根据贵州省公布的四批《贵州省省级非物质文化遗产代表性项目名录》整理而得，仅代表课题组意见。

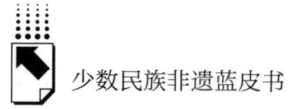

二 毕节市对非物质文化遗产的保护现状调查

（一）保护现状调查

本文针对毕节市非遗保护现状，采用多种调研方式，对贵州省人民政府网、贵州省非物质文化遗产保护中心网、贵州省高级人民法院网、贵州省人大常委会网、毕节市人大常委会网、毕节市人民政府网、毕节市文化广电旅游局网、毕节市中级人民法院网等相关网站进行检索，搜集毕节市对非遗保护所实施的政策和相关法规依据、执法的方式、保护的模式等网络资料，并对毕节市非遗管理部门进行访谈，询问国家机构改革后毕节市非遗管理部门的名称以及下设的二级部门的主要职务和工作人员数量等情况。通过调研知悉，毕节市人民政府日益重视对非物质文化遗产的保护，开展了一系列宣传、调查名录项目和数字化图书馆建设等相关保护工作。下面主要从立法、执法、司法三个方面来分析毕节市的非遗保护工作。

1. 立法保护现状

2011年贵州省人大常委会公布《贵州省赤水河流域保护条例》，规定县级以上人民政府及其有关部门应当采取措施，加强对民风民俗、传统技艺、民族文化等非物质文化遗产的发掘、整理、保护，传承流域内特有文化①。2012年贵州省人大常委会审议通过《贵州省非物质文化遗产保护条例》②，其目的是加强对本区域内非遗的保护和管理。2015年贵州省人大常委会公布《贵州省促进民族团结进步条例》，该条例第二十三条规定县级以上人民政府文化、规划等部门要根据民族地区特点，规划建设民族文化遗产

---

① 贵州人大网：《贵州省赤水河流域保护条例》，http：//www.gzrd.gov.cn/cwhgb/dsyg2011d4h/30518.shtml。
② 贵州人大网：《贵州省非物质文化遗产保护条例》，http：//www.gzrd.gov.cn/cwhgb/dsyg2012deh/30701.shtml。

保护区，加强非遗展示、传习场所等设施建设①。2016年《贵州省大数据发展应用促进条例》公布，规定县级以上人民政府要在社会保障、文化教育、交通运输等领域开展大数据应用，实现公共资源的优化配置，推进信息化与农业、服务业等产业深度融合，提升相关产业大数据资源的分析应用能力②。2017年《贵州省传统村落保护和发展条例》公布，规定具有非物质文化遗产活态传承等条件的村落，可以申请成为贵州传统村落③。同年，贵州省人大常委会公布《贵州省民族乡保护和发展条例》，规定县级以上人民政府要加强民族乡民族传统文化的保护和传承，鼓励社会力量参与保护④。2016年12月，毕节市第二届人大常委会立法规划公告显示"毕节市非物质文化遗产保护条例"进入调研类项目⑤。在2019年毕节市人大常委会立法计划调研类法规项目中，毕节市民族历史文化保护立法进入前期调研流程⑥。

2. 执法保护现状

2018年中共中央印发《深化党和国家机构改革方案》，调整了文化部和国家旅游局，组建文化和旅游部⑦，随后各省开始贯彻落实方案。贵州省在2018年底完成省级机构改革，2019年贵州省委和省政府批复同意毕节市机构改革方案，2月20日毕节市文化广电旅游局挂牌成立⑧，其职能

---

① 贵州人大网：《贵州省促进民族团结进步条例》，http://www.gzrd.gov.cn/cwhgb/dseg2015ndeh/31351.shtml。
② 贵州人大网：《贵州省大数据发展应用促进条例》，http://www.gzrd.gov.cn/cwhhy/gzsdsegrdcwhdeschyzt/hywg/25803.shtml。
③ 贵州人大网：《贵州省传统村落保护和发展条例》，http://www.gzrd.gov.cn/cwhgb/dseg2017ndsh/32174.shtml。
④ 贵州人大网：《贵州省民族乡保护和发展条例》，http://www.gzrd.gov.cn/cwhgb/dseg2017ndsh/32123.shtml。
⑤ 毕节市人大常委会：《毕节市第二届人大常委会立法规划公告》，2019年10月10日。
⑥ 毕节市人大常委会：《毕节市人大常委会2019年立法计划公告》，《毕节日报》2019年3月26日。
⑦ 中华人民共和国中央人民政府：《中共中央印发〈深化党和国家机构改革方案〉》，2018年3月21日。
⑧ 聂璇：《毕节市文化广电旅游局挂牌成立》，毕节日报全媒体中心，2019年3月1日。

包括对非遗的保护与传承。对贵州省九个市州文化广电旅游局内设的非遗保护机构名称、人员编制进行了对比（见表3），整理分析得出，九个市州都成立了相应的非遗保护机构对本市非物质文化遗产进行保护，但各科室职能却存在不同：贵阳市、安顺市、黔西南州专门保护非遗；而毕节市、六盘水市、铜仁市、黔东南州、黔南州既要保护非遗又要保护文物；遵义市的公共文化科职能则更多，包括了全市文化事业规划，职能范围广、任务重。从《贵州省非物质文化遗产保护条例》实施到现在，未有一起毕节市非遗的执法案例，如民协主席冯骥才所说："之所以出现零执法现象，可能与地方政府的相关领导对《非遗法》的认知和理解还不够密切有关"①。

表3 贵州省九个市州文化广电旅游局内设非遗保护机构名称、人员编制统计

地区	机构名称	人员编制
贵阳市	贵阳市非物质文化遗产保护中心	核定事业编制6名
遵义市	公共文化科（负责组织非遗普查、保护、传承工作等）	—
毕节市	文物和非物质遗产保护科	—
六盘水市	文化遗产管理科	—
安顺市	非物质文化遗产科	—
铜仁市	文化遗产和产业科	—
黔西南州	非物质文化遗产科	—
黔东南州	文化遗产科	—
黔南州	非物质文化遗产保护科	—

注：本表根据贵州省各市州人民政府官网公布的机构信息所得，黔南州因机构改革刚完成，相关数据网站未更新，其资料来源于访谈，表中"—"代表目前未能查询到，时间截至2019年5月20日。

3. 司法保护现状

通过贵州省毕节市中级人民法院网站检索2013年到2018年毕节市

---

① 董大汗：《冯骥才委员：〈非遗法〉实施后没有执法案例》，中国文明网，2015年3月16日。

中级人民法院年度工作报告了解到,毕节市中院围绕着"大扶贫、大安全、大发展"三个重点①,忠实履行宪法和法律赋予其的职责,抓好审判与执行工作,加强队伍建设,全面推进司法体制改革,做好便民利民服务和信息化建设工作,为创建"法治毕节"提供了强有力的司法保障。但工作报告中没有涉及非遗保护和民族文化司法保护的相关内容。通过中国裁判文书网查找涉及毕节市非物质文化遗产的司法案例,也没有相关内容②。

(二)保护现状分析

1. 地方立法保护不到位

首先,毕节市非遗保护工作的开展主要以 2012 年施行的《中华人民共和国非物质文化遗产法》(以下简称《非物质文化遗产法》)和《贵州省非物质文化遗产保护条例》作为具体实施的原则,缺少具体的地方立法的保护。从毕节市人大常委会网站可以查询到毕节市第二届人大常委会立法规划中"毕节市非物质文化遗产保护条例"(以下简称"毕节市非遗保护条例")仍处于调研阶段③,距离实施还需要一段时间,其依据的上位法文本以原则性语言表述为主、政策性条款居多,如《贵州省非物质文化遗产保护条例》中提到鼓励单位和个人设立非遗保护资金,用于非遗保护④,但具体由谁鼓励、如何鼓励、应该鼓励而没鼓励应该承担怎样的法律责任都没有规定。其次《贵州省非物质文化遗产保护条例》对保护范围的认定完全沿用《非物质文化遗产法》的内容,《贵州省非物质文化遗产保护条例》作为下位法没有细化明确保护范围,缺少地方特色,可能导致毕节市非物质遗产保护工作存在不全面细致、落实不到位等现实困境。与毕节市

---

① 毕节市中级人民法院办公室:《毕节市中院召开全市法院院长暨党风廉政建设工作会议》,毕节市中级人民法院官网,2017 年 3 月 4 日。
② 中国裁判文书网,检索日期为 2019 年 5 月 1 日,http://wenshu.court.gov.cn/。
③ 毕节市人大常委会:《毕节市第二届人大常委会立法规划公告》,2017 年 12 月 29 日。
④ 参见《贵州省非物质文化遗产保护条例》第八条规定:"鼓励单位和个人通过捐赠等方式依法设立非物质文化遗产保护资金,专门用于非物质文化遗产保护。"

不同，铜仁市沿河土家族自治县在2016年8月10日就颁布了《沿河土家族自治县非物质文化遗产保护条例》（以下简称《沿河土家族非遗保护条例》），制定主体沿河土家族自治县人大常委员会充分利用了少数民族自治县的立法优势。《沿河土家族非遗保护条例》一方面明确规定保护范围，将保护范围规定为本行政区域内的非遗项目如土家族民歌、肉莲花、爆灯火等①；另一方面明确各部门的责任，规定沿河县人民政府文化主管部门负责非遗的保护和管理，人民政府负责组织申报非遗名录，其不仅彰显了地方特色，也体现了下位法对上位法的细化说明原则。从沿河县人大对《沿河土家族非遗保护条例》的执法检查来看，《沿河土家族非遗保护条例》自实施以来政府部门加强了对非遗项目的保护与传承工作，积极落实非遗项目的挖掘、申报和文化理论研究等一系列有效措施，使沿河县非遗得到了更好的保护和利用②，因此加快制定"毕节市非遗保护条例"至关重要。

2. 执法保护体制不健全

《非物质文化遗产法》和《贵州省非物质文化遗产保护条例》规定人民政府应当将非遗保护工作纳入社会发展规划，设立保护经费③；县级以上人民政府文化主管部门负责非遗的保护、管理、普查、调查等工作，文化部门

---

① 参见《沿河土家族自治县非物质文化遗产保护条例》第三条规定："（一）土家族民歌、打镏子等传统音乐，肉莲花、摆手舞、金钱杆等传统舞蹈和傩堂戏、阳戏、花灯戏等传统戏剧；（二）说伏祀、婚嫁、丧葬等传统民俗和过赶年等节庆活动；（三）灰包豆腐、糯米包子、豆花荞面、油茶汤等特色饮食制作技艺；（四）竹编、藤编、石雕、木雕、烟火架、土家服饰等手工艺美术品的传统制作技艺和土家吊脚楼等建（构）筑物的特有建造技术；（五）具有代表性的民间故事、方言、谚语等口头文学及其载体；（六）爆灯火、提筋疗法等民族传统医术；（七）高台狮子灯、划龙船等传统体育项目；（八）其他需要保护的非物质文化遗产。"

② 沿河土家族自治县人大常委会：《沿河人大开展〈沿河土家族自治县非物质文化遗产保护条例〉执法检查》，2018年8月21日。

③ 参见《中华人民共和国非物质文化遗产法》第八条第一款规定："县级以上人民政府应当将非物质文化遗产保护、保存工作纳入本级国民经济和社会发展规划，并将保护、保存经费列入本级财政预算。"

负责具体实施，建立档案和数据库①。从表3可以看出毕节市非遗保护由毕节市文化广电旅游局内设的文物和非物质遗产保护科负责，从行政管理角度看，由于行政保护存在多元化、多层级的主管机构，可能出现"多龙治水"的问题；从职能权限分析，包括文物和非物质遗产保护两项职能，可能导致事多人少、内部人员工作量大、相互之间权责不清，进而出现相互推卸责任、无人管理等问题。再加上地方保护立法缺位，问责机制不健全，执法人员保护意识淡薄，重申报、轻保护等问题，有效执法难以实现，而《贵州省非物质文化遗产保护条例》本身存在范围界定模糊的情况，执法部门的可操作性也下降了。同时，目前非遗执法部门采用的保护模式多为建立文物保护单位、加大非遗项目的申报力度、建设非遗名城古镇等传统形式，缺少数字化技术的运用，尚未建立政府主导下的非遗数字化保护模式和体系。

3. 司法保护作用不突出

毕节市非物质文化遗产引起的案例纠纷极少，通过中国裁判文书网检索没找到与毕节市非遗和民族文化有关的司法案例。再次以"贵州省非物质文化遗产"进行检索找到一起行政案例，最高院下达了《贵州思州石砚有限公司、贵州省文化厅文化行政管理（文化）再审审查与审判监督行政裁定书》②。

案件事实：2005年贵州省人民政府将思州石砚制作工艺列入首批省级非遗名录，2010年省文化厅认定张小平为该非遗项目的省级代表性传承人。张小平为执行董事的思州石砚有限公司拥有"思州"商标，使用商品的商标权。2015年贵州省文化厅发出《贵州省文化厅关于公布第四批省级非物质文化遗产代表性项目代表性传承人的通知》，确定杨刚为思州石砚

---

① 参见《贵州省非物质文化遗产保护条例》第六条规定："县级以上人民政府文化主管部门负责本行政区域内的非物质文化遗产保护和管理工作。"第九条规定："县级以上人民政府负责组织对非物质文化遗产进行普查、调查，文化主管部门具体实施，并对非物质文化遗产予以认定、记录，建立档案和数据库。"

② 中国裁判文书网：《贵州思州石砚有限公司、贵州省文化厅文化行政管理（文化）再审审查与审判监督行政裁定书》，2017年8月7日。

制作工艺项目第四批省级代表性传承人，而思州石砚有限公司认为杨刚并非"思州"商标的共同注册人，也未经思州石砚公司许可使用其注册商标，该通知认定杨刚为思州石砚制作工艺代表性传承人的行为构成对思州石砚有限公司商标专用权的侵害，故诉至法院。该案的争议焦点为思州石砚有限公司认为贵州省文化厅发出通知认定杨刚为思州石砚制作工艺项目第四批省级代表性传承人的行为是否对该公司的合法权益产生了实际影响。该案经过了一审、二审、再审，最后的判决结果都是驳回思州石砚有限公司的起诉。

法律依据：法院依照《非物质文化遗产法》的规定认为省级文化主管部门有权对本级人民政府认定的非遗代表性项目认定传承人①，以及依据《贵州省非物质文化遗产保护条例》对符合条件的个人可以申请非遗项目的传承人之规定②，法院认定非遗代表性项目的传承人是文化行政主管部门一项工作，具有持续性的特点，其目的是保护非物质文化遗产，因此认定工作并不具有排他性，只要是符合条件的个人都可申请成为非物质文化遗产传承人，而行政机关认定传承人的行为也不属于《中华人民共和国商标法》规定的侵犯注册商标权的七种情形，故最高院驳回了思州石砚有限公司的再审请求。本案中涉及文化部门对同一非遗名录代表性传承人认定是否会侵害商标专用权人的权利，即如何处理好非物质文化遗产的保护和知识产权领域的商标权保护的问题。法院依据《非物质文化遗产法》和《贵州省非物质文化遗产保护条例》的规定，从行政机关认定非遗传承人是基于非物质文化遗产的保护目的等因素来对本案进行判决，可以说贵州省非物质文化遗产司法保护迈出了重要一步。但从引起原因来看，缺少数字化技术的应用、非遗资源和司法资源没有实现开放共享、当事人对非遗信息的获取局限

---

① 参见《中华人民共和国非物质文化遗产法》第二十九条规定："国务院文化主管部门和省、自治区、直辖市人民政府文化主管部门对本级人民政府批准公布的非物质文化遗产代表性项目，可以认定传承人。"
② 参见《贵州省非物质文化遗产保护条例》第二十四条规定："符合条件的个人可以申请非物质文化遗产代表性项目的代表性传承人。"

于政府部门的通知,导致其很难全面知悉非遗传承人权利与义务,以及非遗项目传承人和非遗项目名称商标权人之间的权利界限。从司法案件的数量来看,非遗的司法保护在实践过程中作用仍然不突出。

三 毕节市非遗数字化保护的必要性及可行性分析

(一)毕节市非遗数字化保护的必要性

贵州省围绕建设信息资源中心、打造大数据产业新高地的战略,发挥大数据具有的容量大、实时性强、数据种类多、数据所蕴藏的价值大等优点,利用云计算对海量的数据进行存储、分派、还原以及处理,[①] 以大数据为引领带动相关战略性新兴产业的发展、提升政府服务管理能力、完善社会治理、加快大数据与实体经济的融合,实现数字化、网络化、智能化的转型。[②] 贵州省大数据战略的实施,带动了大数据与毕节市相关产业融合发展,如毕节市推动大数据与农业产业的融合发展,探索农业大数据应用的"毕节模式",搭建"互联网+农业"综合服务平台,建立农业大数据信息资源目录,制订信息获取、储存等应用方案,在大数据分析的基础上强化信息对接,保障基础资源信息的规范性、鲜活性,推动毕节生态农业快速发展。[③] 大数据与农业融合的成功示范,将给毕节市非遗保护提供新的保护思路和方法——探索大数据与非遗保护融合,通过对大数据所蕴含的海量非遗信息进行处理使其转化为数字、数据,借助信息技术的手段,构建非遗数字化分析系统,加强对非遗资源管理和利用。

[①] 参见《贵州省大数据发展应用促进条例》第二条规定:"本条例所称大数据,是指以容量大、类型多、存取速度快、应用价值高为主要特征的数据集合,是对数量巨大、来源分散、格式多样的数据进行采集、存储和关联分析,发现新知识、创造新价值、提升新能力的新一代信息技术和服务业态。"

[②] 贵州省人民政府:《省人民政府关于促进大数据云计算人工智能创新发展加快建设数字贵州的意见》(黔府发〔2018〕14号),2018年6月21日。

[③] 孟性荣:《探索农业大数据应用与服务的"毕节模式"》,《毕节日报》2018年8月29日。

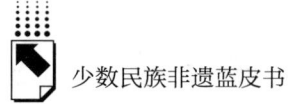

1. 数字化保护推动非遗资料系统全面安全地保存

非遗数字化保护是指为防止非遗资料的流失，利用现有数字技术对非遗进行数字保存，通过文字、图片、音频、视频等可记录和仿真还原手段，实现对非遗的传承和保护。非遗的传统保护方式存在不易保存、易损坏、耐久性差、传承不全面的问题，如目前省级非物质文化遗产织金砂陶制作工艺主要通过世代口口相传、拜师的方式传承，整个学习的过程全靠师傅口授，没有具体理论标准，师傅传授全凭经验，留传下来的文字、图像、影视资料极少。同时，织金砂陶制作工艺有着不传外人的现象，而今传承出现青黄不接的现象，经验丰富的传承人年纪过大加上家庭内部成员因兴趣不大、经济效率低等原因不愿意继续传承，传承人员急剧减少，导致砂陶制作工艺正面临消失的风险。而如今我们可以通过图像、视频、虚拟仿真系统等数字化技术将整个制作过程记录下来，以解决传统保护形式单一的问题。通过对这类数据整理归纳使其统一在数据库里，通过文字或视频的形式再次呈现出来，从视觉上加深人们对历史文化的认知理解，使得非物质文化遗产的名录资料得到长久完整的保存。

2. 数字化保护实现非遗资源的开放共享

一直以来，毕节市非物质文化遗产资源都存在着受众面狭窄、传播范围小的问题，资源大多集中在非遗项目传承人、非遗管理部门及相关非遗保护研究所中，普通民众很难真正接触和了解非遗项目，没有建立起保护共识，导致一些非遗项目面临濒危而知晓的人甚少。数字化保护方式可凭借技术建立非遗保护平台，实现非遗资源的全民共享。一方面，数字化保护可以解决传统非遗保护方式中存在的受众面狭窄、传播范围小的缺点，让民众通过平台就可了解非遗项目的前世今生，领略非物质文化遗产风采，激发民众的传承和保护共识。另一方面，数字化保护是"互联网+"和非遗保护的融合，其推动非物质文化遗产更加融入现代生活，成为全民的非物质文化遗产。现毕节市各县在中心城区建立了免费图书馆，以黔西县为例，该图书馆除纸质图书以外还有免费试用的数字化设备，里面可搜索到该县所有非物质文化遗产项目，内容明确地介绍了这些项目的来源及相关历史，方便民众了解，实现非遗资源的全民共享。

3. 数字化保护促进非遗文化的传播与交流

文化的交流传播一直都需要借助多种途径来实现，即使传统媒介在文化传播中起着重要作用，其也不可避免地存在着地理上的缺点，如偏僻、分散、交通不便的地区，传统媒介很难触及，而今数字化技术将会解决这些问题，其传播的优势是传统媒介不可比拟的。数字化的技术具有即时性、广泛性、互动性等特点，可以使毕节市非物质文化遗产在全球范围内快速传播。将数字化技术应用到非遗文化保护中去，一方面可以提供一种交流学习的方式，如在各个媒体平台展示，使人们更加了解并参与毕节市非物质文化遗产保护；另一方面为非遗的保护提供了新的策略与方法，开辟了一种新的保护途径。

（二）毕节市非物质文化遗产数字化保护的可行性

1. 法律、地方性法规为数字化提供了法律依据

《非物质文化遗产法》第十二条规定："文化主管部门和其他有关部门进行非物质文化遗产调查，应当对非物质文化遗产予以认定、记录、建档，建立健全调查信息共享机制"；第十三条规定："文化主管部门应当全面了解非物质文化遗产有关情况，建立非物质文化遗产档案及相关数据库。除依法应当保密的外，非物质文化遗产档案及相关数据信息应当公开，便于公众查阅。"《贵州省非物质文化遗产保护条例》第九条规定："县级以上人民政府负责组织对非物质文化遗产进行普查、调查，文化主管部门具体实施，并对非物质文化遗产予以认定、记录，建立档案和数据库。"2017年《贵州省人民政府办公厅关于加强戏曲传承发展的意见》中提出，到2018年9月底，贵州省文化厅和各市县级人民政府要建成和完善贵州省地方戏曲数据库和信息共享平台，加强戏曲的保护传承，对戏曲文化资源进行数字化、科学化、动态化管理[①]。这些文件都明确规定文化部门及有关部门应该建立非遗档案

---

① 《省政府办公厅关于加强戏曲传承发展的意见》，（黔府办函〔2017〕218号），2017年12月29日。

以及信息共享机制，非遗资料应向市民公开，方便市民查询与了解。而建立非遗数据库和信息共享机制的前提就是要将非遗资料进行分类、整理、归档、进网等，这些工作的处理都是数字化技术的表现形式，非遗的数字化保护符合现实需要。

2. 政府文件为数字化提供政策保障

早在2005年国务院就发布了关于非遗保护的工作意见，提到要运用数字化多媒体技术，建立非遗名录体系①。2011年《文化部关于加强国家级非物质文化遗产代表性项目保护管理工作的通知》指出，各级文化部门要通过文字、图片、影像记录等手段保护代表性项目的资料，并建立档案和数据库②。2017年文化部在关于数字化文化创新发展的意见中指出，对非物质文化遗产资源进行数字化转化和开发，促进优秀文化资源数字化③。2014年贵州省建立起了非遗数字化管理系统和第一座综合类非遗博览馆，并被列为"非遗数字化试点省"④。2014年贵州省发布非遗保护中长期发展规划，为非遗保护提出了战略性规划和设想，其中就提到了有关部门要加速非遗数据库及网络平台的建设，到2020年实现非物质文化遗产数字化保护的目标任务。2015年贵州省人民政府关于推动文化创新与相关产业融合的实施意见中指出，要促进文化资源与新数字技术融合，形成以数字化内容生产、传输为主要特征的文化⑤。2017年贵州省人民政府发布关于加强戏曲传承发展的意见，指出加强戏曲的保护传承，到2018年9月底前建成完善地方戏曲数

---

① 《国务院办公厅关于加强我国非物质文化遗产保护工作的意见》（国办发〔2005〕18号），2005年8月15日。
② 《文化部关于加强国家级非物质文化遗产代表性项目保护管理工作的通知》，2011年9月16日。
③ 《文化部关于推动数字化文化产业创新发展的指导意见》（文产发〔2017〕8号），2017年4月11日。
④ 杨仪、李娟：《贵州"非遗"铺就美丽脱贫之路》，当代先锋网，2017年9月17日。
⑤ 《省人民政府办公厅关于推进文化创意和设计服务与相关产业融合发展的实施意见》（黔府办发〔2015〕52号），2015年12月17日。

据库和信息共享平台,对戏曲资源进行数字化、科学化管理①。2016年《毕节市人民政府关于推进毕节市大数据战略行动计划的实施意见》提到,要推动大数据平台的建设,建立大数据文化云等平台②;2018年毕节市印发"十三五"时期文化服务与精准扶贫的实施方案,提到要不断加强公共数字文化服务能力建设,利用文化信息资源共享设备,实现文化共享工程与网络电商的结合③,相关文件为数字化保护提供了保障。

四 完善毕节市非物质文化遗产的数字化保护路径建议

(一)将数字化保护写入《贵州省非物质文化遗产保护条例》

《贵州省非物质文化遗产保护条例》虽规定县级以上的人民政府要建立非遗数据库,但已经不能满足现今对非遗保护的要求,建立非遗数据库只是数字化保护的基础,还包括提供数字化采集和储存、信息共享、数字化复原、非遗再现等技术。因此,建议对《贵州省非物质文化遗产保护条例》进行适当修改,为非遗数字化保护提供法律保障。如可在第九条第一款后面添加"文化主管部门应该运用数字化技术(视频、音频、网站、虚拟仿真等方式),采用数字化储存手段,做好非遗数字化保护的研究和信息共享等"。

通过《贵州省非物质文化遗产保护条例》为数字化保护提供法律依据,完善顶层设计,为"毕节市非物质文化遗产保护条例"的制定提供指导蓝图。"毕节市非物质文化遗产保护条例"的制定首先应考虑价值取向,即为了更加有效地保护、传承、发展非物质文化遗产。传承又包括了传播与继

---

① 《省人民政府办公厅关于加强戏曲传承发展的意见》(黔府办函〔2017〕218号),2017年12月29日。
② 《毕节市人民政府关于推动毕节市大数据战略行动计划的实施意见》(毕府发〔2016〕15号),2016年11月16日。
③ 《毕节市人民政府办公室关于印发"十三五"时期公共文化服务精准扶贫实施方案的通知》(毕府办发〔2018〕16号),2018年2月14日。

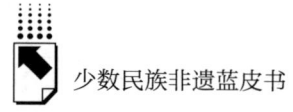

承,因此该条例应明确数字化保护和传承的主体以及通过数字化技术传播的方式。

其次,通过《贵州省非物质文化遗产保护条例》中数字化保护的规定细化"毕节市非物质文化遗产保护条例"数字化保护的措施。①明确非遗数据库建设的主体,按照《非物质文化遗产法》第十二条、十三条和《贵州省非物质文化遗产保护条例》第九条的规定,数据库的建设以文化主管单位为主导,相关职能部门积极配合,但由于数据库的建设是一个耗资巨大的工程,仅仅靠政府的投入是不够的,可以考虑促使更多的社会主体参与非遗保护,可在条款中增加鼓励和支持有技术条件的单位或者个人参与上述活动。②明确数字化保护的涵盖范围,总体上应对所有非遗项目都采用数字化保护措施,但对一些具有代表性或者濒临消失的项目应先进行保护,规定针对活态性传承困难、濒临消失的代表性项目,制作濒危项目保护名录,针对这类项目重点采用数字化技术进行保护。③规定数字化保护法律救济,当数字化成果受到损害后,明确政府及有关部门有权依法对造成数字化成果损害的单位或个人追究责任,在权限范围内施以相应的处罚。

最后,"毕节市非物质文化遗产保护条例"既要结合地方实际又要彰显地方特色,落实到具体、详细的毕节市非遗项目。由《贵州省非物质文化遗产保护条例》来明确规定数字化保护,不但能为后续公布的"毕节市非物质文化遗产保护条例"做好引导,又能为政府发布配套的非遗数字化保护规章提供依据。

(二)利用数字化技术健全执法保护体系

由于非物质文化遗产自身存在非物质性、活态性、地域性等特点,保护主体很难对非遗进行适时而有效的控制,很容易遭受非法复制、模仿等破坏性损害。按照文化市场行政执法相关规定,除依法可以当场做出行政处罚外,文化主管部门发现公民、法人或其他组织有依法应给予行政处罚的行为时,执法机构应当先登记立案,然后调查取证、进行审查,做出是否处罚或移送司法机关的决定(决定前当事人要求听证的,举行听证),最后将处罚决定书送达给当事人、执行处罚决定、结案①。从整个执法程序来看，案件来源于行政机关发现违法案件，公众参与少就可能存在发现案件不及时、执法不能完全到位的问题。再者执法过程存在需要文化部门和专业执法部门之间的配合与协调，如公安机关在相应范围内安装视频监控，视频录像没有和文化执法部门进行内部共享，信息共享不畅通导致执法效率低、数字化执法程序不完善。可利用图片、音频、视频等数字化技术对非遗执法活动进行全过程记录，再通过非遗数字化服务平台向民众展示，使其参与非遗执法全过程，解决执法部门发现案件不及时，执法不全面的问题。加强文化执法部门信息化建设和信息共享，特别是非遗文化执法信息。通过数字化技术建立非遗执法工作指挥调动体系，体系内信息相互流动共享，使分散在不同执法部门之间的零散信息合成完整的大数据，解决执法部门之间配合协作不够、信息不畅通等问题，健全执法保护体系。

（三）利用数字化技术发挥司法保护的作用

除了推进立法、转变执法以外，还应完善司法保障。在中国裁判文书网上以"非物质文化遗产保护"检索得出2018年发生的行政案有两件，分别是"孟大勇等三人诉吉林省文化和旅游厅、孟宪铎文化行政确认一案"② 和"兰州商业联合会与国家工商行政管理总局商标评审委员会一案"③。孟大勇案主要争议焦点是在非物质文化遗产申报过程中，项目保护单位因工商登记名称相同而被撤销工商登记从而丧失非遗项目保护单位主体资格是否存在不当；兰州商业联合会案争议的焦点是非物质文化遗产"兰州牛肉拉面"作为商标，是否违反了商标法的规定。两案都涉及非遗项目商标权争议的问题，其折射出的是非遗项目商标专用权人的利益保护问题和司法周期长的问

---

① 《文化市场行政执法管理办法》（中华人民共和国文化部令第36号）第二十九条、三十三条、三十六条、三十八条规定，2016年3月16日。
② 《孟大勇等三人诉吉林省文化和旅游厅、孟宪铎文化行政确认二审行政判决书》，中国裁判文书网。
③ 《兰州商业联合会与国家工商行政管理总局商标评审委员会其他一审行政判决书》，中国裁判文书网。

题。如孟大勇案从进入司法程序到案件终结历时长达 10 年，从档案的整理到审理再到法律文书的送达多是靠人力完成，而法院系统一直都面临案多人少的问题。因此数字化技术更应融入司法系统，建立法院档案全文数据库，节约工作人员整理档案的时间，解决调卷难、阅卷难的问题。同时，加大对档案资源的分析力度，梳理影响判决的关键因素，建立非遗案件对应的法律法规数据库。法官对该类案件进行判决时，可运用大数据等手段分析各地已生效的该类案件判决，使其服务审判过程，为这类判决提供参考意见和信息支撑，提高司法的公正度和公信力。探索非遗数字化庭审系统，利用数字化技术记录整个庭审过程，多媒体展示非遗实物及相关证据，开通非遗庭审直播，生成可调阅性的庭审电子档案，让庭审过程中每个环节的关键要素在判后都可以被追溯，让司法在阳光下运行。探索非遗案件电子化文书的送达机制，告知当事人可选择文书送达的形式，可选择电子化文书也可选择纸质版文书。选择电子化文书可节约文书送达时间，提高司法效率，彰显立法对非物质文化遗产的保护作用。

B.8 民间故事传承与发展的微信模式*

——让"讲古日白"进微信

张宏彬 覃庆华 付祖波**

摘　要： 民间故事是各民族的文化珍品，随着社会经济的发展，民间故事也因生存环境的变化而面临传承危机。文章首先通过对湖北长阳土家族民间故事的虚拟价值、形成环境与传承现状的研究，分析了在现代信息技术环境下，传统民间故事传承所面临的难题。其次，基于智能手机在民间的普及现状，讨论了民间故事的现代传承模式，并对其可行性和必要性进行分析。最后，提出民间故事传承与发展的微信模式，包括微信模式的传承理念、技术、形式与内容等，为我国民间故事的传承与发展提供新思路。

关键词： 民间故事　长阳县　微信模式　活态传承

在山清水秀、美丽富饶的湖北省长阳县土家族聚居区，土家人民在不同的生存背景下孕育了丰富多彩的民族文化。长阳故事历史悠久，是长阳最有代表性的土家文化，是千百年来土家先民口耳相传，不断创造、充实和发展

---

* 基金项目：国家社科基金青年项目"少数民族非物质文化遗产数字化保护现状与对策研究"（项目编号：15CMZ022）。
** 张宏彬，土家族，正高级教师，湖北省特级教师，湖北省名师工作室主持人；覃庆华，土家族，长阳土家族自治县民族民间传统文化保护中心副主任；付祖波，长阳土家族自治县民族民间传统文化保护中心工作人员。

的文化财富，传承至今已有 2000 余年，充分展现了土家人民的聪明才智和口头创作才能。

随着社会经济的快速发展，以及人们生活水平的不断提高，原生态民间故事的传承也出现危机。在信息技术高速发展的今天，信息技术已渗透到千家万户，手机、电脑等信息技术产品在广大农村逐步普及，大量的外来信息影响了民间故事的传承与发展，因此，为顺应时代的发展，应使用信息技术手段传承发展民间故事。文章以长阳民间故事为例，根据其传承价值、生成环境、传承危机等，提出应用微信构建虚拟传承环境的传承模式，即民间故事传承与发展的微信模式。

一 民间故事的虚拟价值及形成环境

（一）民间故事的虚拟价值

长阳民间故事群众基础雄厚，故事的储量也十分丰富，这些故事包括了民间故事的不同类型，涵盖了长阳人生活的方方面面，内容十分广泛。在长阳故事中，惩恶劝善占了绝大部分，它们涉及社会人际交往的各个方面，有勤奋刻苦、立志成才的；有勤恳劳动、发家致富的；有教人节约、爱惜粮食的；有热心公益事业的；有从正面赞扬美德的；也有抨击恶劣品质，教人不要势利待人、欺诈勒索的；等等。长阳故事创造的虚拟世界，寄寓着土家人丰富的情感，在长阳民间代代相传。

（二）民间故事的形成环境

长阳故事的产生、传承及发展与一定的地域、环境息息相关。美丽的清江弯弯曲曲绕流长阳，滋润着勤劳的土家人民，孕育了灿烂的长阳文化。长阳是巴人的发祥地，是土家族的摇篮，其独特的土家传统，以及生产、生活习俗和信仰等决定了不同时代长阳故事的产生、传承和发展。

1. 口头语言文化是社会经济发展的产物

20世纪90年代前，长阳地处山区，交通不便，经济条件较差，人员流动缓慢，教育相对外界十分落后，先辈们受教育条件有限，通过阅读获取信息的机会受到限制，在这种环境下，口头语言便成了人们信息交流的主要方式。在长阳民间，口头讲故事的方言就是"讲古日白"或"日白粉经"，人们"讲古日白"以口耳相传为主。

2. 长阳故事是土家人生活的需要

由于社会经济条件差，娱乐活动的媒介与条件受其影响而略显匮乏。而最简单的娱乐活动"讲古日白"形式自由方便，三两人即可，而且不需要付出经济代价，因此，"讲古日白"在生产劳动、茶余饭后成了土家人最为普及、流行的娱乐方式。讲故事伴随着他们日出而作、日落而息，逐渐成为土家人日常生活的重要组成部分。

3. 民间信仰与风俗是民间故事形成的基础

许多长阳民间故事都与民间信仰与风俗密切相关，信仰民俗是因为人们满足心理安全感而形成的，具有浓郁的乡土特色。例如，土家族民族英雄向王天子是典型的勇敢、慈善的信仰代表，受其影响产生出许多与民间信仰和风俗有关的民间故事。

4. 优秀传承人带动长阳故事的传承与发展

几千年来，长阳故事在长阳土家人中一辈又一辈反复口耳相传，每一辈土家人中都会出现一些讲故事的能手，不仅讲的故事多，讲得精彩，而且还会创作出与时俱进的新故事。人们闲时聚在一起"日白粉经"，会"粉"的人俗称"粉白佬"，是民间文化传承的"名人"，也正是因为这些人的影响和带动，长阳民间故事文化得到传承和发展。

二 民间故事的传承现状

随着社会进步、经济发展，民间故事的传承方式、观念和现状也在不断发生变化，传承的方式由单一的口耳相传向文字、影视、教育等多种形

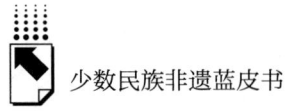

式发展,讲故事已不再是人们主要的娱乐方式,民间故事的传承现状不容乐观。

(一)对传统文化的作用认识不够

随着新农村的建设,农村经济快速发展,生活水平不断提高。但当前农村文化建设滞后,表现出经济发展与文化需求的不适应。在农村,随着现代信息技术的普及和外来文化的影响,部分人崇尚外来文化,忽视了先辈们传统文化的精神积淀,甚至否定了传统的"土"文化。

(二)与新一代传承人存在代沟

如果说社会的发展是民间故事传承的外部危机,那么人们对文化艺术的追求,以及传统文化与市场经济发展的不适应,成为阻碍其发展的自身危机。自身危机的表象是民间故事的生存环境和优秀传承人逐渐消失,其深层的原因也包括本地"文人",即优秀传承人也需要依托现代信息技术将民间故事的传承发展与社会经济发展有机融合。但优秀的传承人大多年事已高,信息技术技能和文化水平较低,很难将民间故事传承与现代社会的快速发展有机对接。而具有信息时代气息的年轻人对文化的融合具有时代感,其思想观念与现有优秀传承人存在明显的代沟。这是培养新一代传承人的危机,也是民间故事传承的现实问题。

(三)农村民间文化的创新发展机制滞后

民间故事的文化生态客观环境和主体对象随着社会经济和信息技术的发展在悄然变化。其主要原因是优秀传统文化失传、传统管理方式陈旧,导致的现代农村文化需求和传统文化的传承发展失去平衡。对此,针对农村民间文化建设滞后的问题,要加强民间故事传承与发展的研究,充分发挥区域民间故事的文化特色,启迪思想,与时俱进。

(四)民间文化传承应体现"活态"

优秀的民间故事只有在其生存的生态环境中传承发展,才能让祖辈们几千年的民间故事所凝聚的精神永远流传。民间故事不是文物,民间故事传承不能仅仅放到博物馆去让人参观,或者放到数字资源库去保存,它是活态的,应生于民间,放于民间。但传承它不等于"原封不动"地保存下来,不等于让它停留在原始的阶段而不发展。多年来,多少民间文化保护者和传承人为传统民间故事的传承与发展做出了不懈努力,力求寻找一条可持续的发展之路,但目前还需要全社会的共同努力。

三 民间故事现代传承模式研究的可对接点

中华优秀传统文化已成为一个国家综合国力的重要标志。为了更好地发挥文化传承的作用,推动社会经济发展,需要将传统民间故事与社会经济发展同步推进,与现代信息接轨,将强大的信息技术应用到文化传承中去。

(一)从民间故事的传承方式和生存环境看现代传承模式的可行性

1. 信息时代呼唤民间文化的新发展

在几十年的改革开放中,人们的生产、生活水平有了巨大提高,长阳民族经济的发展使得人们的精神文化生活也发生很大改变,各地区之间的文化交流互动频繁。现代信息工具逐步普及,信息文化对乡土原生态文化不断产生冲击。随着信息技术普及率的上升,社会文化与传承方式也应相应发展,而土生土长的民间文化发展滞后。因此,民间故事的传承与发展在保持传统方式的基础上还应与信息技术充分接轨,适应信息时代的文化发展需求,变传承危机为发展契机。充分应用信息化手段开展传承研究具有一定的必要性和很大的探索空间。

2.民间故事对民间"环境"的依赖性

在长阳,人们的生活方式在不断变化,其原有的生产、生活习俗也在悄然变化,生产队频繁的集体活动消失了、集会活动少了,长阳民间故事"生活"的生态环境问题显露出来,表现为民间故事逐渐脱离了其依赖的民间环境。而影响民间故事的传承环境是社会经济发展的结果,原来的集体模式已无法恢复,同时也很难保存、保护原始的民间故事生态环境。因此,需要改变民间故事传承对老环境的依赖性,增强对新环境的适应性,找寻民间故事传承与发展的新思路。

民间故事的传承需要会讲故事的传承人、听故事的人,甚至可以你一言我一语地几个人"讲古",讲到兴处大笑不止。因此,根据民间故事的传承特点,结合信息技术创新传承环境和方式,可以为民间故事传承创建虚拟的"讲古"传承环境。在虚拟环境中会讲故事的人就是"传承人",传承可以不分时间、地点、年龄和对象,传承活动在虚拟环境中可随时随地进行,讲完的故事可以在线保存下来。感兴趣的可到虚拟环境中去听现场故事或者保存下来的故事,给好故事点赞,让虚拟的"讲古"实现口头创作、口头流传、口头保存。

应用信息技术为民间故事创建虚拟环境符合故事的虚拟性特点。因为民间故事来源于生活,是人们对自己需求的讲述,但这并不是凭空想象的,而是一种基于现实生活的虚拟情景,讲故事的人和听故事的人都有对现实生活的表达、分享、获取的需求,他们参与故事活动需要在相对固定的区域聚集,这时现实中的聚集和活动会受时空限制。如果让讲故事的人和听故事的人都集中到一个虚拟平台上去开展故事活动,这时参与人可不受时空的限制,可以把不同区域的亲朋好友在虚拟平台上聚集起来"讲古",这种方式也迎合了信息时代的文化传承需要。

3.民间故事的传承与创新需要与时俱进

年迈的老人讲的是老古(即传统故事),对一些老人有吸引力,随着人们知识技能水平的不断提高,传统的民间故事讲述形式对年轻人的吸引力明显不够。因此,随着时代的发展,讲故事也要与时俱进,不仅要讲述口口相传的优秀传统故事，还要讲富有时代气息、反映当代生活的新故事。只有采取传统与现代相结合的方式，与时俱进地创新民间故事的内容、表现方式和生活环境，才能让民间故事得到更好的传承和发展。

（二）从年轻人的虚拟生活看民间故事现代传承模式研究的必要性

民间故事不会成为人们生活的全部，但可以成为影响人们生活的重要成分。在20世纪六七十年代，父辈们通过讲故事教育子女立志成人、帮助人们改变观念。例如，"人若做了坏事，不行孝，不行善，会遭雷打"等教育类故事，在孩提时代幼小的心灵深处影响很大，回忆起来生动，其原因还在于当时信息媒体与传播条件有限，人们主要通过口述身边、过去的事例和故事来鞭策人。

当前，人们接受的信息量逐渐增大，外界信息影响、冲击、改变着本地人。而今天的年轻一代在现代信息海洋中长大，大量的网络信息冲击、影响着这一代，电子游戏、网上聊天等社交平台比成年人的口头叙述更迷人。传统的民间故事教育作用形象生动、针对性强，但在现代信息媒体中却跟进滞后。而各种网络信息"泛滥"，游戏的虚拟暴力情感使青少年容易迷恋，网络信息、手机信息、虚拟游戏最容易使青少年受不健康信息的影响，使得其目光短浅、心理孤僻、性格怪异。由此看出民间故事在信息高速发展的今天仍然具有十分突出的作用，需要探索与信息时代接轨的新型传承模式，让人们能够在虚拟的平台空间中自由表达和传承民间故事。

四 民间故事现代传承策略的提出——微信模式

（一）应用信息技术的基本情况

进入移动互联网时代，非物质文化遗产传承逐渐数字化，应用数字化技术将文化记忆采集、存储、整理、展示和传播，其常见的数字化表现形式为非遗数据库、专题网站等。

当前的非物质文化遗产传承人年龄大多在50岁以上，受知识水平和技术限制，他们很难加入非物质文化遗产数字化的过程中。年轻人也不关注或不能访问到这些数字化资源。当前非物质文化遗产数字化的主要目的还是保存，还处在初创时期。

如果非物质文化遗产数字化能让传承人、传承活动、传承方式、传承对象灵活方便地交互起来，那么就可以使原本束之高阁的数字化资源"活起来"，并将非物质文化遗产数字化的目的和活态传承效果显现出来。

（二）信息化传承策略的提出——微信模式

1. 民间故事的传承与发展，首先要迈过信息化这道"门坎"

丰厚的历史文化资源要实现文化传承与发展，首先要迈过信息化这道"门槛"。信息技术支撑下的数字化、"互联网+"、大数据、云平台等，为民间故事的展示与传承提供了更广阔的空间。优秀的传统民间故事不能在数字化资源中被遗产化，不能与现实社会文化生活隔离。显然，信息化时代民间故事传承方式的变革，需要与信息社会相融合。

要在继承优秀传统文化的同时面向未来，"先辈"时代的文化资源信息化自然成为必由之路。民间故事作为一种民族文化，其数字化过程绝不是"口述式的拷贝"，其信息组织方式、理念、方法和具体实践均要体现活态。

2. 适合民间故事传承与发展的虚拟平台——微信

当今较流行的交互式信息平台包括专题网站、QQ、BBS论坛、微博、微信等。微信可通过网络快速发送语音、视频、图片和文字，并且在我国各地都广泛使用，拥有广大的用户基础。因此，微信可以将不同年龄、区域、时间、空间的人们聚集到一个平台上，十分适合口头表达交流，并且几乎支持所有的智能手机。所以，根据民间故事的口述式、家族式、社会式传承方式以及虚拟性等特征，结合微信平台的功能特点，可以应用微信构建民间故事的信息化传承平台。

五　民间故事微信模式的传承理念、技术、形式与内容

（一）民间故事微信模式的传承理念

从民间闲聚"讲古日白"无人管到现在弘扬传统层层管，从民间故事数字化资源库到专题网站，从民间故事集到电视上讲故事，从小规模聚集讲故事到不分区域在微信中"讲古"，民间故事传承与发展发生了巨大的变化。民间故事传承的每一个变化都是一次发展，每一次深层次的变化都离不开信息技术和人们传承观念的变革，因此民间故事的传承与发展需要创新传承理念。

民间故事微信模式传承需要打破常规理念，原有的故事活动可以在微信平台上进行，讲故事的人不一定是邻居或在一个村落，讲故事的人可以或老或少、或男或女，讲故事或听故事的人不受时空、年龄的限制。

（二）民间故事微信模式传承的技术实现

微信可以成为继广播、电视、资源库、纸质媒体之后又一个民间故事传播的工具。从技术上而言，语音、视频、文字、图片发送，4G和3G网络的覆盖，手机电脑的普及，确保了民间故事依靠社交虚拟平台传播的可行性。

1. 微信的语音、视频、图片功能使传递民间故事更方便

现有的民间故事传承人多数生活在农村，年龄较大、文化水平低、文字表达有些困难，但他们会使用语音交流。微信的基本功能就是发送语音，只要会说话，就可以把信息传递出去，跨过了方言以及不同语言输入的技术障碍，实现了即时、直接传播。传承人和观众可以利用微信新建朋友圈、家族圈、同学圈、公众号，让更多的人在微信上交流，变成一种每天希望参与的事情，就如以前几个人坐在一起"粉白"一样，变成生活的一部分。同时，还可以利用微信发送视频和图片，故事爱好者们自己拍摄

视频和照片解决了异地可视化问题,其很强的互动性、即时性是其他数字化平台很难达到的。

2. 微信基于手机终端,使用简单,用户广泛

有两种要素影响人们选择媒体:一是通过使用媒体实现人们的使用满足感;二是需要花费的人力、物力、财力。用户选择手机媒介的主要准则是花费最少、使用方便、操作简单、能满足人们交流和信息获取的需要,手机已经成为我国最便捷的上网终端。微信是手机用户经常使用的应用之一,近几年来,使用微信的用户占手机总用户的60%多,市场潜力十分巨大。尤其在农村,居住相对松散,很多人外出打工,人和人之间面对面的交流比较少,随时随地交流比较困难,微信恰好满足了人们随时随地交流的需要,城镇用户与乡村用户的比例差距进一步缩小。

3. 手机网络提升为微信平台提速

使用手机终端,网络是必备的技术条件,随着三大运营商3G、4G网络信号的覆盖,智能手机终端实现了快速上网。移动上网成为手机的主要功能,有线网络能够支撑的所有业务都能以无线移动的形式存在。在广大农村,网络基础设施逐步得到改善,农村的人们也有了现代化的高速网络,在手机微信平台上讲故事也就成为可能,为民间故事传承微信模式的实现奠定了技术基础。

(三)民间故事微信模式传承的载体与内容

1. 民间故事微信模式传承的载体——微信公众号

民间故事微信平台搭建后,形式和内容是影响平台生命力的一个关键因素。人们可以通过关注微信公众账号去获取需要的信息。如"长阳故事"微信公众号,利用微信公众账号作为民间故事微信模式传承的一种载体。

在组织形式上,由政府文化主管部门管理指导,由相关协会或传承人牵头,邀请传承人、专家、亲友、邻居、同事等加入。在结构形式上,可以逐级创建民间故事微信公众号,如"长阳故事"微信公众号下可以创建"都镇湾故事"微信公众号、"孙家香"故事微信公众号、"十五溪"故事微信

公众号等。既可以按传承人组织,也可以按区域组织,还可以按民间故事的分类组织故事微信公众号,并在应用中将点击率高、优秀的故事分享到其他公众号。

2. 民间故事微信模式传承的内容组织

在微信公众号中提供有价值的民间故事,是微信模式实现的基础。例如,官方的微信公众号需要专门团队充实内容,需要专家和传承人引领,需要业务部门管理;民间故事公众号团队要有组织,内容要有价值,但也要允许成员自由"讲古日白";在内容上既有集中性,又有分散性;在形式上既有主动性,也有自由性。

在物质生活与文化、技术不断进步的同时,不能丢掉宝贵的传统文化,关键问题在于人们在享受经济发展和社会进步的同时不能忽略传统文化的价值。经济发展水平不同,不同区域、不同民族间的民间故事文化也不完全相同,若通过微信平台传承交流,了解其内容的差异,也就了解了当地民间故事精华,这样才具有优秀民间文化传承与发展的意义和价值。但是在微信公众平台中也不能过度担心内容的重复和差异,要鼓励传承与交流,让不同区域之间进行民间故事交流。

民间故事传承的地方,也是民间故事内容创作的发生地。民间故事传播平台微信,是一个虚拟的文化场所,通过新颖的交流形式和内容展示方式,使民间故事内容的创作更容易。实际上,民间故事数据库、民间故事专题网站、电视专栏、故事活动、故事集的传承形式和内容是有限的,公众参与度也很低。而随着智能手机的普及,大部分人能在微信上随时随地传承和创作,随时随地地记录所见、所闻、所想,自觉地传递着民间文化,微信上甚至还会出现一些非常珍贵的原创作品。有效利用微信公众号,还可以在微信平台上与传承人、专家、学者点对点交流,普通人也能感受民间故事研究专家的学术氛围,这对创作新内容、交流新经验和传承好故事都十分有益。

在微信平台上传播的故事内容可以"微"。"微"意味着用简单的方式表达,也就要求民间故事传播者在内容的表达上,尽量做到用简单通俗。有很多民间故事都可以制作成微视频、微内容，从而使人们在很短的时间内就可以听到一个有趣、有意义的故事。

六　结语

总之，通过微信平台调动广大民众传播和创作民间故事的积极性，将分散而广阔的农村和城镇连接到一起，从而调动民间的力量去传播民间故事文化，是最直接、最有效的传承方式之一。但如何完善微信模式的传承机制且有利于信息融合和共享，如何在微信平台上使传承规范、内容充实、组织有序、参与面广，还需要做更多的研究和尝试。同时，民间故事内容丰富，每一个民间故事都在一定程度上代表了一定的发展时期。因此在每一个时期，都要有民间故事的时代精品，这需要鼓励大众有效利用新媒体平台，通过思想创新、理论开路、实践搭桥，发展继承民间故事，弘扬民族文化，增强凝聚力。

非遗扶贫篇

Poverty Alleviation Based on the Intangible Cultural Heritage

B.9
精准扶贫视域下非物质文化遗产保护利用的衡平机制研究[*]

崔 磊 马发亮[**]

摘 要： 非物质文化遗产参与精准扶贫是我国采取的一种重要的反贫困策略，许多地区已开展文化生态保护实验区模式、生态社区博物馆模式、民族村寨旅游、山水实景演艺、民俗文化展演等实践性探索，将其运用至精准识别、精准帮扶、精准管理等各环节中。但仍需解决非物质文化遗产保护与扶贫开发，原生态保护与文化过滤，政府、企业与非遗保有者，非遗传

---

[*] 基金项目：安徽省哲学社会科学规划项目"基于SECI模型的非物质文化遗产传播策略及应用研究"（AHSKQ2016D86），四川省教育厅重点研究基地四川旅游学院川菜发展研究中心资助项目"餐饮老字号建筑遗产保护与实践研究"（CC15W15）。

[**] 崔磊，博士，铜陵学院马克思主义学院副教授，主要研究方向为非物质文化遗产保护与开发；马发亮，硕士，讲师，贵州师范大学学校办公室副主任，研究方向为政治学。

承人与社区群体四对博弈关系。相关部门应增强政府精准管理的科学性，规范利益精准分配的合理性，保证资金精准投入的持续性，维护知识产权精准保护的权威性，真正把握两者间的平衡点，做到非物质文化遗产管理的及时到位、适时补位、既不越位、更不缺位。

关键词： 精准扶贫　非物质文化遗产　博弈　衡平机制

非物质文化遗产作为文化资源，是一种文化资本。非物质文化遗产参与精准扶贫是以创新性手段开发。山东、新疆、云南等地已提出文化扶贫工程，即利用丰富的非物质文化遗产资源脱贫致富。目前各地实践中，文化资本与经济资本交织转化、生产性保护和经济开发边界不明、开发主体间利益协调时有摩擦、传承人和社群相依相对、知识产权保护稍显滞后，这些因素都影响非物质文化遗产参与扶贫开发的精准度和实效度①。因此，在精准扶贫视域下，应当研究当下非物质文化遗产扶贫开发契合度和耦合性，以最优化的开发模式，协调不同环节和因素间的博弈，探索建构非物质文化遗产参与精准扶贫开发的衡平机制，实现精准扶贫、精准脱贫的最终目标。

一　精准扶贫视域下非物质文化遗产利用分析

非物质文化遗产自身和精准扶贫的客观需求，都天然决定了两者可以实现有机衔接，共同致力于文化产业的发展进步和经济社会效益的提升，让福祉惠及全体贫困人口。

非物质文化遗产可以借助市场流通管理与市场竞争机制，使其承载的文

---

① 刘永飞：《西部民族省区非物质文化遗产扶贫开发研究——以国家级手工技艺类非物质文化遗产为例》，《中州学刊》2013年第10期，第91~94页。

化资源、物质载体和人文自然环境转化为市场产业和产品，以带来可观的经济效益。这样，非物质文化遗产保护可促进产业发展、经济上扬，反之，产业的发展也能反哺促进非物质文化遗产的保护与传承，使得非物质文化遗产的保护传承工作与经济社会的发展相协调，实现共同发展。

流动、开放的社会结构使传统文化熏染下的人们具备了现代化的思想观念和行为方式，加快了不同民族、地域间的互动，必然也带来更多的商业主体和贸易机会，促使我们以创新性理念、现代化思维对非物质文化遗产进行扶贫开发[1]。我国非物质文化遗产资源丰富，具有天然、丰沛的项目载体。自2006年至今，已发布国家级非物质文化遗产项目及扩展项目共计1530项，其中大量遗产都具备一定的实用和欣赏价值，具有较强的市场价值。例如，民间文学、民间音乐、民间舞蹈在旅游开发中都占据重要地位，可以提升旅游者的观感度和愉悦度；民间美术、传统手工技艺、传统医药都可以直接转化为旅游产品，使得资本与文化交织转化，循环往复，最终实现扶贫脱贫和非遗传承的共赢。

在保护、利用过程中，政府、企业、非遗保有者、非遗社区群体、社会组织等多元化的有效主体都积极参与了扶贫开发的设计实施，能够保证扶贫帮扶和非遗项目开发的资金来源。中央和地方财政设立扶贫和非物质文化遗产保护专项资金，吸引和带动多元化资金参与，形成资金集聚，可以更好地促进非物质文化遗产产业开发，也能促进其自身传承和保护[2]。

二 精准扶贫视域下非物质文化遗产开发的实践模式

（一）文化生态保护实验区模式

目前文化生态保护实验区在我国非物质文化遗产整体性保护的实践中发

---

[1] 卢世菊、柏贵喜：《民族地区旅游扶贫与非物质文化遗产保护协调发展研究》，《中南民族大学学报》（人文社会科学版）2017年第2期，第74~79页。

[2] 肖远平、柴立、王伟杰：《2006~2014年中国少数民族非物质文化遗产发展的成就、问题及未来发展对策》，《中国少数民族非物质文化遗产发展报告（2015）》，社会科学文献出版社，2015。

挥了重要作用。文化生态保护区指在特定时空条件下，利用多元化策略将特定区域原生环境中的无形的非物质文化遗产以及与之相互依存的有形的物质文化遗产完整地归结保存和修复在一起，以使两者间以及两者与自然社会环境间相互联系、相互催生、共同发展演化，形成一个欣欣向荣、具有内在生命力的生态保护系统。文化生态保护区更注重所属区域的群众作为文化主体的主观能动性和自主性，更注重对非遗所属民族群域和生产生活方式状态的整体性保护[1]。自2007年6月设立闽南文化生态保护实验区以来，截至2018年12月，文化和旅游部相继命名设立了21个国家级文化生态保护实验区，分布于17个省区市，兼顾文化的地域性、民族性、族群性、独特性（见表1）。如作为精准扶贫发源地的湖南武陵山区（湘西）土家族苗族文化生态保护实验区拥有国家级非遗项目26个[2]，近年来提出非物质文化遗产保护与物质文化遗产保护、传统村落保护、文化旅游产业发展、精准扶贫相结合，成为全国十大旅游热点地区，民族文化旅游和非遗衍生产品开发有效增加了农民的收入。

表1 我国已设立国家级文化生态保护实验区情况

名称	设立时间	区域范围
闽南文化生态保护实验区	2007年6月	福建省厦门市、漳州市、泉州市
徽州文化生态保护实验区	2008年1月	安徽省黄山市全境、绩溪县，江西省婺源县
热贡文化生态保护实验区	2008年8月	青海省黄南自治州
羌族文化生态保护实验区	2008年10月	四川省阿坝藏族羌族自治州茂县、汶川县、理县，绵阳市北川羌族自治县、松潘县、黑水县、平武县；陕西省宁强县、略阳县
客家文化（梅州）生态保护实验区	2010年5月	广东省梅州市
武陵山区（湘西）土家族苗族文化生态保护实验区	2010年5月	湖南省湘西土家族苗族自治州（吉首市、泸溪县、凤凰县、花垣县、保靖县、古丈县、永顺县、龙山县）

---

[1] 李忠斌、郑甘甜：《特色村寨建设、民族文化旅游与反贫困路径选择》，《广西民族研究》2015年第1期，第153~159页。
[2] 《武陵山区（湘西）土家族苗族文化生态保护节开幕》，湘西土家族苗族自治州人民政府官网，2014年10月19日。

续表

名称	设立时间	区域范围
海洋渔文化(象山)生态保护实验区	2010年6月	浙江省象山县
晋中文化生态保护实验区	2010年6月	山西省晋中市,太原市晋源区、小店区、清徐县、阳曲县,吕梁市孝义市、汾阳市、文水县、交城县
潍水文化生态保护实验区	2010年11月	山东省潍坊市
迪庆民族文化生态保护实验区	2010年11月	云南省迪庆藏族自治州
大理文化生态保护实验区	2011年1月	云南省大理白族自治州
陕北文化生态保护实验区	2012年4月	陕西省延安市、榆林市
铜鼓文化(河池)生态保护实验区	2012年12月	广西壮族自治区河池市
黔东南民族文化生态保护实验区	2012年12月	贵州省黔东南苗族侗族自治州
客家文化(赣南)生态保护实验区	2013年1月	江西省赣州市
格萨尔文化(果洛)生态保护实验区	2014年8月	青海省果洛藏族自治州
武陵山区(鄂西南)土家族苗族文化生态保护实验区	2014年8月	湖北省恩施州,宜昌市长阳土家族自治县、五峰土家族自治县
武陵山区(渝东南)土家族苗族文化生态保护实验区	2014年8月	重庆市黔江区、石柱土家族自治县、彭水苗族土家族自治县、秀山土家族苗族自治县、酉阳土家族苗族自治县、武隆区
藏族文化(玉树)生态保护实验区	2017年1月	青海省玉树藏族自治州
客家文化(闽西)生态保护实验区	2017年1月	福建省龙岩市长汀县、上杭县、武平县、连城县、永定区;三明市宁化县、清流县、明溪县
说唱文化(宝丰)生态保护实验区	2017年1月	河南省宝丰县

资料来源:根据中国非物质文化遗产网资料整理而成,截至2018年12月。

(二)生态(社区)博物馆模式

生态(社区)博物馆是以特定地域为单位,立足保护原生地地域文化遗产、完善公共文化服务体系、维护文化多样性而设立的没有围墙的活体博物馆,以保护、保存、展示自然和文化遗产的真实性、完整性和原生性,以及人与遗产的活态关系。生态(社区)博物馆20世纪70年代源自法国,90年代引入我国,目前已广泛应用于民族文化遗产、汉族农业遗产、城市工业遗产等不同类型遗产的保护和利用。我国自1995年建立贵州梭嘎苗族生态博物馆后，已建成19座各种形式的生态（社区）博物馆，有效地保护了苗、侗、瑶、壮、京、汉、布依、布朗、蒙古等民族的文化遗产。虽然生态（社区）博物馆设立的宗旨是保护、展示村落、街区富有地方特色和集体记忆的文化空间，实现文化遗产的整体性和真实性保护，但现实中生态（社区）博物馆多集中于民族偏远地区，脱贫是当地不可忽略的任务[①]。因此，各地生态（社区）博物馆在保护原生态文化的同时，积极开发民族文化产业，促进经济发展。自建立以来，贵州堂安侗族、镇山布依族、隆里汉族、广西南丹瑶族、靖西壮族、贺州客家、龙胜壮族、云南西双版纳布朗族、内蒙古敖伦苏木蒙古族等生态（社区）博物馆都积极吸收社区族群民众参与，既让绝对多数居民脱贫致富，又提高了社区民众对原生态文化保护和传承的自信、自觉。

表2　我国已设立代表性生态（社区）博物馆情况

名称	设立时间	区域范围	备注
堂安侗族生态博物馆	1999年12月	贵州省黎平县	首批国家级示范点
安吉生态博物馆	2009年5月	浙江省安吉县	首批国家级示范点
龙脊壮族生态博物馆	2010年11月	广西壮族自治区龙胜县	首批国家级示范点
三坊七巷社区博物馆	2011年8月	福建省福州市	首批国家级示范点
屯溪老街社区博物馆	2012年5月	安徽省黄山市	首批国家级示范点
梭嘎苗族生态博物馆	1998年10月	贵州省六枝特区梭嘎乡	中挪合作共建
镇山布依族生态博物馆	2000年9月	贵州省贵阳市花溪区	中挪合作共建
隆里生态博物馆	2004年10月	贵州省锦屏县	中挪合作共建
南丹里湖白裤瑶生态博物馆	2004年11月	广西壮族自治区南丹县	广西第一座生态博物馆
三江侗族生态博物馆	2004年11月	广西壮族自治区三江侗族自治县	—
靖西旧州壮族生态博物馆	2005年9月	广西壮族自治区靖西市	第一座壮族生态博物馆
西双版纳布朗族生态博物馆	2006年1月	云南省西双版纳州勐海县	—
贺州客家围屋生态博物馆	2007年4月	广西壮族自治区贺州市	—

---

① 黄萍：《尴尬与出路：旅游扶贫视角下西南民族村寨文化遗产管理研究》，《青海民族研究》2015年第1期，第14~19页。

续表

名称	设立时间	区域范围	备注
敖伦苏木蒙古族生态博物馆	2007年6月	内蒙古自治区达茂旗	—
那坡达文黑衣壮生态博物馆	2007年6月	广西壮族自治区百色市	—
金秀坳瑶生态博物馆	2008年10月	广西壮族自治区金秀瑶族自治县	—
长岗岭商道古村生态博物馆	2009年5月	广西壮族自治区灵川县	—
东兴京族生态博物馆	2009年7月	广西壮族自治区东兴市	—
融水安太苗族生态博物馆	2009年11月	广西壮族自治区融水苗族自治县	—

注：根据国家文物局公布的《生态（社区）博物馆示范点》统计而成，统计截止时间为2017年5月，仅代表课题组观点。

（三）民族村寨旅游模式

由于历史沿革和地理隔绝，在少数民族世居地区存在许多被现代文化破坏较少的民族村寨，保存有较多少数民族的建筑、服饰、饮食等文化元素，也具有丰富的民间传说、故事、谣谚、音乐、舞蹈、传统技艺等非物质文化。但由于多数民族村寨地处偏远，文化上的特异性和经济上的贫困性并存，在经济发展、精准脱贫的目标下，利用民族村寨的原生态特质，开发独具特色的非物质文化遗产，提升村民的生活品质就成为各方共同的追求。国家民委、财政部自2008年起，联合开展少数民族特色村寨保护与发展试点工作，涌现出一大批民族特色鲜明、地域文化浓郁、人居环境优美的少数民族村寨[①]。2014年和2017年，国家分别公布了首批340个、第二批717个"中国少数民族特色村寨"。通过发展民族村寨生态休闲旅游，带动群众增收致富，这类成功案例不胜枚举。如贵州册亨县威旁乡大寨村居住着布依、苗、汉等民族，文化底蕴深厚，有转场舞（又名嘞呜）、高台舞狮、布依棍术、荡秋千、糍粑舞等丰富的非物质文化遗产。近年来，该村积极打造文化

[①] 吴晓东、陈一君等：《民族地区旅游扶贫长效机制研究——基于文化软实力建设的视角》，北京理工大学出版社，2015，第3页。

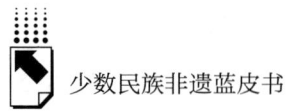

旅游品牌，培育休闲旅游产品①，于 2017 年成功申报了国家 AAA 级风景区②，为村民增收致富拓宽了路径。

（四）山水实景演艺模式

以"山水系列"和"印象系列"为代表的山水实景演艺在挖掘、推广、宣传非物质文化遗产方面具有较大的影响力。刘三姐歌谣 2006 年就入选了第一批国家级非物质文化遗产名录。在世界最大的山水实景剧场，借助桂林漓江风情，传唱久远的民族山歌，对非物质文化遗产开发具有辐射作用。山水实景演艺中大量使用当地居民，他们白天自由劳作，晚上穿戴民族服饰。在舞台上展示民族非物质文化遗产，既能促进非物质文化遗产的活态传承，又能为参与演出的当地居民带来一定的演艺收入，通过形象辐射、品牌传播，吸引众多旅游者纷至沓来，对其他地区非物质文化遗产的保护利用起到了良好的辐射带动作用。湖南张家界"新刘海砍樵"、湖北恩施"龙船调"、福建武夷山"印象大红袍"等多个非物质文化遗产山水实景演艺在各地竞相上演，吸收了当地民间故事、民歌、音乐、舞台、传统手工技艺等文化元素，给观众带来精神享受的同时，也提供了非遗活化展示的舞台。

（五）民俗文化展演模式

利用节庆假日、会展等契机，展示演出非物质文化遗产，让文化遗产融入现代社会，既能给非物质文化遗产项目传承人带来经济收入，又能通过非遗项目进行免费培训，同时还可以传授、展示非物质文化遗产技艺。许多节庆假日，如春节、彝族火把节、苗族花山节、畲族三月三自身就是非物质文化遗产，更有很多非物质文化遗产通过民俗文化展演呈现给民众。在特定节庆假日中也融合了民俗文化的展示，如安徽郎溪县"跳五猖"是在古代神灵巡游、祭祀的基础上演化而来的一种古典民间舞蹈。以

---

① 《贵州省最具魅力的民族村寨——大寨村》，人民网—贵州频道，2014 年 5 月 12 日。
② 《册亨县威旁乡大寨村山花盛开》，多彩贵州网，2018 年 3 月 15 日。

深圳锦绣中华民俗村为代表的文化主题公园和以篁岭民俗文化村为代表的文化旅游景区，融合民族民间艺术、民俗风情和居民建筑于一体，成为民俗文化展示的博物馆，逐渐形成集旅游、餐饮、住宿、休闲等于一体的非物质文化遗产产业链，这既是市场经济体制下的必然趋势，也是民族地区扶贫脱贫的有效途径。

三 精准扶贫视域下非物质文化遗产利用的博弈分析

非物质文化遗产的扶贫利用基于贫困地区经济发展的现实诉求，但也需要以非物质文化遗产产业化的利益博弈为基础，探讨利益相关方在博弈中选取的理性决策，以提升非物质文化遗产参与精准扶贫的效度和信度。

（一）扶贫开发与非遗保护间的博弈

作为贫困地区的丰富文化资源的代表，非物质文化遗产参与精准扶贫开发是可能的也是必要的。但两者之间的博弈伴随非物质文化遗产的开发而一直存在，天然面临着经济开发的无限攫取与非物质文化遗产保护的有限开发之间的博弈，这对博弈关系是非物质文化遗产扶贫开发的根源所系。当贫困落后的物质生活面临丰沛富饶的民族文化资源时，这种互相制约的矛盾就不可避免。现实生活中，当经济利益和文化保护发生摩擦、碰撞、冲突时，人们下意识都会选择牺牲文化保全经济，这正是非物质文化遗产利用急功近利的鲜明体现。对经济的无限追求常常会破坏非物质文化遗产保护与传承的美好愿景，使非物质文化遗产的保护和传承陷于窘境。

广西壮族自治区靖西市是第一批国家级非物质文化遗产——壮族织锦技艺的传承地之一。自开展旅游扶贫开发以来，壮族织锦以民族文化特色浓郁、手工编织技艺精良而成为当地致富脱贫的主要旅游产品。但同时也涌现出大量手工作坊式生产厂家，废弃了靖西壮锦纯手工编织的特点，用机器批量生产代替拉纱、梳纱、穿综、结花板等一系列传统手工技艺。偏离民族文化内核，片面追求经济利益，过度开发传统技艺的现象各地都不同程度存

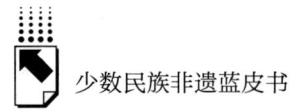

在，直接导致民族民间文化呈现庸俗化、商品化的异化发展，对非物质文化遗产传承和扶贫开发带来反向阻碍作用[①]。

（二）原生态保护与文化过滤间的博弈

在非物质文化遗产利用过程中，决策主体会通过文化过滤，将丰富的非物质文化概念化、景观化、具体化，进而导致文化原生态的消亡、减退。这主要因为决策主体旨在实现扶贫脱贫，更多地从旅游受众角度出发，将民族文化中丰富的文化因子进行筛选，给最具吸引力的文化符号贴上标签，成为可供旅游受众观览、体验的文化商品。[②] 因此，两者间如何取得平衡，做到文化过滤不破坏非物质文化遗产的原生态环境，影响双方的策略选择和博弈。

如云南西双版纳傣族自治州景洪市的傣族园保存有国内最完好的五个傣族自然村寨，自1999年开园以来，采取"公司+农户"的开发模式捆绑打造，已成为云南扶贫开发的典型示范。在规划建设时，园区便选取了泼水节、傣楼、民族歌舞音乐、佛寺等傣族特色文化符号，方便旅游受众参与民俗及宗教体验，也带来了可观的经济效益，使村民很快脱贫。

但在文化资本化冲击下，"保护就是发展"的理念徒有招架之功，文化过滤影响下稻作生产、人生礼仪、节气时令等商业开发较弱的非物质文化遗产渐被忽略或改造，平静祥和的社区关系屡被打破，宗教信仰逐渐消退，议事权威遭受挑战。虽然在文化过滤中对文化符号事象的选择、改造、移植等创造性行为不可避免，但在以经济利益为风向标的境况下，非物质文化遗产传播过程中发生的变异、变形、转化都可能对原生态文化造成不可逆的彻底破坏。

---

① 郝时远：《承前启后 继往开来 开拓创新》，《中国民族发展报告（2015）》，社会科学文献出版社，2015。
② 杨志宏：《少数民族地区文化产业发展的新思路——基于双面市场理论的视角》，《当代传播》2014年第6期，第60~62页。

（三）政府、企业、非遗保有者间的博弈

大规模的政策介入是我国非物质文化遗产保护的特点，但扶贫开发带来的企业商业行为以及非物质文化遗产的活态性、无形性特征，使得政府、企业和非物质文化遗产保有者三方对显性经济效益和隐性社会效益的追求策略至关重要，不同的策略选择产生不同的博弈。

政府作为智能理性的决策者，拥有政策法规制度的制定权，同时通过强有力的行政力推动政策贯彻执行，实现对非物质文化遗产保护的指导和保障。反言之，政策的制定也有助于加强政府行为的规范性，约束行政行为。我国现行垂直行政管理体系下，地方政府和上级政府是不完全信息的动态博弈关系，双方为了资金投入和政绩产出做出各自的政策选择。①

企业参与非物质文化遗产开发是为了追求经济利益的最大化，这有别于政府追求社会效益最大化。在投资开发的过程中，企业需要加大对贫困地区非物质文化遗产的知识产权转移、产业化培训等成本投入力度，且需较长时间方能实现经济利益的迅速增加。因此，企业期望政府能从政策、制度层面创造宽松的投资环境，以利于其参与投资开发。

我国非物质文化遗产保有者多缺乏自我发展和自我保护的能力，主要依靠地方政府投放的文化遗产保护资金②。但非物质文化遗产保有者自身拥有经济（产业）开发的原动力，期望通过自身拥有的非物质文化遗产项目获得匹配的经济收益，这就要求在政府的宏观指导下，获得企业在知识产权转移和产业化培训方面的效用价值。

（四）非遗传承人与社区群体间的博弈

非物质文化遗产传承人与社区群体间的博弈即是对其权利主体的确定，目前在理论研究和立法实践层面均未达成共识，但我国学界认为每个个体都

---

① 李佐军：《以生态扶贫探索精准扶贫新路》，《中国绿色时报》2016年11月3日，第3版。
② 王磊、张冲：《能力扶贫：精准扶贫的发展型视角》，《理论月刊》2017年第4期，第157~161页。

可能是非物质文化遗产的创造者、讲述者、表演者、继承者。① 在非物质文化遗产传承人认定中，个体与群体的矛盾时有发生。地方文化部门大包大揽，社区、协会、大众参与不足，严重影响了代表性传承人的权威性和代表性，挫伤了民间艺人的积极性，带来尖锐的群体矛盾，甚至个别地方为免于滋生矛盾搁置项目和传承人申报，严重违背了非物质文化遗产保护的出发点和立足点。

群体传承是非物质文化遗产传承非常重要的一种方式，因此很难确定唯一的主体权利人，如果强行以行政手段进行确认，但未建立良好的利益分享机制，极有可能造成唯一权利人的孤立。传统社区是非遗传承的原生境域，如果两者远离，就会造成非遗传承的异化。但同时必须承认优秀的代表性传承人对非遗传播起着重要作用，他们是非遗文化最直接的创造者、传承者、传播者，因其突出的个人魅力而使非遗得以广泛传衍、备受关注。②

四 精准扶贫视域下非物质文化遗产开发的衡平机制构建

（一）注重顶层设计，增强政府精准管理的科学性

在非物质文化遗产保护和开发中，政府掌握政策的拟定权、发布权与执行权。但由于地方条块分割，纵向各级政府间和横向相关部门间易产生矛盾冲突，表现在非物质文化遗产保护利用上，多采取静态、保守的工作策略，工作绩效量化评估流于形式，执行国家法律政策阳奉阴违。因此，做好制度政策顶层设计应当秉持"顶天立地"理念，工作有重点，行动有指向。"顶天"是要以国际视野引进非物质文化遗产开发的先进模式，由

---

① 刘秀峰、刘朝晖：《非物质文化遗产与代表性传承人制度：来自田野的调查与思考》，《浙江师范大学学报》（社会科学版）2012年第5期。
② 高艳芳、孙正国：《日常需求与文化创意："生产性保护"的观念与路径》，《民俗研究》2014年第3期，第151~159页。

战略全局出发，瞄准关键问题，依循发展规律，增强政策指定和执行的科学性和预见性。"立地"是要立足我国地域风情和发展实际，注重地方政策文件的梳理和细化，整合遗产资源，反映发展趋势，将政策导向和开发理念有机融合，既创新载体抓手，又突出实践特色，增强政府精准管理的科学性。

如云南省在2000年5月就颁行了文化遗产保护方面首部地方法规《云南省民族民间传统文化保护条例》，2003年，云南省被文化部列为全国民族民间文化保护工作综合试点省份。云南省致力于大力挖掘区域特有民族和人口较少民族文化遗存，组织编制边境文化遗产保护总体规划，落实研究、保护和开发工作措施，使非物质文化遗产保护工作在科学理论的指导下规范进行。内蒙古自治区先后下达《内蒙古自治区人民政府批转自治区文化厅关于加强文化遗产保护实施意见的通知》《内蒙古自治区非物质文化遗产保护专项资金管理暂行办法》，强调对资金合理使用的要求和监督。各盟市也纷纷出台非物质文化遗产开发规定，如呼伦贝尔市出台了《呼伦贝尔市非物质文化遗产保护办法》，鄂尔多斯市起草了《鄂尔多斯市非物质文化遗产名录保护和管理办法》等。

（二）注重利益协调，规范利益精准分配的合理性

当前，政府在作为公共文化的非物质文化遗产的服务供给方面面临着新的挑战，如社会公共文化服务需求快速增长，民众公共文化服务需求结构日益复杂，公众文化参与的主体意识逐渐觉醒，过往大包大揽的垄断供给模式已不再适应非物质文化遗产开发的新趋势和新要求。因此，政府必须转变职能，坚持最小化干预原则，构建政府部门、市场、社区三位一体的开发模式，协同推进非物质文化遗产利用体系建设。

政府应做到在法律政策层面，制定相关政策法规，规范社会群体和个人的行为，为非遗保护提供良好的政治环境；在组织层面，健全各级非物质文化遗产保护机构，完善人员配备和机构设置；在资金保障层面，加大对非遗的基础设施建设、传承人保障等各方面的支出与投入力度，确保非遗保护与

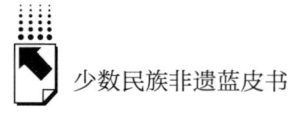

利用工作顺利进行。

市场化是作为公共文化的非物质文化遗产有效供给与可持续开发的现实选择、必然趋势和战略决策。适当引入市场竞争机制,通过市场竞争机制作用的发挥,调动各开发主体的积极性,提供资金、场所、设备等各项资源,保证更加有效、更高质量的非遗利用。此外,市场化也有利于缓解政府压力,转变政府职能,实现非遗全面、高效、高质的保护与利用。

非物质文化遗产的活态性、地域性等特性决定了非物质文化遗产生命力的维持与扶贫开发需要社区的参与和保护。社区是人们生活居住时间最长的基本社会单位,是非物质文化遗产利用的基本空间载体。社区传统的文化生态和人文背景能为非物质文化遗产利用提供良好的环境。社区对生活在其中的民众具有极大的影响力,能够快速获得当地居民的认同感,提升民众参与度,有助于扶贫开发的参与度和精准度。因此,非物质文化遗产利用应当发掘社区的涵养和组织功能,将社区纳入非遗利用体系,这对旅游受众的吸引力更大。

(三)注重拓展筹资,保证资金精准投入的持续性

非物质文化遗产利用仅仅依靠政府的力量还远远不够,呼吁、吸引、发动社会力量,拓宽非物质文化遗产开发资金来源渠道势在必行。非物质文化遗产作为公共文化的属性在一定程度上决定了政府财政资金投入的主导性和现实性,如《中华人民共和国非物质文化遗产法》明确要求各级政府将相关开支纳入地方财政预算,国家也对边远落后地区给予适度经济倾斜,还设立专门的管理资金,这都对非物质文化遗产的扶贫开发起到了稳固和缓解作用。国家为鼓励更多的企业、个人和社会组织投入非物质文化遗产保护和开发,建立了税费减免和财政贴息机制。如湖北省黄石市在实践中对从事生产性开发的相关企业、组织、个人减免17%的增值税,给予资金短缺、开发停滞的相关组织和企业60%~70%不等的财政贴息。[1] 对为非物质文化遗产

---

[1] 程劲松:《黄石市非物质文化遗产保护的问题与对策》,硕士学位论文,华中师范大学,2012,第26页。

利用提供各类资助、做出突出贡献的个人和团体，可以通过财政优惠政策或荣誉称号颁授等措施予以适当激励，调动各方参与非物质文化遗产扶贫开发的积极性和动力源，以保证社会资本投入的长期化。

实行动态式资金投放机制，力戒"一刀切"式资金投放模式。必须强调的是，加大对非物质文化遗产扶贫开发的资金投入，最终目的是实现贫困人口的精准扶贫、精准脱贫，而不是为投入而投入。要力图避免"一刀切"式资金投放模式，不能只有投入，没有效果。因此，要在加大固定资金投入力度的同时，实行动态资金投放机制，设立奖励基金，践行奖惩制度。对于严格遵守《非物质文化遗产法》，在非物质文化遗产扶贫开发中效果良好，既保护了遗产延续生存的原生态环境，又提升了贫困人口的经济收入水平的相关企业、个人和组织社会应给予更多的资金投入，给予适当奖励；对执行不力，造成非物质文化遗产破坏、损失的相关企业、个人和社会组织，除通过法律途径惩罚外，还应组织专家评估鉴定，严格执行退出机制；对工作敷衍了事、态度消极、工作停滞的相关企业、个人和社会组织可相应地减少资金投入，酌情罚款。通过动态式资金投放机制，可以充分调动企业、个人、社会组织扶贫开发的积极性，保证扶贫资金投放真正用实、用活、用好，杜绝坐、等、靠、要的思想。

（四）注重法律约束，维护知识产权精准保护的权威性

许多非物质文化遗产是由个体传承人世代相传所沿袭下来的，他们所掌握的某些非遗技艺具有保密性和封闭性，对于这些非遗应该通过专利权或者知识产权的方式予以区别、保护和传承。但是在现实生活中，许多传承人产权意识欠缺，法律保护意识淡薄，并未通过法律途径寻求对自身非遗技艺的保护。因此，政府应加强非遗产权知识的宣传，提升传承人的产权意识，出台完善非物质文化遗产产权保护的法律法规，使得传承人和社区民众有法可依、有据可循。当他们在知识产权和专利方面遭受侵害，并排除个体主观过错的，国家、社会和剽窃者三方应共担责任，对传承人予以经济赔偿和精神赔偿。这需要不断完善知识产权法，维护原创、规范传播、打击侵权，保护

权利人的合法权益。① 伴随法律法规的产生和市场经济的发展，非遗品牌价值得到认可，但由于产品权利人的认定较难明确，传统技艺是否构成商业秘密尚存争议。维权的困难、法律的空白、保护的缺失等诸多困阻，使得非遗产品开发的知识产权保护一直是学术界和司法界讨论的热点。因此，要做到以下几点。第一，明确非遗权利人的主体地位。目前可用于非遗保护的相关现行法律包括知识产权法、著作权法、专利法和非物质文化遗产法，这些法律的保护都要求明确非遗权利人，其具有代表性、唯一性和主体性。现行保护中基层传承人知识积累的缺乏和经济利益的不良导向都增加了权利人主体地位确认的困难。② 同时，知识产权的法律保护追求的是"代内公平"，即垄断性保护仅限于权利人，而非国人认同的师徒、父子等长幼间的"代际公平"。第二，加强非遗传承地域的社区保护。非遗传承中群体传承是非常重要的一种方式，因此很难确定唯一的主体权利人，如果强行以行政手段进行确认，但未建立良好的利益分享机制，极有可能造成唯一权利人的孤立。传统社区是非遗传承的原生境域，如果两者远离，就会造成非遗传承的异化。因此，要明确传统社区独立的法律主体，确立社区集体共享的知识产权权利。

五　结语

非物质文化遗产具有商业利用的潜质和内涵，相关管理部门已经积极挖掘非物质文化遗产的旅游价值，并将其运用至精准识别、精准帮扶、精准管理等精准扶贫各环节中，最终实现贫困人口物质和精神双脱贫。但同时我们也应清醒地认识到，在精准扶贫和经济发展的背景下，扶贫开发和非物质文化遗产保护利用之间存在两难困境，开发急功近利、贫困人口精准识别不

---

① 罗巧玲：《非物质文化遗产保护策略研究——以恩施傩戏保护为例》，硕士学位论文，湖北民族学院，2012，第14页。
② 李华明、李莉：《非物质文化遗产知识产权主体权利保护机制研究》，《中央民族大学学报》（哲学社会科学版）2015年第2期，第104~110页。

足、文化原生态被破坏消亡、各方固守私利不求长远等不和谐因素仍然存在。构建精准扶贫视域下非物质文化遗产开发的衡平机制需要增强政府精准管理的科学性，规范利益精准分配的合理性，保证资金精准投入的持续性，维护知识产权精准保护的权威性。只有认识到非物质文化遗产是扶贫开发的价值内核，是维系民族生存与发展的文化资本，才能真正把握两者间的平衡点，做到非物质文化遗产管理的及时到位、适时补位、既不越位、更不缺位。

B.10
非物质文化遗产助推民族地区精准扶贫的基层实践研究[*]

——以中华布依锦绣坊项目为例

王伟杰 王燕妮[**]

摘 要： 经过多年的探索实践，贵州省通过实施非物质文化遗产助推脱贫攻坚的"锦绣计划"，以黔西南州册亨县的"中华布依锦绣坊"项目为代表，取得了精准扶贫、文化传承、产业兴旺、乡村振兴、社会稳定等多方面的成就，为民族地区提供了一种可供复制借鉴的"非遗扶贫"之路。然而此基层实践项目也存在着文化产品供给与大众市场需求错位，资金使用、人才引进、培训等方面未能协调统一，市场拓展和品牌营销滞后，缺乏良好的质量筛选机制和绩效评价机制等问题，应当采取加快制定布依族民族文化产品的地方标准，推动锦绣坊民族文化产品的供给侧结构性改革，认真做好品牌营销和产品推介工作，加强签约绣娘的管理和培养工作，引入质量评价机制等措施，继续助推当地精准扶贫事业的稳步健康发展。

---

[*] 基金项目：2018年度国家社科基金青年项目《非物质文化遗产助推民族地区精准扶贫的"贵州经验"研究》（项目编号：18CMZ028）。

[**] 王伟杰，博士，贵州民族大学人文科技学院科研处处长、副教授、硕士生导师，研究方向为非物质文化遗产研究；王燕妮，土家族，博士，贵州民族大学体育与健康学院副书记、副教授、硕士生导师，研究方向为少数民族文化研究。

非物质文化遗产助推民族地区精准扶贫的基层实践研究

关键词： 非物质文化遗产　精准扶贫　中华布依锦绣坊

《中华人民共和国非物质文化遗产法》第三十七条第一款规定，"国家鼓励和支持发挥非物质文化遗产（以下简称"非遗"）资源的特殊优势，在有效保护非遗代表性项目的基础上，合理利用非遗代表性项目开发具有地方性特色、民族特色和市场潜力的文化产品和文化服务"，这为各地区市场主体利用非遗实现经济利益诉求提供了法律依据。2017年3月，国务院同意并发布了由原文化部、工业和信息化部、财政部制定的《中国传统工艺振兴计划》，明确提出了传统工艺振兴中"促进就业增收"的基本原则，包含"发挥传统工艺覆盖面广、兼顾农工、适合家庭生产的优势，扩大就业创业，促进精准扶贫，增加城乡居民收入"[1]等具体要求。2018年7月，文化和旅游部又连续下发了两个关于非遗扶贫的文件：一是《文化和旅游部办公厅、国务院扶贫办综合司关于支持设立非遗扶贫就业工坊的通知》（办非遗发〔2018〕46号）；二是《文化和旅游部办公厅关于大力振兴贫困地区传统工艺助力精准扶贫的通知》（办非遗发〔2018〕40号），将非遗尤其是传统工艺同精准扶贫紧密结合起来，为我国少数民族地区利用非遗进行脱贫攻坚指明了目标和方向。

在全国脱贫攻坚的主战场上，贵州省的"锦绣计划"项目早在2013年就已经启动，该项目充分利用国家级非遗代表性项目苗绣、马尾绣等，致力于妇女手工产业脱贫，成立了1000多家具有当地特色的手工企业和专业合作社，培训绣娘65000人（次）。目前，贵州省从事手工产业及辅助行业的妇女接近500000人，妇女特色手工产业产值已达到60亿元。[2]经过多年的探索实践，贵州多个州市已经将生活技能变为助推脱贫攻坚的"指尖经

---

[1] 《国务院办公厅关于转发文化部等部门中国传统工艺振兴计划的通知》（国办发〔2017〕25号）。

[2] 万秀斌、黄娴、程焕：《贵州实施"锦绣计划"带动50万妇女增收致富》，《人民日报》2018年10月19日。

济",逐步走出了一条适合民族地区精准脱贫的"非遗扶贫"之路,并总结高校驱动型的"雷山模式"、传承人驱动型的"松桃模式"、基层政府驱动型的"丹寨模式"、企业驱动型的"册亨模式"四种模式。尤其是外来企业结对帮扶的"册亨模式",依托中华布依锦绣坊扶贫项目,解决了创业资金和销售市场两大难题,不仅取得了精准扶贫、文化传承、产业兴旺、乡村振兴、社会稳定等多方面的成就,更为我国广大民族地区精准扶贫的基础实践提供了一条可供复制借鉴的非遗扶贫之路。

一 贵州省册亨县中华布依锦绣坊的成功探索

2014年底,册亨县中华布依锦绣坊开工建设,占地面积2754平方米,投入资金1000余万元,引进册亨县雲娇布依特色染织刺绣公司。同时,广州市帮扶企业与中华布依锦绣坊合作,致力于民族文化产业的培育发展和产品的挖掘及市场化运营,取得了较大成功。2017年,中华布依锦绣坊入选贵州省第一次全省建设项目现场观摩项目,得到贵州省领导的一致好评,并在黔西南州电视台《脱贫攻坚看金州访谈对话》栏目中进行了专题报道。2019年全国两会期间,锦绣坊布依族绣娘杨胜娇更是登上《新闻联播》,吐露了想把布依族服饰卖到全国各地和国外的心声。中华布依锦绣坊项目的实施既解决了妇女就业问题,又传承和保护了传统布依文化,是发展指尖经济、增收脱贫的好路子,并成为非遗助推扶贫"册亨模式"中的典型代表。从扶贫方式和扶贫效果来看,中华布依锦绣坊项目在助力脱贫攻坚上有着多个层面的成功。

非遗助推扶贫方式本身与其他扶贫方式相比就有着多重的自身优势,这成为在扶贫实践中取得成功的重要保障。在我国部分民族地区,经济不发达,交通通达度低,信息较为闭塞,民众接受教育水平较低,农业扶贫由于土地贫瘠且天灾不断以致收效欠佳,一些脱贫农户一遇天灾便迅速返贫,成为我国脱贫攻坚战之中难啃的"硬骨头"。旅游扶贫则由于缺乏内部消费人群而增收较慢,毕竟旅游扶贫实施地的经济增长严重依赖外来游客的数量,内部市场狭小，远离景区的农户享受旅游红利的机会成本较大。电商扶贫则缺乏发达的信息网络和能熟练掌握网络技术的人，目前电商平台云集、微商泛滥的现实状况，使较多贫困地区农户通过电商脱贫"可望而不可即"。让贫困地区的学龄孩子接受良好教育，是扶贫开发的首要任务，也是阻断贫困代际传递的重要途径①，但教育扶贫周期长、见效慢，难解民众"燃眉之急"。非遗扶贫则通过工作坊（站）培训班向贫困群众面授技艺，教会其一技之长而"授之以渔"，并能通过对接市场解决销售后顾之忧，从而不会因土壤贫瘠、游客稀少、网络不畅等因素而导致扶贫效果不明显，反而能立竿见影地快速实现稳定增收。

该扶贫项目辐射范围较广，带动人数多。据不完全统计，中华布依锦绣坊自建立之日起就带动辐射周边绣娘1500余人就业，有效地吸纳了散落在册亨县的留守妇女等剩余劳动力，大大缓解了留守妇女较多产生的社会问题。据统计，雲娇公司目前对外提供就业岗位共1000余个，从业人员主要是当地异地搬迁的布依族妇女，平均年龄在40岁以上，工人月收入2000余元。公司现有固定员工183人，其中精准扶贫户60人、搬迁户30人、留守妇女53人、困难户7人、低保户5人、老年大学18人、带娃妇女3人、特殊工7人；居家生产灵活就业163人，其中精准扶贫户44人、搬迁户103人、留守妇女16人。②该项目采用"公司+工作坊+绣娘"模式，以公司为主导，通过工作坊和分散在各村镇的工作室，将散落在各个少数民族村寨的心灵手巧的绣娘聚集在一起，从乡村走向工坊，引导绣娘从"单打独斗"向"抱团发展"转变，实现了妇女手工产业从分散生产转向适度规模化发展的质变。

农户增收状况明显，并带动了区域经济发展。中华布依锦绣坊按多劳多得的方式计件发放工资，每人每天至少可收入80元，月薪为2000余元，每

---

① 王姝：《习近平：扶贫必扶智 阻断贫困代际传递》，《新京报》2015年9月10日。
② 洪英杰：《雲娇公司：推动布依文化传承 带领群众增收致富》，多彩贵州网，2018年11月7日。

名绣娘年收入在2万元①以上，大大减轻了留守妇女家庭的经济压力，为留守儿童的生活和学习谋得了持续稳定的经济保障。自2016年锦绣坊建成以来，累计产值达到1000余万元，更是带动了当地文化市场的逐步繁荣，交通、物流、仓储、通信、餐饮、旅游等行业也快速发展，成为当地区域经济文化一体化发展的动力阀和助推器。

该项目规避了中间商大肆压价的弊端，使农户真正能获得利益。广州对口支援扶贫公司以域外企业的身份加盟，一方面带来了资金、技术和现代化的管理模式，抬高了工作坊手工艺品的文化价值和经济价值，将工作坊的产值最大化；另一方面通过明码标价、签订合同等方式，有效激发绣娘等农户参加工作坊的热情，从而使绣娘的经济收入最大化。因此，该扶贫模式吸引外地公司的加入，指导传统艺人（非遗代表性传承人）带动绣娘致富，在自身利益扩大化的同时提升了绣娘的手工费，从而避免了一些中间商借扶贫之名行敛财之实的弊端，使部分留守妇女家庭真正享受到了非遗扶贫带来的巨大红利，并使之摆脱了经济贫困。

非遗助力扶贫功效明显，变以往的"单赢"为"多赢"。该非遗扶贫模式是多种扶贫模式的结合体：组织持有精准扶贫卡的留守妇女参加工作坊，显然具有精准扶贫的典型特征；号召非遗传承人等传统艺人及绣娘参加非遗研修培训计划，使工作坊成为当地公共文化服务体系的重要组成部分，俨然与教育扶贫和文化扶贫密切相关；大力推动工作坊产品进入各个景区进行销售，又与旅游扶贫有着千丝万缕的联系；利用电商平台促进工作坊产品的快速销售，又有电商扶贫的影子。在这样多种扶贫手段参与扶贫攻坚战的集体攻势下，该扶贫模式也取得了"多赢"的扶贫成果。该模式借助有形之手和无形之手有效助力了精准扶贫，通过繁荣传统手工艺品市场带动了一些国家级非遗代表性项目的有序传承，文化市场的繁荣带动了周边产业的兴旺发

---

① 据课题组在贵州省大学城高校调研得知，贵州高校中贫困生的比例偏高。以贵州XX大学的2017级本科生为例，通过问卷调研得知，该校每个专业持有精准扶贫卡的比例为30%左右，所占比例较大；大约20%的家庭的年收入在5000元以下，因此中华布依锦绣坊中的绣娘的2万余元的年收入有效缓解了部分贫困户的经济压力。

展,并直接助力了该县少数民族乡镇的乡村振兴,间接地解决了因地域经济发展不平衡带来的留守妇女儿童等社会问题,更为我国广大民族地区提供了一条可供复制借鉴的"非遗+扶贫"之路。

二 中华布依锦绣坊助推精准扶贫的主要经验和措施

一是发挥了地方政府的主导作用,在整体规划和顶层设计方面功不可没。首先是举办绣娘作品比赛,引导绣娘提升个人技能和产品质量,从而为产品的质量提升和适销对路提供了保障。其次是积极地将锦绣坊发展建设融入"两江一河"生态经济区综合发展战略及概念性总体规划,突出民族文化特色,间接推动了当地动旅游业发展[①],尤其是将锦绣坊作品融入邻近景区的做法,一定程度上缓解了锦绣坊作品的销路问题。最后是给予政策上和资金上的扶持,如在锦绣坊取得一定成绩后,册亨县委、县政府结合县情实际,于2016年9月成立册亨县雲娇布依特色染织刺绣有限公司,作为地方民族文化产业重点扶持示范点,并在广告宣传、原材料、设备、人才引进等方面给予大力支持,有力地推动了中华布依锦绣坊项目的快速发展。

二是传统工艺的选择紧紧贴合区域文化和民族文化的实际情况。首先是选择册亨县国家级非遗代表性项目布依族服饰,以及蓝靛制作工艺、印染技艺、刺绣等作为锦绣坊扶贫发展的重要文化资源基础,借助其国家级及部分省级非遗代表性项目的文化品牌效应,使其有将文化资源优势转变为文化资本优势的可能。其次是选择具备一定传统工艺基础的少数民族绣娘作为培训和培养对象,使民族手工艺品的质和量都有了重要保障。目前册亨县总人口24万人,其中布依族人口达76%,是全国布依族人口占比最高的县,布依文化资源丰富、底蕴深厚,全县大部分布依族妇女都传承着传统的纺纱、织布、印染、刺绣等技能。锦绣工艺是布依族妇女自幼瞻仰的本领,因而册亨

---

① 册亨县政府办:《王志纲工作室一行到册亨县考察调研》,黔西南州人民政府官方网站,2017年4月10日。

享有"中国布依族刺绣艺术之乡"等美誉。① 中华布依锦绣坊就地取"才"的做法,使各村镇工作室和工作坊有了稳定可靠且具备一定技能的劳动力资源,也保证了自身具备一定的文化产品的生产能力。

三是借力易地搬迁扶贫工作和分散在各村镇的工作室,有效发挥了人力资源的集聚优势,实现手工艺品的规模化量产。册亨县易地扶贫搬迁多达8万余人,"搬得下、稳得住"成为搬迁取得实效的关键。册亨县委、县政府坚持"以产定搬,以岗定搬",大力发展民族特色手工业,实施"锦绣计划",把锦绣产业作为脱贫攻坚主导产业之一,引导广大妇女通过民族手工艺就业创业,助力脱贫攻坚。再者,锦绣坊下设11个乡镇刺绣工作室,每个工作室占地400~600平方米,俨然成为一个缩小版的非遗扶贫工作坊,其人力资本优势得到最大程度的彰显。工作室设置的科学性,吸纳和引导了众多留守妇女参加锦绣坊工作。雲娇公司与册亨县11个乡镇的工作室签订了合作扶持合同,由雲娇公司分发订单到各个乡镇工作室生产,此举共计带动680余人就业,其中精准扶贫132人、搬迁户102人、留守妇女260人、普通妇女186人。工作室的设立解决了多数绣娘因路途遥远不能兼顾农活、照顾孩子的困难,调动了广大留守妇女的积极性和主动性,从而使锦绣坊能统领全县锦绣产业。

四是将外来企业引进来,使本地产品走出去,充分发挥了外来企业的特色优势,开拓了外部市场。依托雲娇布依特色染织刺绣有限公司的技术优势和人力资源优势,锦绣坊承接纺纱、织布、印染、刺绣等民族传统手工艺品的制作、经营;依托广州对口扶贫公司的资金优势、管理优势和营销优势,锦绣坊获得长远发展的外来资金,从而在现代化的公司管理体制下,精心设计文化作品,大力推广品牌。同时,双方通力合作,借外出展览、会议、参赛逐步获得了国际国内市场的认可。如2016年8月,应香港演艺文化艺术中心、香港民间艺术交流协会的邀请,杨胜娇、岑南云带领红旗村艺术团26位手工艺人携节目《穿上阿妈的绣花衣》亮相2016中国香港第五届国际

---

① 李丽:《册亨:一根布依丝线,绣出美好生活》,《贵州政协报》2018年8月21日,第B3版。

文化艺术节，并一举夺得全场最高荣誉"特金奖"殊荣，现场就预签了 2000 余件服饰订单。①

五是内部分工的合理性，使工作坊能齐心协力做好相关扶贫大业。工作坊成立之初，基层政府与公司负责人就进行了科学合理的内部分工与规划，根据布依族服饰等传统手工艺品的制作流程设定了工作区域，设置有服务接待区、织娘工作区、绣娘工作区、靛染工作区、布依文化展示区、设计工作室、产品营销区等，极大地促进了工作坊生产效率的提升。正是由于其分工合理，雲娇公司才能推出一系列文化产品，如已开发的名为"大妈绣"的布依族服饰系列产品——服装、鞋帽、床上用品、装饰品、旅游商品等，并通过网络和商场代销②，取得了不错的销售业绩。

三 中华布依锦绣坊项目扶贫中存在的主要问题

中华布依锦绣坊项目是贵州省实施非遗助力扶贫的"锦绣计划"的重要组成部分，也是贵州实施大扶贫战略在基层实践中的成功探索，但由于本土企业缺乏现代化的管理模式和经验，受技术、营销和设计上的局限，该项目在实践操作中也出现了产品创新不足、市场较为狭小、易于形成恶性竞争等问题。

其一，布依族服饰等传统工艺的产业化发展受限，在现代化转变过程中与大众市场供需脱节。从锦绣坊的系列产品来看，其供给的数量、层次、品位、审美等都与当前社会大众有效需求有一定的差距。首先是民族文化产品开发水平不高，实用性和创意性较差，文化科技融合程度较低。其次是文化产品供给结构不合理，高价位产品和低价位的劣质产品比重过高，中端价位的大众消费型文化产品供给不足，严重制约民族文化消费群体的培养和民族

---

① 洪英杰：《雲娇公司：推动布依文化传承 带领群众增收致富》，多彩贵州网，2018 年 11 月 7 日。
② 陶昌武、田倩、欧阳定馨：《把根留住——册亨县雲娇布依特色染织刺绣公司走笔》，《黔西南日报》2017 年 4 月 14 日。

文化产品市场规模的扩大，亟须进行供给侧改革。最后是民族文化产品市场尚未建立行业标准和市场行为规范，导致民族文化消费市场秩序混乱、短期牟利行为普遍，制约了行业的长远发展。

其二，在资金使用、人才引进、培训等方面没有协调统一，因而锦绣坊扶贫项目的稳定持续健康发展进程较为缓慢。这与多元主体的利益诉求不统一密切相关，由于现实客观因素的存在，非遗扶贫工作中地方政府的政绩诉求、参与农户的民生诉求、乡土企业的经济诉求，在此模式中得以集中体现，却难以实现多元目标追求的有机统一。如基层政府往往将实现农户的快速脱贫作为重要政治任务，并且要在2020年前最终完成，由于时间紧任务重，淡化了非遗项目保护和文化企业品牌打造等工作。文化部门则从构建少数民族优秀传统文化的传承体系出发，注重对非遗名录和非遗传承人的保护，但缺乏对民众自身生活状况的切身体会。农户则以提高自身生活质量为第一要务，注重自身能获得多种渠道的扶贫资金或者物质补偿，不理解基层政府及对口支援文化企业的"良苦用心"。文化企业肩负扶贫政治任务和自身经济利益最大化两大目标，却较难把握两大目标之间平衡的"度"。

其三，非遗所依托的乡土企业和手工作坊在市场拓展和品牌营销方面工作滞后，亟待打出自身的文化品牌。在锦绣坊绣娘参加相关文化作品展览及比赛之后，来自北京、上海、广州、深圳乃至东南亚等地的订单扑面而来，限于资金和技术条件，现有的工作坊大多不能实现大批量生产和规模化经营，因此往往因不能定时定量交货而与较多后续合作订单失之交臂。尤其是一些手工作坊缺乏规约意识常常不能按时发货，直接影响了本地文化企业的声誉。目前，中华布依锦绣坊的部分文化产品"墙内开花墙外香"，在沿海各发达省份有一定的销量，在贵州省内的消费市场却较为狭小，迟迟未能完全打开省内消费市场的大门。贵州内部市场消费疲软，产品销售严重依赖省外市场。同时因本地企业缺乏营销人才，在国外市场拓展的难度较大。如在国外举办的产品展示活动，往往能吸引较多文化爱好者参加，系列活动通常也能引起国外媒体及公众的注意。然而由于产品营销手段滞后，品牌推介能力不足，国外消费者很难将自身的兴趣转化为购买行为，因此目前国际市场销量较低。

其四，县级扶贫工作室与乡镇扶贫工作室形成了直接竞争，并逐步呈现越来越激烈的趋势。首先，县级扶贫工作坊借助对口支援的优势条件，资金、技术、人力资源等方面储备丰富，而乡镇一级的扶贫工作室则由于交通不变、技术欠缺、人才短缺等原因，相关工艺品缺乏设计美感和创造力，因此县级工作坊通常统领和指导各乡镇一级工作室建设。由县级扶贫工作坊进行统筹安排，各乡镇工作室按照数量进行订单生产。然而由于传统手工艺品仍未实现大众化消费，其订单总额仍旧较少，所以出现了乡镇一级工作室绕过县级工作坊而直接联系买家的现象，使县级工作室与乡镇工作室由合作共赢的伙伴关系变成了有直接利益冲突的竞争对手关系，极大地损害了整个行业的可持续发展，两者的恶性竞争愈演愈烈，更是直接影响了本就狭小的传统文化市场，而低端产品生产过剩所导致的销路不畅、货源积压等问题也接踵而至。

其五，项目缺乏良好的质量筛选机制和绩效评价机制，导致公司生存压力较大。一是缺乏质量筛选机制，按照计件定酬的单一法则，部分绣娘赶数量而轻质量，导致部分产品增加而订单不足，而投资公司却因为扶贫攻坚的特殊任务而不能停止生产，因此一些货品出现了生产过剩的状况。二是缺乏统一规范的产品制作标准，导致产品生产的标准化之路举步维艰。三是缺乏一定的绩效评价激励机制，因而较多绣娘参与产品创新的积极性不高、主动性不强。虽然绣娘有一定的技能基础，但缺乏设计灵感，款式、纹路、符号都严格遵循传统式样，产品的更新换代及新产品的研发工作较为滞后。

四 中华布依锦绣坊的基层扶贫对策和建议

按照目前我国脱贫攻坚战的进度和步伐，2020年全部消除绝对贫困的目标基本可以完成；2020年后伴随经济滴漏效应减弱，扶贫工作将逐步由精准扶贫转向缓解农村的相对贫困问题,尤其是就业和收入问题。我国民族地区大多文化资源丰富、文化生态保护良好,部分非遗资源在提升技能、创造岗位、提高收入等方面效果明显,将逐步成为民族地区实现脱贫致富的重要资源。因此,册亨县中华布依锦绣坊的基层扶贫实践有着重要的借鉴经验和推广价值,但也需要在文化传承、产品研发、技能提升和品牌营销上下功夫,为我国民族地区的扶贫攻坚贡献"贵州经验"。

一是最大限度地发挥基层政府部门的主导作用,为非遗助推精准扶贫提供强有力的政策保障。其一是积极推进基本文化公共服务标准化、均等化,更好地满足各族人民日益增长的精神文化生活需求,逐步提升少数民族地区基层民众的文化品位,为民族文化产品构建潜在的巨大的本地消费市场。其二是构建统一、开放、竞争、有序的文化市场体系,协调县级与乡镇一级扶贫工作坊(室)的关系,培育文化产品市场和要素市场,形成高效率的文化生产和服务运行机制。其三是加快制定布依族民族文化产品的地方标准,出台与民族文化产业相关的文化规范和产品标准,坚持经济效益和文化效益的统一,通过制定文化地方标准、文化商标、文化专利等政策法规,保障民众文化权益不受到侵害。其四是稳步推出一批具有战略性、引导性和带动性的文化产业扶贫项目,建设一批非遗助推精准扶贫的村镇示范点,争取在非遗扶贫的其他领域实现跨越式发展。其五是在举办手工技能大赛的基础上,推进其逐步向传统技艺创意比赛转变,利用比赛宗旨的转变引导绣娘等在提升个人技能的基础上,积极主动地创新民族民间工艺品。

二是针对布依族非遗的保护与利用,要在精准扶贫中坚持活态生产和样本保护相结合的原则。布依族服饰以及蓝靛制作工艺、印染技艺、刺绣都是我国的少数民族优秀传统文化,应坚定不移地坚持活态生产与样本保护两条腿走路。在非遗助推精准扶贫中,必须注重对具有经济价值的传统工艺类非遗的生产性保护,遵循传统手工技艺形成的事实,发挥其与现实互动、随历史潮流与时俱进的生存本能,挖掘其在现代社会中的文化价值和经济价值,寻求新的历史形态与传世价值,使传承人带领农户实现精准脱贫。同时也应当看到手工艺从业人员日趋减少,年轻人又不愿意学习古老技艺,使得传统工艺逐渐退出村落经济舞台，布依族土布制作、蓝靛染、刺绣等民族手工技艺面临着失传的严峻考验。因而在脱贫攻坚的基层实践中同样要注重对民族文化的保护与传扬，注重对高、精、尖的民族文化艺术的有效保护，务必求真、求实、求细，并且力争系统化、文献化、数据化，保持民族文化血统的持续性、纯粹性与唯一性①，持续不断地汲取利用民族文化中的优秀成分和先进成分，使贵州民族地区的精准扶贫工作更快更稳定地取得胜利。

三是加快手工艺品的创意性研发进程，推动锦绣坊民族文化产品的供给侧结构性改革。从目前锦绣坊在市场上的畅销商品来看，其卖点严重依赖绣娘的精巧技艺，因而一旦绣工或者织工的手艺水平降低，直接影响产品的销量。然而从贵州"黔系列"文化产品来看，只有兼具巧夺天工的手艺、价值不菲的原料、异想天开的创意、时尚唯美的设计，才能真正实现少数民族非遗在现代社会中的创造性转化和创新性发展，才能生产出文化内涵价值高、文化品位高、百姓喜闻乐见的文化产品。因此，逐步启动民族文化产品的供给侧结构性改革已迫在眉睫，对此可以向广大的市场消费者征集智慧和创意。尤其是只有获得大学生消费群体的接受和认可，才能真正实现少数民族传统技艺的现代价值，实现其在经济利益和文化传承上的"双赢"。对此，文化创意设计公司应加强与贵州本土高等院校的交流与联系，利用其人才培养优势和创意研发优势，合理把握民族文化内涵，准确定位当下青年人对时尚文化的真正需求，设计更多的"多彩贵州"文化创意系列产品。

四是利用好国内国外两个市场，认真做好品牌营销和产品推介工作。目前锦绣坊通过互联网，以及"大妈绣"之前建立的销售渠道，相关产品销往北京、香港、深圳等地，以及日本、澳大利亚等国家。然而为了追求更为长远的持续稳定的国际国内消费市场，要做好两方面的工作。一方面要加强自身产品质量的提升，通过多重要素结合、多群体参与等形式，培养新一代的有知识有技能的传承人和工艺大师，开发出具有深度少数民族文化内涵，

---

① 许平：《非遗活化·扶贫开发·融合设计》，《群言》2017年第10期。

又具有创意色彩的符号化的文化产品，打造属于贵州少数民族地区自身的文化品牌，并利用国外展销、创意比赛、博览会、品牌推介会等形式，逐步打开国际市场。另一方面要利用大数据技术分析域内域外民众的消费偏好和迫切需求，科学定位民族文化产品的数量、类别、层次和价位，进一步拓展国内市场和本地市场。在订单较少的间歇期，可以走"外国品牌+贵州工艺"相结合的路子，为国外知名品牌做相应的产品加工工作，使农户在赚取一定的手工费的同时，学习国外品牌在材质选择、颜色搭配、款式设计、外在包装、内饰镶嵌等方面的成功经验，提升贵州民族文化品牌的核心竞争力。

五是加强签约农户的管理和培养工作，有选择有改变地继续实施传承人群研修培训计划。首先要引入质量评价机制，改变以往按件计酬的方式，转而以农户提交手工艺品的质和量定价，实施奖勤罚懒，调动农户参与新产品研发和进行创新的积极性。其次要不遗余力地开展面向传承人及农户的"强基础、拓眼界、增学养"工作，提升其知识文化水平和道德修养水平，更好地为非遗传承和文化保护做出最大贡献。再次是在培训中应减少相关理论知识的培训课程，增加创新性实践和创意性研发课程。最后是要有效推动少数民族非遗传承人与艺术大师、文化学者的沟通和交流，提供多方参与的共商共荣机制平台，鼓励各民族间文化的交流融合，不断深化传承人对文化产品的新认识，推出面向大众、面向未来的艺术精品。

六是加快民族文化核心价值的传播与传承工作，提炼民族文化符号的当代价值。依托非遗生产的传统手工艺品等系列文化产品，终究是民族文化的物质载体和外在表征，是围绕着我国民族地区的中华优秀传统文化为中心而进行的创造性转化和创新性发展的成果。目前，锦绣坊的部分传统手工艺品虽是传统农耕社会的艺术精品，但由于较多文化产品已与现代社会生活脱节，自身的实用价值和艺术价值无法彰显，对青年群体的吸引力不大，其经济价值因产生文化折扣而大大降低。因此锦绣坊助推精准扶贫工作的另一重要任务是加强对少数民族审美情趣、文化价值的推广宣传工作。这就要求基层文化生产者和工作者，本着高标准、高品位的原则，开发与少数民族优秀传统文化精神内核相关的文化产品与服务，加快少数民族优秀传统文化价值的内涵传输，提高民族文化认同感和认可度，避免文化产品的同质化现象，只有精雕细琢并形成特色，才能减少文化折扣带来的价值损失，助推贵州民族地区精准扶贫的基层实践工作。

B.11 乡村振兴背景下黔西南州文化扶贫工作现状调查研究[*]

王燕妮 王伟杰[**]

摘　要： 在我国脱贫攻坚大任务中，贵州省是最重要的省份之一，而黔西南州则是贵州省脱贫攻坚的主战场之一。面对繁重艰巨的脱贫攻坚任务，黔西南州将文化工作更好地融入全州脱贫攻坚大局，使"文化+扶贫"结出了丰硕成果。报告利用文献资料法、定性与定量相结合、实地调研法等研究方法，深刻分析了近年来黔西南州开展文化扶贫工作的现状和基本措施，总结了近年来文化扶贫工作的宝贵经验，并指出在努力实现"乡村振兴"的大背景下，黔西南州文化扶贫还存在着"扶志与扶智有待加强、供需部分脱节、扶贫精准度偏低、社会力量参与不足、评估机制不健全"等问题，并提出了提升扶贫工作者的行政能力、加快公共文化服务供给侧改革、利用非遗助推传统工艺产业发展、加快推进公共文化服务社会化进程、加强人才队伍建设、构建科学合理的评估机制等对策和建议。

关键词： 乡村振兴　黔西南州　文化扶贫

---

[*] 基金项目：2018年度国家社科基金青年项目"非物质文化遗产助推民族地区精准扶贫的'贵州经验'研究"（项目编号：18CMZ028）。

[**] 王燕妮，土家族，博士，贵州民族大学体育与健康学院副书记，副教授，硕士生导师，研究方向为少数民族文化研究；王伟杰，博士，贵州民族大学南方少数民族非物质文化遗产研究基地常务副主任，副教授，硕士生导师，研究方向为非物质文化遗产研究。

文化扶贫是国家扶贫攻坚战中的一场"硬仗"。我国自1993年成立文化扶贫委员会以来，在扶贫手段上通过实施"万村书库"、"手拉手"、电视扶贫、送戏下乡等工程，使文化扶贫工作取得了重要成就，有效助推了中西部贫困地区文化经济社会的协同发展。贵州是我国脱贫攻坚的主战场之一，全面总结贵州省黔西南布依族苗族自治州（以下简称"黔西南州"）文化扶贫的宝贵经验，探讨多民族聚集区文化扶贫的精细化发展路径，具有极大的学术价值和现实意义。

一　黔西南州基本概况及近年来文化扶贫成就

在我国脱贫攻坚大任务中，贵州省是最重要的省份之一，而黔西南州则是贵州省脱贫攻坚的主战场之一。面对繁重艰巨的脱贫攻坚任务，黔西南州将文化工作更好地融入全州脱贫攻坚大局，使"文化+扶贫"结出了丰硕成果，全面提升了贫困群众的文化自信与文化获得感。

（一）贵州扶贫主战场黔西南州基本概况

黔西南州位于贵州省西南部，全州辖区面积约为16804平方公里，辖1市7县。据第六次全国人口普查数据，黔西南州布依族、苗族、彝族等35个少数民族人口为1113895人，约占全州总人口的39.7%。2016年，黔西南州城镇及农村居民人均可支配收入分别达到了25419元和7779元，同比增长8.9%和10.2%。① 然而，由于黔西南州存在着交通闭塞、教育不发达、少数民族人口比重较大、贫困人口较多等特点，又地处滇桂黔石漠化连片地区的核心区域，全州有册亨县、望谟县、贞丰县等7个国家级贫困县②。2011年底，黔西南州贫困人口为1091800人，贫困发生率高达36.23%；至

---

① 黔西南州统计局、国家统计局黔西南调查队：《2016年黔西南州国民经济和社会发展统计公报》2017年5月27日。
② 李华林：《特困的黔西南州一年脱贫十万人》，《经济日报》2017年6月28日。

2014年底,黔西南州的贫困人口多达582900人①;"十三五"时期,黔西南州依然存在432300人需脱贫,这样的数据警示着黔西南州着实是我国脱贫攻坚的主战场之一。在谈及黔西南州农民生活状况时贵州省农委主任袁家榆曾说:"州里的农民一直在搞种植养殖,但大多零零散散不成气候。再加上全州山多地少,种庄稼效益低,农民主要靠外出务工为生"②。

(二)近年来黔西南州文化扶贫工作的主要成就

一是实现了贫困人口的减少和贫困率的下降。作为全国脱贫攻坚的主战场之一,仅2016年黔西南州就实现10.01万以上贫困人口脱贫,贫困发生率下降4.3%以上,200个贫困村出列,12个贫困乡(镇)"摘帽",交出了一份漂亮的脱贫成绩单。

二是努力推进财政金融创新扶贫。仅2017年上半年,全州就累计争取财政专项扶贫资金41041万元,其中兴义市争取资金2789.74万元;兴仁县争取资金5352.86万元;普安县争取资金4408万元;晴隆县争取资金5978万元;贞丰县争取资金5591万元;望谟县争取资金6443万元;册亨县争取资金4895万元;安龙县争取资金4199.99万元;义龙新区争取资金1383.41万元③。

三是全面完成建档立卡贫困户精准识别工作。为体现黔西南精准识别特色,黔西南州要求各县市对贫困户家庭信息、致贫原因、帮扶措施等进行核实与检查,确保每户贫困户的档案做到逻辑合理、数字准确。如通过"回头看"工作,将不符合贫困户条件的剔出贫困户队伍。2017年上半年,全州共清洗建档立卡贫困户信息125436条,其中维护基础信息102070条、删除财政供养人员共26户、删除贫困户共246户、调整贫困户属性共2445

---

① 王学军、蒋旭:《黔西南州4年减少农村贫困人口50万人》,《黔西南日报》2015年10月19日。
② 李华林:《特困的黔西南州一年脱贫十万人》,《经济日报》2017年6月28日。
③ 数据来源于黔西南州扶贫办内部资料《黔西南州扶贫办2017年上半年工作总结及下半年打算》。

户、修改错误的贫困户姓名信息共8398人、修改错误的贫困户证件号码信息共6726人、修改贫困户所在村信息共211户、删除重复录入贫困户信息共191人、删除贫困人口共266人、核实教育资助信息共3720人①。

四是实现了民族民间文化与易地扶贫搬迁融合式发展，为精神性、文化性的资源优势转化为经济优势、产业优势打下了坚实的基础。在易地扶贫搬迁工作中，黔西南州把民族民间文化产业及其衍生产业作为推动易地扶贫搬迁工作的一个有力抓手，形成了"文化产业＋扶贫"的体系并初见成效。中国艺术研究院院长、中国非遗保护中心主任连辑认为，黔西南州"这个顶层设计科学、思路清晰，符合中央精准扶贫的要求，符合黔西南实际，连泥带水地搬出民族特色文化是对科学整体地实施易地扶贫搬迁的生动实践，从物质和精神层面破解了物理性人口转移的难题，具有很强的创新意识"②，不仅为搬迁群众在新家园开启新生活提供了物质和文化保障，为其他地区的搬迁难题提供了可供学习的成功经验，也具有借鉴意义，很值得肯定和推广。

二 黔西南州文化扶贫的主要做法和重要经验

黔西南州在文化扶贫攻坚工作中取得的优异成绩，是经过多年的实践探索总结出适合自身发展的文化精准扶贫之路，这为贵州乃至全国文化扶贫工程的开展提供了"黔西南经验"。

（一）抓好科学合理的顶层设计，制定阶段性精准目标

1. 确立"15431"工作思路

针对脱贫攻坚工作，黔西南州委专门提出了"15431"工作思路，即确立群众作为脱贫攻坚主体地位，树立脱贫攻坚共商、共识、共建、共享、共

---

① 数据来源于黔西南州扶贫办内部资料《黔西南州扶贫办2017年上半年工作总结及下半年打算》。
② 黔西南州人民政府办公室：《黔西南民族民间文化与易地扶贫搬迁融合式发展很强》，黔西南州人民政府网站，2016年9月29日。

担"五共理念",抓好扶贫的精准识别、制定扶贫措施、落实扶贫措施、评估扶贫效果"四步工作",确保贫困农户、评估机制、验收单位"三方认账",如期实现打赢脱贫攻坚战目标。为完成脱贫攻坚目标,黔西南州委实行脱贫攻坚战区制,将全州8县(市)、义龙试验区划分为"五大战区",分别由州委、州政府、州人大、州政协以及兴义市分区负责。

2. 制定稳步实现的精准目标

根据贵州省政府关于落实大扶贫战略行动,坚决打赢脱贫攻坚战的决策部署,结合黔西南州实际,黔西南州在州落实大扶贫领导小组及州脱贫攻坚指挥部的领导下,明确了全州脱贫攻坚目标任务:到2020年,全州7个重点贫困县、88个贫困乡镇全部摘掉"贫困帽",争取把629个贫困村全部退出贫困队伍,现有432300名贫困人口全部退出贫困队伍,贫困发生率下降至3%以下,基本解决区域性贫困问题,确保与全国同步全面建成小康社会,坚决打赢脱贫攻坚战。这为黔西南州文化扶贫工作的开展明确了方向,为文化扶贫定下了精准目标。

3. 积极构建政产研精准合作平台

黔西南州积极开展地方政府与地方政府、地方政府与企业、地方政府与研究机构的合作,积极汲取我国发达地区文化经济一体化发展经验,招商引资获得产业发展原始资金,并与科研机构合作获得智力支持。如黔西南州积极与浙江省宁波市开展合作,仅2017年上半年,宁波市对口帮扶黔西南州(市)本级项目14个,帮扶资金1500万元,涉及建设特色小镇、发展产业、建设基础设施、发展社会事业、建立智能培训机构等五个方面,使建档立卡贫困户1374户5398人直接受益。2016年12月,黔西南州人民政府与中国艺术研究院(中国非物质文化遗产保护中心)签订《非物质文化遗产保护与文化扶贫合作协议》,以发挥研究院的政策咨询、学术研究、成果推介等专业作用,参与地区精准扶贫战略的相关实践。

4. 建立四项精准监督机制

黔西南州通过构建四项精准监督机制保证文化扶贫工作的顺利实施。一是完善民意调查监督机制:积极运用民调窗口、"12345"民调电话热线、基层民意调查员等方式，汇集基层人民群众对脱贫攻坚的意见建议来考察干部对脱贫任务的落实情况，真正做到"民有所求，政有所应"。二是实施民生特派监督机制：依靠民生监督查询系统，黔西南州 30 多个政府部门的 200 余项扶贫专项资金全部公开；依托 2 万余名民生特派联络员、信息员对项目资金使用情况进行无一遗漏的巡查；对基层反映的民生经费等方面的问题进行全面核查。三是大数据平台监督机制：黔西南州将"大扶贫""大数据"两大战略行动有机结合，开发建设了"党建扶贫云平台"。对文化扶贫工作人员基层调研情况、日台账及脱贫攻坚计划情况、脱贫计划各个流程等进行全方位的轨迹追踪、留痕管理，通过数据分析力求精准。四是民主党派监督机制：通过黔西南"星火计划、科技扶贫"试验区这一平台，邀请各民主党派人士对每个战区开展脱贫攻坚工作实施全程监督。

（二）精准摸清文化资源底数，提升民族文化自信

1. 做好公共文化资源的精准摸底工作

新中国成立以来，各级政府陆续实施大量文化项目、组织开展众多文化活动，形成许多静态及活态文化成果。然而，由于黔西南州客观上长期存在着城乡二元结构，各级农村基础设施、公共服务的投入长期落后于城镇，农村公共文化服务的历史欠账严重等，无论是硬件设施还是软件服务的短板问题都十分突出。2016 年 8 月以来，黔西南州组织开展了脱贫攻坚贫困人口及易地扶贫搬迁随迁非贫困人口民族民间文化信息调查工作，作为做实、做细文化扶贫的切入点，对全州基层文化资源现状进行一次全面调查摸底。

第一，对镇、村两级公共文化设施状况进行全面调查摸底，精准掌握基层有什么设施、具体缺什么设施。第二，对镇、村两级公共文化服务开展情况进行全面调查摸底，精准掌握群众"要什么文化"、政府"送什么文化""种什么文化"。第三，对镇、村两级现有文化资源情况进行全面调查摸底。通过上述普查，做到了对全州每个村都精准掌握具体文化资源信息：一是文化活动室、文体广场、常态化文化活动和专兼职文化辅导员现状；二是非物质文化遗产项目、传承人扶持，以及文化旅游资源开发利用现状；三是基层

民众公共文化产品及服务需求现状。脱贫攻坚基层公共文化资源的大普查，对于下一步文化扶贫做到分类施策、对症下药、靶向治疗至关重要。

2. 利用区域文化提高文化自信

黔西南州境内民族众多、风情独特，各族儿女以其勤劳和智慧缔造了辉煌灿烂的民族文化。以非遗为例，黔西南州现有非遗3000余项，其中国家级非遗保护项目12项18处，省级非遗保护项目78项90处，州级非遗保护项目164项。

然而随着改革开放的不断深入，黔西南州与外界交流增多，在日益频繁的交流过程中，人们日渐开阔了视野。然而受到外来文化的大力冲击，传统民族民间文化遭受越来越多的外界文化的影响，很多独具特色的少数民族传统文化被青年群体忽视甚至抛弃了，民族文化变迁与衰落的现实境遇着实令人担忧。自2003年州政府对全州非遗项目进行普查、保护与传承工作以来，众多具有地域特色的非遗项目从束之高阁走向大众，许多少数民族非遗实现了从几近濒危到得以有效保护的改变。非遗在传承中取得社会效益和经济效益的双赢同时，既改变了"民族地区就是思想落后和经济落后地区"的错误认识，也唤醒了黔西南州基层民众的文化觉悟，让少数民族民众以极大的自信心和自豪感面对自己的优秀传统文化。民众也能以更加积极主动的态度加入民族民间文化的传承保护中来，极大地提升了当地民族的自豪感，增强了黔西南州民众的民族文化自信。

（三）立足传统非遗文化，实现文化精准惠民富民

1. 文化惠民助推文化传承

在国家大力支持发展传统民族工艺的背景下，黔西南州将非遗的生产性保护同传统手工技艺传承结合起来，该方式吸引了政府、学者、商人、传媒等一批又一批热爱民族工艺者加入非遗的保护队伍，多次开展了非遗学习与传承培训班。以皮纸制作技艺为例，3年内有超过150人掌握此项传统工艺，同时还成立了刘世阳（国家级非遗传承人）原生态壁纸店，有效保护、记录了白棉纸制作技艺各项工艺流程。此外，黔西南州开展了以刺绣、蜡染

和民族服装服饰为代表，实现民族民间传统手工业与妇女事业共同发展的妇女特色手工产业"锦绣计划"，为留守妇女等构筑了学习与交流的平台。与此同时，黔西南州投入130万元在全州范围内的13所民族学校开展"民族文化进校园"行动，不但有效促进了传统手工技艺的传承，也改变了非遗传习人培养困难、传承人"无徒可教"的不利局面。

2.文化富民促进乡村振兴

2012年文化部下发《文化部关于加强非物质文化遗产生产性保护的指导意见》，指出要鼓励各地采取"项目+传承人+基地"、"传承人+协会"、"公司+农户"等模式，根据当地实际结合举办文化旅游、民俗节庆活动等开展生产性保护，促进其良性发展。黔西南州结合本州实际情况，大力推广"公司+传承人+基地"①的发展模式，并使之成了全州生产性保护的最重要形式。根据"公司+传承人+基地"模式，黔西南州着重先后培育了布谷鸟民族实业发展有限公司、普安县鼎鑫石雕民族工艺厂和贞丰县小屯白棉造纸厂等多家知名文化企业。该成功经营模式表现为文化公司根据自身实际状况进行定量接单和定向服务，根据所承接的订单数量进行文化产品与服务的生产活动，并且依照手工作品完成的质量与档次及工作量等指标参考划价。由此以来，"基地"在公司的运作实体中得以萌生，"学研"等功能也在无形之中得以彰显，从而有利于公司开展技能传承与产业创新驱动，进而培养更多的传统技艺从业者或者传习生，不仅提高了当地居民的劳动收入，拉动了当地文化产业的飞速发展，还使民众自觉扛起保护与传承传统民族工艺的历史重任。

（四）深入开展群众性文化活动，精准保障群众基本文化权益

1.不断完善文化设施网络

黔西南州以"保基本、兜底线、促公平"为目标，整合资源、聚焦难

---

① "公司+传承人+基地"生产经营模式的具体做法为：政府鼓励有能力又有条件并热衷传统手工技艺投资的个人或者团体通过组建公司的方式筹集资金，通过现代化的公司管理体制，做大做强黔西南州文化产业。

点、打造亮点，加快完善基层公共文化设施网络。一是着力抓好乡镇综合文化站建设。加大对乡镇综合文化站服务效能的督促检查力度，认真组织开展乡镇综合文化站资源利用和服务效能自查，切实解决好基层文化机构人员缺失、服务缺失、服务与需求不对口等问题。二是着力抓好村级综合文化服务中心建设。依托村级党组织活动场所、闲置中小学校等综合公共服务设施，建好村级综合文化服务中心；深入实施贫困地区"百县万村"综合文化服务中心示范工程，逐年建设了一批综合性文化服务中心示范点，努力把村级综合性文化服务中心建成开展基层文化活动的引擎和载体。三是着力抓好多彩贵州"广电云"平台建设。"广电云"是实施文化扶贫的一个重要抓手和平台。通过实施多彩贵州"广电云"村村通工程，优化整合"广电云"平台资源、不断丰富拓展平台内容，切实建好用好这条信息高速公路，使其在脱贫攻坚、同步小康上发挥更大作用。

2. 深入开展群众性文化活动

从脱贫攻坚角度来看，要彻底实现"换穷业、挖穷根、挪穷窝"，就要把重点放在"扶人"上，真正发挥文化"以文化人、凝聚共识、浸润人心"的作用。一是着力实施文化扶贫、惠民活动，努力把最优秀的文化服务、文化产品送到最需要的贫困山村、送给贫困群众。二是着力打造文化品牌。加强与高水平艺术院校、文化机构、专业团队的合作，支持贫困地区更好地利用地方特色文化资源，打造本土精品文化活动品牌。三是狠抓落实文化帮扶。组织黔西南州专业演艺团队等优秀文艺资源，依托州、县（市）、乡（镇）三级公共文化服务体系，在贫困乡村、学校和企业实行"送文艺下乡"工程，从而使民族地区人民群众的文化生活得以丰富；鼓励事业单位、文化工作者和部分社会力量开展"结对子、送文化"活动，深入各层各级贫困地区开展文化帮扶服务。

3. 发展壮大文化服务人才队伍

一是按照国家有关规定配齐贫困地区镇村宣传文化干部，落实公共文化事业单位人员编制。加紧制定实施贫困地区文化人才引进、支持计划，加大力度引进专业技术人员，积极落实鼓励文化人才到民族地区工作的措施。进一步抓好建设村级文化队伍工作，实现每村拥有1名文体协管员、1支志愿者队伍和1个群众文体团队的"三个一"目标。二是进一步加大对部分贫困村寨的支持力度。不断加强文化志愿者队伍建设，组织对口帮扶贫困村志愿者队伍，从而使开展文化志愿服务具有指导性和可靠性，引导文化志愿者深入乡村和田间地头，改善当前专业文化人才不足造成的村级文化建设薄弱的境地。三是抓好文化业务培训。以"学得会、用得上、有实效"为出发点，面向贫困地区分层分级定期举办业务培训班，组织开展民族文化进乡村、进校园等专题培训活动，使贫困地区文化工作者的业务素质和服务能力得以大大提升。

三 乡村振兴背景下黔西南州文化扶贫的现状及问题

中国共产党第十九次全国代表大会报告中，习近平总书记明确指出实施乡村振兴战略，并指出要"坚持农业农村优先发展，按照产业兴旺、生态宜居、乡风文明、治理有效、生活富裕的总要求，建立健全城乡融合发展体制机制和政策体系，加快推进农业农村现代化"，这对我国文化扶贫工作提出了新的要求。在此高标准要求之下，黔西南州文化扶贫工作还存在着一些不足。

一是文化扶贫的"扶志"与"扶智"工作亟待加强。首先，黔西南在扶贫工作中"重经济扶贫，轻文化扶贫"。该现象表现在：部分基层政府工作人员在开展扶贫工作中，为了应付上级，过于追求政绩，醉心于"形式上"的上项目、搞经济，忽视了人力资本投资和文化层面建设。其次，"重物质扶贫，轻精神扶贫"。对比物质扶贫，黔西南州政府同全国层面境遇大致相同，精神扶贫仍未得到足够的重视。我国在开展扶贫工作中存在的最大障碍，以及我国扶贫工作乃至我国文化发展的"核心命脉"，就是"精神贫困"，一旦缺乏"精神补钙"，就很难实现脱贫的最终目标。部分官员对文化扶贫的功效领悟不透彻，进而在落实扶贫工作中责任心不强，工作落实较为滞后甚至只流于表面形式，严重迟滞了全州扶贫工作的开展。

二是文化扶贫供给与需求部分脱节。同我国较多地方的公共文化服务产品提供情况相同，黔西南州文化扶贫的最终结果也并非完美，供需错位、脱节等问题不能忽视。首先，在基层乡镇的文化扶贫工作中，公众参与率低、公共文化投入与产出不对称的问题普遍存在。由于贵州存在着多民族聚居、乡镇交通不便、民众知识水平偏低等特点，在实行政府主导式扶贫工作中，政府"一厢情愿式"地开展文化扶贫工作的"热情"并没有唤起民众的"共鸣"。如个别村镇农家书屋配送的书籍因无人翻看而落满灰尘，几乎陷入废弃的难堪状态。其次，文化扶贫未能考虑到黔西南州外出务工人员较多的实际情况，因而针对贫困地区当地农民工、无业留守妇女、留守老人以及儿童、残疾人等特殊群体的文化产品和服务，不但总量未能满足要求，且种类不足、质量偏低、针对性不强。

三是扶贫的精准度需要进一步提升，落实更多项目和资金。首先是建档立卡工作有待进一步完善，一定程度上还存在内容不够规范，信息不够完整，更新不够及时，档案资料缺项、漏项，错漏信息补充修正不及时等问题。其次是年度脱贫计划调度有待加强。发力不够精准，有的县（市、试验区）未针对2017年度拟摘帽的乡镇、拟出列的村、拟脱贫的贫困户制定系统、可行、操作性强、有效、精准的措施，部分计划脱贫的贫困户、贫困村没有具体明晰的帮扶措施或扶持项目。最后是项目资金管理使用有待加强。扶贫项目前期工作相对滞后，项目谋划和储备相对不足，项目推进不理想，备案率、报账率较低，导致一方面贫困群众"等米下锅"，另一方面有限的资金被闲置。

四是非遗助推文化扶贫的作用亟待提升。充分发挥非物质文化遗产项目资源的优势，大力整合非遗资源，着力探索文化扶贫新路径，实施"非遗+"措施，助力精准扶贫，是中西部文化资源富集区进行文化扶贫的重要做法。传统的做法有"非遗+政策撬动""非遗+培训增收""非遗+市场孵化""非遗+送戏送文化""非遗+金融创新"等。目前，在黔西南州，非遗助推扶贫的作用发挥较为有限。

五是文化扶贫的社会力量较为薄弱。作为提升国家公共文化服务质量的重要驱动力，可以选择汲取国际上公共文化服务的经验、引领社会力量加入等方式。社会力量在文化扶贫工作中往往具备自身特殊的优势，除了可以缓解国家财政资金的压力，更能在创新机制、拓展文化市场等方面发挥关键作用。尽管中央和各级地方政府一再强调基层要吸引和鼓励社会力量参与文化扶贫，然而效果甚微。黔西南州的政府是文化扶贫的主体，且是唯一的供给主体，比如送文化下乡、农家书屋、基层综合性文化中心等都是各级政府投入和配送的，由政府制定具体的文化服务内容。目前政府大包大揽的做法，虽然在一定程度上造成了公共文化服务效率低下、服务内容和方式单一等不良问题，却也是社会力量薄弱的无奈之举。

六是缺乏科学合理的评价机制。目前我国在文化管理层面尚未实施严格的绩效考评制度，一般为文化系统内部的自我评估，以至于考评的重心多为任务的执行层面，缺乏对扶贫经过、产生的影响和成本功效的全方位评估。黔西南州同全国层面的情况基本相同，现行考评机制下文化扶贫的效能、扶贫经费的使用情况，都处于较为不透明的状态。尤其是作为文化扶贫的客体，黔西南州少数民族群众参与文化扶贫考评机制的"话语权"较少，鲜有表达的机会。因而，构建科学合理的文化扶贫数据收集和评估机制，是黔西南州乃至贵州省文化扶贫工作中的重要任务。

四 新形势下黔西南州文化扶贫的对策建议

一是稳步提升扶贫工作者的行政能力。首先是加强业务培训与指导。在州脱贫攻坚指挥部的统一领导下，坚持把州、县、乡、村各级干部职工特别是扶贫系统干部的脱贫攻坚业务能力培训摆在重要位置，根据全州脱贫攻坚行动的总体态势和需要，分领域、有计划、有针对性地开展培训，切实提升相关干部职工的业务能力和工作水平。其次是抓责任落实。将脱贫攻坚目标任务分级分部门进行分解，建立扶贫系统运行制度及监测调度机制，强化工作责任落实，加大对州直部门和县（市）目标任务推进和完成情况的督查力度，确保目标任务层层分解、迅速落实，高质量高标准完成任务。最后是抓统筹监测。紧紧围绕年度贫困县退出、贫困乡（镇）摘帽、贫困村退出、贫困人口脱贫目标开展工作，加强对工作的调度监测，确保脱贫攻坚按时间表、路线图推进工作。

二是以文化扶贫需求为导向，促进公共文化服务供给侧改革。黔西南州人民政府应当明确"文化服务供给取决于文化扶贫的需求""若要细致化需求得到满足就必须精细化服务"的供给思路，供给侧改革的切入点就是贫困地区人民群众的文化需求。一方面，地方政府在娱乐性文化产品及服务需求识别方面起着决定性的作用。如针对供需脱节等问题，为了实现文化供需实现最佳匹配，黔西南州文化扶贫工作者应深入贫困基层查实、摸底，全方位调研贫困地区民众精神文化生活的基本状况和存在的问题。同时，既要保证文化服务内容质量和文化内核，也要仔细选定文化内容的具体清单，以提升文化服务的生态适应能力。有条件的乡镇，可以参照四川省阿坝州等地的先进做法，在文化扶贫服务中尝试推行"订单式""定制化"等模式。另一方面，在提高贫困地区民众知识技能水平方面，文化服务供给侧结构性改革也是各级政府当下最为重要且最为紧急的任务。在农产品产销区，增加富农科技知识的供给，从而把各级公共文化服务体系建设成为黔西南州"扶文扶智"的公共平台；在文化资源富集区，实行生产性保护，对民族文化资源进行创造性转化和创新型发展，变优秀传统文化资源为公共文化服务供给内容，提升文化扶贫供需契合度。

三是利用"非遗+"模式，积极实现非遗全方位助推文化扶贫。利用"非遗+政策撬动"，出台多项扶持政策对优秀非遗资源的开发具有保障性作用，推动非遗创业从被动因素向群众自发的服务催化转变。利用"非遗+市场孵化"，把发展特色传统工艺产业作为非遗专项扶贫的重点，以市场为平台充分发挥手艺人原创效应，让原汁原味的少数民族技艺成为农村群众致富的助推器。利用"非遗+送戏送文化"，加大对传统非遗文化的保护与塑造。将非遗项目纳入"送戏下乡""文化大集"等文化惠民工程，借助各种大型文化活动，将非遗项目进行活态展演，传承和发展民间传统文化。利用"非遗+创意"，集合非遗传承人与贫困人口的手工技艺，融入设计者的创意灵感，创造出符合现代人审美的手工艺品，促进非遗资源的创意性转化和创造性发展，从而变资源优势为经济优势，实现自身文化经济发展的双赢。

四是积极吸引社会力量，加快文化扶贫社会化进程。首先，不断增加政府向社会力量购买公共文化产品的数量，逐步探索将政府购买公共服务产品的资金纳入年度财政预算的经验，并逐步加大投入力度。其次，在文化扶贫领域探索"政府+社会"模式，利用社会资本与政府合作的方式，尤其是在文化基础设施建设、文化服务等方面，可学习江苏省江阴市建设"三味书咖"城市阅读联盟、广东省深圳市福田区开展的"社区图书馆激活计划"、北京市西城区实施的"公共阅读空间"计划等。最后，吸引和鼓励当地民众参与文化扶贫，让民众"帮在其中、也享在其中"。推动"输血"式文化扶贫向未来的"造血"式文化扶贫转化是当下的迫切需要，因此困难群众的参与必不可少。因此，亟须调动贫困人口的积极性，在增强其自我脱贫能力的同时，整体上可实行全方位推动贫困地区土地、户籍、社保等机制改革。

五是加强文化扶贫复合型人才队伍建设。人才工作是黔西南州文化扶贫工作的重中之重，也是该州文化扶贫工作的一大短板。要解决目前黔西南州基层文化扶贫工作中复合型人才短缺这一现实短板问题，既要加强"输入"，也就是引进复合型人才以充实基层文化扶贫工作队伍，更要强化"生产"，也就是采取灵活机制盘活乡土文化人才资源。一者，应鼓励部分地方使用政府资金购买文化服务岗位，并且在该地设立文化扶贫和公共文化服务岗位，给该地区配置由公共财政补贴的村、社区文化扶贫管理人员。再者，政府部门应大力推动落实以县域为基本单元的文化博物馆、图书馆、文化馆（站）总分馆制，实行聘用相对分离机制，从而实现县级人民政府对下属文化扶贫人才队伍建设的统筹。

六是构建扶贫质量评价与反馈机制。首先，黔西南州政府应将公共文化服务与文化扶贫的效果列入政府部门绩效考核体系，并逐步增加文化扶贫在政府工作绩效考评中的权重，变"软性约束"为"硬性要求"。其次，建立

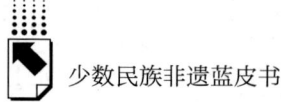

并逐步完善文化扶贫的群众满意度评估机制,科学合理地测评当地民众文化需求满足与效果满意状况、文化服务社会效益情况,并制定动态的反馈调节机制,保证文化精准扶贫工作实现"实施—评估—反馈—改进"的良性循环。最后,应在文化扶贫工作中引入第三方评估制度,增强文化扶贫绩效考核的科学性与说服力等。①

---

① 陈建:《文化精准扶贫视阈下的政府公共文化服务堕距问题》,《图书馆论坛》2017年第7期。

非遗立法篇

Legistation on Safeguarding of Intangible
Cultural Heritage

B.12
中国非物质文化遗产文创产品开发的立法和政策研究*

周刚志　王振宇**

摘　要： 非物质文化遗产的文创产品开发是传承、发展中国优秀传统文化的重要途径，也是文化产业与旅游产业等产业融合发展的重要规律。当前，我国非物质文化遗产文创产品开发过程中还存在著作权、商标权、专利权等方面的法律争议，亟须我们从法理上予以深度剖析。除《非物质文化遗产法》以外，我国各省级人大、省级人民政府还颁布了地方性法规或

---

* 基金项目：本文系国家社科基金重大课题"国家文化法制体系研究"（15ZD03）的阶段性成果。
** 周刚志，法学博士，中南大学法学院教授，中国文化法研究中心执行主任，研究方向为文化法、宪法与行政法；王振宇，中南大学法学院硕士研究生。

地方政府规章。除国务院办公厅颁发的《关于加强我国非物质文化遗产保护工作的意见》与国务院颁布的《国务院关于加强文化遗产保护工作的通知》以外，各部委颁布了涉及非遗文创的政策性文件十余个，说明非遗文创已引起各级人大与各级政府的高度关注。但是，在现有非遗立法及知识产权立法的框架之下，政策作用的空间依然有限，非遗文创的相关立法亟待完善。非遗传承人、文创企业需要依据法律法规与政策，根据自身的优势制定非遗文创知识产权保护和运营的战略目标、领导机制和激励机制。

关键词： 非物质文化遗产　文化创意　知识产权　立法

习近平总书记指出："中华优秀传统文化是中华民族的突出优势，是我们最深厚的文化软实力。要系统梳理传统文化资源，让收藏在禁宫里的文物、陈列在广阔大地上的遗产、书写在古籍里的文字都活起来。"《国务院办公厅转发文化部等部门关于推动文化文物单位文化创意产品开发若干意见的通知》中要求："国家促进文化文物单位、文化创意设计企业提升品牌培育意识以及知识产权创造、运用、保护和管理能力，积极培育拥有较高知名度和美誉度的文化创意品牌。"我国是一个文明古国，截至 2018 年 12 月，中国列入联合国教科文组织非物质文化遗产名录（名册）的项目共计 40 项，总数位居世界第一[①]。国务院先后于 2006 年、2008 年、2011 年和 2014 年公布了四批国家级项目名录，共计 1372 个国家级非物质文化遗产代表性项目，按照申报地区或单位进行逐一统计，共计 3154 个子项。[②] 除了世界

---

① 《中国入选联合国教科文组织非物质文化遗产名录（名册）项目》，中国非物质文化遗产网·中国非物质文化遗产数字博物馆，http://www.ihchina.cn/chinadirectory.html。
② 《国家级非物质文化遗产代表性项目名录》，中国非物质文化遗产网，http://www.ihchina.cn/。

级非遗项目和国家级非遗以外,我国各省、自治区、直辖市,以及各地州市与县等各级政府还设立了更多的地方非遗项目。如何通过知识产权保护与运营等法律机制,将这些珍贵的文化遗产活化利用,是我国继承非物质文化遗产和发展优秀传统文化的重要问题之一。

一 非物质文化遗产文创产品开发中的法律问题

非物质文化遗产的文创产品开发(以下简称"非遗文创")可能会引发著作权、商标权、专利权及不正当竞争等相关法律争议。有学者曾经对法源网等网站公布的案件进行统计,发现非遗文创所引发的各类案件中频率最高的三类案件分别是:著作权纠纷案件(48%)、商标争议行政诉讼案件(20%)、商标侵权案件(18%),而专利案件仅占1%。[①] 对此,本文以非遗文创中的著作权纠纷、商标权纠纷、专利权纠纷等典型案例为分析对象,深入分析非遗文创中的法律问题。

(一)非物质文化遗产文创产品开发中的著作权纠纷及相关争议

乌苏里船歌案件发生时,我国《非物质文化遗产法》尚未制定,所以本案在当时是民间文学艺术保护中的典型案件。黑龙江省饶河县四排赫哲族乡人民政府诉郭颂与中央电视台等侵犯民间文学艺术作品著作权纠纷案,该案争议的焦点问题有两个:其一,原告赫哲族乡政府能否以自己的名义单独提起对赫哲族民间音乐作品保护的诉讼?其二,《乌苏里船歌》音乐作品的曲调究竟是根据赫哲族民间曲调改编还是郭颂等人的新创作?北京市第二中级人民法院认为:赫哲族乡政府作为赫哲族《乌苏里船歌》的创作地、发源地的政治代表,具有代表该作品权益受侵害的受害人的主体资格;郭颂等人的音乐作品《乌苏里船歌》系根据赫哲族民间曲调改编,郭颂等人以任何方式再使用音乐作品《乌苏里船歌》时,应当注明"根据赫哲族民间曲

---

① 董新中:《非物质文化遗产私权保护理论与实务研究》,知识产权出版社,2016,第19页。

调改编"。郭颂等人不服一审判决上诉,被北京市高级人民法院驳回。在本案中,人民法院根据《乌苏里船歌》中部分乐曲的主题曲调与赫哲族民歌《想情郎》和《狩猎的哥哥回来了》的曲调基本相同等鉴定结论,认定《乌苏里船歌》整首乐曲应为改编作品。一审法院在判决书中提出,民间文学艺术作品的权利归属具有特殊性。"一方面,它已进入公有领域,另一方面它又与某一区域内的群体有无法分割的历史和心理联系。"二审法院在判决书中指出:"世代在赫哲族中流传、以《想情郎》和《狩猎的哥哥回来了》为代表的赫哲族民间音乐曲调形式,属于民间文学艺术作品,应当受到法律保护。涉案的赫哲族民间音乐曲调形式作为赫哲族民间文学艺术作品,是赫哲族成员共同创作并拥有的精神文化财富。"本案虽然发生在我国《非物质文化遗产法》制定之前,但是历来都被视为非遗著作权保护的典型案件,不仅因为传统口头文学、音乐属于非物质文化遗产的典型,亦因中国加入非遗公约,原《民族民间传统文化保护法(草案)》的名称变更为"非物质文化遗产保护法",并最终以《非物质文化遗产法》的名称通过并实施。① 但是,《非物质文化遗产法》的立法思路是强化对于非物质文化遗产的公法保护,与此前的立法思路可能有较大的不同。

贵州省安顺市文化和体育局诉新画面公司和张艺谋等人的"安顺地戏"案件为近年来颇受学界关注的另外一起案件。据中国非物质文化遗产网的介绍,安顺地戏流行于贵州省安顺市,其产生与明初来自安徽、江苏、江西、浙江、河南等地的安顺屯军有关。地戏演出以村寨为单位,一个村寨一堂戏,演员二三十人,由"神头"负责。作为一种古老的戏剧,其显著特点是演出者首蒙青巾,腰围战裙,戴假面于额前,手执戈矛刀戟之属,随口演唱七言和十言韵文,在一锣一鼓伴奏下,一人领唱众人伴和,有弋阳老腔余韵,其舞主要表现征战格斗的打杀,雄浑粗犷,古朴刚健。安顺地戏所演的三十来部大书,以薛家将、杨家将、岳家将、狄家将、三国英雄、瓦岗好汉

---

① 王文章主编《非物质文化遗产概论》,教育科学出版社,2008,第15页。

为主角,赞美忠义,颂扬报国的忠臣良将。① 2006年安顺地戏被确定为国家级非物质文化遗产,2005年发行的电影《千里走单骑》使用了安顺地戏,使用时称安顺地戏为"云南面具戏"。原告认为,被告方在电影拍摄过程中,邀请了安顺市西秀区旧州镇詹家屯村三国地戏队的詹学彦、曾玉华等8位民间艺人到云南丽江表演了《千里走单骑》和《战潼关》两场安顺屯堡地戏,最后制成的影片相关片段即由对这些表演的拍摄剪辑而成。电影《千里走单骑》所称的"云南面具戏",其中的演员、面具、剧目、音乐、声腔、方言、队形动作等均来自贵州安顺地戏,因而被告方在影片中的画外音"这是中国云南面具戏"是错误的。法院认为,"安顺地戏"并非署名权的权利主体,亦非署名权的权利客体,被告在电影中将安顺地戏称为"云南面具戏"的行为并非署名行为。因为表演者是"应邀表演",且电影片尾鸣谢清单中也包括"贵州安顺三国地戏队",所以被告不存在侵权行为。2011年《最高人民法院关于充分发挥知识产权审判职能作用推动社会主义文化大发展大繁荣和促进经济自主协调发展若干问题的意见》明确指出:要"坚持来源披露原则,利用非遗应以适当方式说明信息来源"。"非物质文化遗产的名称、标志等构成地理标志的,可以视具体情况作为在先权利予以保护。"可见,本案中,被告错误地将安顺地戏标明为"云南面具戏",没有正确披露所使用非遗的来源信息。但是,鉴于《千里走单骑》电影发行的时间早于安顺地戏被认定为国家非物质文化遗产的时间和《非物质文化遗产法》及最高人民法院相关意见颁布的时间,所以本案不能作为非遗来源信息受保护的先例。

(二)非物质文化遗产文创产品开发中的商标权纠纷及相关争议

非遗文化创意产品主要作为一种商品进入市场。因此,非遗文创产品开发中的知识产权运营,主要体现为商标注册、授权等运营问题。根据我国《商标法》第三条等条款的规定,商标注册人享有受法律保护的商标专用权。

---

① 安顺地戏,中国非物质文化遗产网,http://www.ihchina.cn/project_details/13391/。

文化文物单位在进行文化创意产品开发和运营时必然涉及向社会提供商品和服务，而对于博物馆的馆藏珍贵文物（所谓"镇馆之宝"），也需要注册商标对其进行立体保护。但是，非物质文化遗产作为一种文化遗产，其本身的存在乃属于公有领域的文化资源，又能否通过商标注册来实现权利主体的特定化？此为非遗文创产品开发的重要争议之一。以绛州澄泥砚商标权纠纷案为例。据中国非物质文化遗产网的介绍，绛州澄泥砚产于山西省新绛县，其制作可追溯至西汉时期，至唐宋达于兴盛，明代取得进一步发展。绛州澄泥砚利用汾河湾得天独厚的自然条件，择取沉积淤泥，经过滤、制坯、雕刻、煅烧等几十道工序，产量稀少，价值颇高。由于历史原因，绛州澄泥砚制作技艺至明末清初已基本失传。为了抢救这一珍贵的民族文化遗产，绛州人蔺相如的后裔蔺永茂、蔺涛父子多方搜集资料，潜心研究，反复实验，苦磨精炼，终于恢复了澄泥砚的生产，使这一国之瑰宝得以重放异彩。① 2006 年，新绛县澄泥砚传统制作技艺被列为山西省第一批省级非遗，2009 年被评为国家级非遗，蔺永茂被评选为非遗传承人。但是，早在 1997 年国家商标局为蔺永茂父子成立的澄泥砚研制所注册商标"绛州"，绛艺苑砚社及王学仁等人以"绛州澄泥砚"为名组织生产，受到行政处罚并于 1998 年出具致歉书。但是，澄泥砚研制所申请注册商标"绛州及图"以后，绛艺苑砚社向国家工商管理总局商标局提出撤销申请，并提起多次诉讼。2002 年绛艺苑砚社申请在陶器、瓦器等商标上申请注册"绛州"商标，被核准之后澄泥砚研制所随即提起诉讼，其中的商标权纠纷长达 20 年，共发生 6 起诉讼。②

（三）非物质文化遗产文创产品开发中的专利权纠纷及其争议

我国《专利法》对专利的类型和内涵进行了规定。专利包括发明专利、实用新型专利和外观设计专利三种类型。非遗文创产品开发中，对以往技术进行改进或者形成新的工艺，这种情况可以归为发明专利。而对以往文化遗

---

① 《砚台制作技艺（澄泥砚制作技艺）》，中国非物质文化遗产网，http://www.ihchina.cn/project_details/14559/。
② 董新中：《非物质文化遗产私权保护理论与实务研究》，知识产权出版社，2016，第 7 页。

产的形状、构造进行新的组合则可以利用实用新型专利对其进行保护。当然，将诸如古代的生产技艺进行新的组合，使其富有美感，更符合现代人的需求，这样的设计可归于外观设计专利。非遗传承人或者文创企业应当对其开发的产品，按照不同的特征，申请不同类别的保护。近年来，人们对非遗文创的专利权侵权案屡有所闻。譬如，在王怀东诉张明才案件中，王怀东于2006年获得外观设计的专利。政协务川仡佬族苗族自治县委员会宣教文史委于2005年编辑出版的务川文史资料第十辑《仡佬资源》，对务川大贰纸牌进行了记载，其纸牌彩图与王怀东获得外观设计专利的纸牌基本相同。张明才等销售的"宾王"牌务川大贰纸牌预案、花色与《仡佬资源》所载相同，张明才于2011年被列为非遗代表传承人。本案以一审、二审法院以非遗早于专利申请时间为由均驳回原告、上诉人诉讼请求而结束。[①] 非遗相关的专利权纠纷不断发生，说明《非物质文化遗产法》作为公法，已经对《专利法》等知识产权法律规范构成了实质性影响。同时，非遗传承人在申请相关专利时，亦须注意《专利法》第六十三条等相关限制性规定。

二 非物质文化遗产文创产品开发的立法依据及其评价

（一）法律、行政法规和部委规章

近二十年来，非物质文化遗产保护和利用的立法及政策备受关注。联合国教科文组织于1997年通过《人类口头和非物质遗产代表作宣言》、2003年通过《保护非物质文化遗产公约》以后，中国旋即于2004年加入该公约。2011年，我国制定了《非物质文化遗产法》，其中第三十七条、第四十四条规定："国家鼓励和支持发挥非物质文化遗产资源的特殊优势，在有效保护的基础上，合理利用非物质文化遗产代表性项目开发具有地方、民族特

---

① 董新中：《非物质文化遗产私权保护理论与实务研究》，知识产权出版社，2016，第161~165页。

色和市场潜力的文化产品和文化服务。开发利用非物质文化遗产代表性项目的，应当支持代表性传承人开展传承活动，保护属于该项目组成部分的实物和场所。县级以上地方人民政府应当对合理利用非物质文化遗产代表性项目的单位予以扶持。单位合理利用非物质文化遗产代表性项目的，依法享受国家规定的税收优惠。""使用非物质文化遗产涉及知识产权的，适用有关法律、行政法规的规定。"这两个条款对于非物质文化遗产的开发利用问题做了原则性规定，给非物质文化遗产的文创产品开发问题留下广阔的政策空间，也留下了很多极富争议的法律问题。

2006年文化部《国家级非物质文化遗产保护与管理暂行办法》第三条、第二十条、第二十一条规定："国家级非物质文化遗产的保护，实行'保护为主、抢救第一、合理利用、传承发展'的方针，坚持真实性和整体性的保护原则。""国家级非物质文化遗产项目的名称和保护单位不得擅自变更；未经国务院文化行政部门批准，不得对国家级非物质文化遗产项目标牌进行复制或者转让。国家级非物质文化遗产项目的域名和商标注册和保护，依据相关法律法规执行。""利用国家级非物质文化遗产项目进行艺术创作、产品开发、旅游活动等，应当尊重其原真形式和文化内涵，防止歪曲与滥用。"

（二）省、自治区、直辖市有关非遗立法的文创相关条款

在中央的领导之下，近年来各地积极推进非遗地方立法，其中不乏有关非遗文创的条款及内容（见表1）。

表1 省、自治区、直辖市有关非遗立法的文创相关条款

序号	省级非遗立法名称	颁布日期	条款
1	《宁夏回族自治区非物质文化遗产保护条例》	2006年7月21日	第八条、三十六条
2	《江苏省非物质文化遗产保护条例》	2006年9月27日	第三十九条
3	《浙江省非物质文化遗产保护条例》	2007年5月25日	第三十八条、三十九条

续表

序号	省级非遗立法名称	颁布日期	条款
4	《新疆维吾尔自治区非物质文化遗产保护条例》	2008年1月5日	第三十四条、三十七条
5	《广东省非物质文化遗产条例》	2011年7月29日	第三十二条
6	《贵州省非物质文化遗产保护条例》	2012年3月30日	第三十五条、三十九条、四十条、四十五条、四十六条
7	《重庆市非物质文化遗产条例》	2012年7月26日	第三十条、三十一条
8	《山西省非物质文化遗产条例》	2012年9月28日	第三条、二十四条
9	《湖北省非物质文化遗产条例》	2012年9月29日	第四十一条、四十二条、五十一条
10	《云南省非物质文化遗产保护条例》	2013年3月28日	第二十二条、二十三条
11	《河南省非物质文化遗产保护条例》	2013年9月26日	第二十五条、三十九条、四十条
12	《陕西省非物质文化遗产条例》	2014年1月10日	第三十二条
13	《河北省非物质文化遗产条例》	2014年3月21日	第三十四条、三十六条
14	《西藏自治区实施〈中华人民共和国非物质文化遗产法〉办法》	2014年3月31日	第四十一条
15	《安徽省非物质文化遗产条例》	2014年8月21日	第三十一条
16	《辽宁省非物质文化遗产条例》	2014年11月27日	第二十五条
17	《甘肃省非物质文化遗产条例》	2015年3月27日	第三十九条、四十条、四十一条
18	《江西省非物质文化遗产条例》	2015年5月28日	第四十三条、四十四条、四十五条
19	《山东省非物质文化遗产条例》	2015年9月24日	第二十九条、三十条、三十一条
20	《上海市非物质文化遗产保护条例》	2015年12月30日	第二十一条
21	《湖南省实施〈中华人民共和国非物质文化遗产法〉办法》	2016年5月27日	第二十三条、二十六条、二十七条
22	《黑龙江省非物质文化遗产条例》	2016年8月19日	第二十八条、二十九条
23	《广西壮族自治区非物质文化遗产保护条例》	2016年11月30日	第三十四条、三十五条、三十六条
24	《内蒙古自治区非物质文化遗产保护条例》	2017年5月26日	第四十九条、五十五条、五十六条
25	《四川省非物质文化遗产条例》	2017年6月3日	第五十一条、五十二条
26	《吉林省非物质文化遗产保护条例》	2017年3月24日	第二十三条
27	《青海省非物质文化遗产保护办法》	2017年12月5日	第十条、四十二条、四十三条、四十四条
28	《天津市非物质文化遗产保护条例》	2018年12月14日	第二十六条、二十八条
29	《福建省非物质文化遗产保护条例》	2019年3月28日	第三十七条、三十八条、三十九条
30	《北京市非物质文化遗产条例》	2019年1月20日	第四十六条、五十条、五十三条、五十四条

非遗文创开发需要兼顾文化遗产保护。从各省级非遗立法的形式来看,已颁布的非遗相关地方性法规或规章,主要分为四类:"非遗条例""非遗保护条例""实施《非遗法》办法""非遗保护办法"。其立法内容以行政奖助性规定为多,难以解决非遗文创开发中亟须解决的诸多问题。

三 非物质文化遗产文创产品开发的政策依据及其评价

(一)非物质文化遗产文创产品开发的政策性文件

近年来,中国政府采取了诸多积极举措加强非物质文化遗产的保护和利用:2003年文化部、财政部联合国家民委、中国文联等单位启动"中国民族民间文化保护工程";2005年国务院先后发布《关于加强我国非物质文化遗产保护工作的通知》与《关于加强文化遗产保护工作的通知》,提出了"保护为主、抢救第一、合理利用、传承发展"的指导方针。

表2 非遗文创产品开发的政策性文件

序号	部委规章、规范性文件名称	发文日期	条款
1	《文化和旅游部关于印发〈曲艺传承发展计划〉的通知》	2019年7月12日	第三条
2	《文化和旅游部办公厅关于开展国家级文化生态保护区申报工作的通知》	2019年6月11日	第四条、第五条
3	《文化和旅游部办公厅、国务院扶贫办综合司关于支持设立非遗扶贫就业工坊的通知》	2018年7月11日	第四条
4	《中宣部 文化部 教育部 财政部关于新形势下加强戏曲教育工作的意见》	2017年5月27日	第一条
5	《文化部文化体制改革工作领导小组关于贯彻落实〈2014年文化系统体制改革工作要点〉及其〈分工实施方案〉的通知》	2014年4月4日	第七条第48、49、50、51款
6	《文化部关于公布第三批国家级非物质文化遗产项目代表性传承人的通知》	2009年5月26日	第一条

续表

序号	部委规章、规范性文件名称	实施日期	具体内容
7	《文化部关于加强国家级文化生态保护区建设的指导意见》	2010年2月10日	第一条
8	《文化部办公厅关于利用民族传统节日开展富有特色文化活动的通知》	2008年1月30日	第一条、第二条、第四条
9	《文化部关于加强非物质文化遗产生产性保护的指导意见（2012）》	2012年2月2日	第一条、第二条
10	《文化部关于推动数字文化产业创新发展的指导意见》	2017年4月11日	第二条

（二）非物质文化遗产文创产品开发政策的评价

《关于推动文化文物单位文化创意产品开发的若干意见》提出："鼓励众创、众包、众扶、众筹，以创新创意为动力，以文化创意设计企业为主体，开发文化创意产品，打造文化创意品牌，为社会力量广泛参与研发、生产、经营等活动提供便利条件。鼓励企业通过限量复制、加盟制造、委托代理等形式参与文化创意产品开发。充分调动文化文物单位积极性；发挥各类市场主体作用；加强文化资源梳理与共享；提升文化创意产品开发水平；完善文化创意产品营销；促进文化创意产品开发的跨界融合。"非物质文化遗产是重要的文化资源和经济资源，其文创开发利用一直受到各级政府的高度关注。但是，在现有非遗立法及知识产权立法的框架之下，政策作用的空间依然有限。

《"互联网+中华文明"三年行动计划》指出："注重原创价值、坚持创新驱动、突出示范引领，加快文物资源数字化进程，推进文物信息资源开放共享；充分挖掘文物信息资源价值，加强二次创作、创造，促进互联网应用创新，建立信息资源、文物知识、原创内容的产权保护政策，提升知识产权服务附加值；加大对创新创业团队支持力度，强化横向、纵向联合，形成协同育人、创业创新、成果转化、服务社会的'互联网+'新机制。"鉴于互联网经济的巨大影响力，基于现代知识产权法保护创造而非源泉的基本定位，非遗文创的关键在于文化资源与文化遗产的再创造，并在此过程中形成新的知识产权。如果这一过程能够借助互联网经济的平台，或将使非遗文创产生事半功倍的效果。

四 结语

国家知识产权局、中国标准化研究院起草的《企业知识产权管理规范》中提出，企业实施和改进知识产权管理体系的过程宜遵循三项基本原则：战略导向、领导作用和全员参与。文创产品开发是非物质文化遗产保护和传承发展一项全新的工作内容，需要各级人大、政府及时修改法律法规和规章、政策性文件，也需要非遗传承人、文创企业依据法律法规与政策，根据自身的优势制定知识产权保护和运营的战略目标、领导机制和激励机制。

B.13
福建省和设区的市非物质文化遗产的立法实施报告[*]

徐华 王星星[**]

摘　要： 福建省拥有丰富的非物质文化遗产，非物质文化遗产的保存、保护和开发利用已成为福建省和设区的市立法的重点。对此，福建省和设区的市人大、政府制定非物质文化遗产保护的专门立法和相关立法，以为福建非物质文化遗产的保护提供法律支撑。但是现有的福建省和设区的市非物质文化遗产的立法仍然不够完善，亟须根据非物质文化遗产的实际情况和立法的实施效果，及时制定和修订非物质文化遗产立法，明确非物质文化遗产立法的原则，制定福建省非物质文化遗产的规划，实施对非物质文化遗产的法律监督和评估，以全面推进福建全省非物质文化遗产的保护、开发和利用。

关键词： 福建省　非物质文化遗产　立法

为了贯彻落实十九大报告提出的"加强文物保护利用和文化遗产保护传承"的精神，依照《中华人民共和国非物质文化遗产法》的规定，总结

---

[*] 基金项目：本文系国家社科基金重大课题"国家文化法制体系研究"（15ZD03）的阶段性成果。
[**] 徐华，中南大学法学院博士研究生，福建省人大常委会法工委副主任，研究方向为宪法学与行政法学；王星星，中南大学博士研究生，研究方向为文化法学。

吸收福建省非遗保存、保护、开发利用工作等方面的成功经验，2019年3月28日，福建省第十三届人大常委会第九次会议审议通过了《福建省非物质文化遗产条例》，为进一步推动福建省非物质文化遗产的保护工作提供了强有力的法治保障。依照《立法法》的规定，本文对福建省和设区的市非物质文化遗产立法实施的研究范围仅限于《立法法》规定的地方性法规和规章，具体而言包括福建省和设区的市人大制定的非物质文化遗产专门立法和相关立法，相关立法包括与福建省和设区的市非物质文化遗产保护相关的文化遗产立法、公共文化服务立法和文化产业立法等。

一 福建省和设区的市人大及其常委会非物质文化遗产立法的实施现状

（一）福建省和设区的市人大及其常委会非物质文化遗产的专门立法

专门立法是指在一部法律之中对特定领域或者事项进行统一的规定，以系统、全面地解决该领域或者事项中存在的问题。福建省和设区的市人大为有效推进非物质文化遗产的保护，制定了两部专门的非物质文化遗产立法。福建省现行有效的专门非物质文化遗产立法分别是福建省人大常委会制定的《福建省非物质文化遗产条例》和宁德市人大常委会制定的《宁德市畲族文化保护条例》。以下将对福建省制定的两部专门性的非物质文化遗产立法进行深入的研究和阐述。

第一，福建省人大常委会制定的《福建省非物质文化遗产条例》。2019年3月28日，福建省制定《福建省非物质文化遗产条例》，该条例的前身是2004年9月28日福建省人大常委会制定的《福建省民族民间文化保护条例》，后者已于2019年6月1日废止。《福建省非物质文化遗产条例》相较于此前的《福建省民族民间文化保护条例》，具有以下亮点。其一，立法名称上，用"非物质文化遗产"替代"民族民间文化"，更符合上位法的规定。我国缺乏全国统一的民族民间文化保护立法，但是全国人大制定了《中华人民共和国非物质文化遗产法》，福建省制定非物质文化遗产立法并废除民族民间文化保护立法与上位法并不冲突，符合《立法法》的规定。其二，立法范围上，用"非物质文化遗产"的概念更能全面地保护福建省的非物质文化遗产。福建省已经废除的《福建省民族民间文化保护条例》第二条采用列举加概括的方式明确了受条例保护的民族民间文化必须具有历史、科学和艺术价值，主要包括民间文学、传统技艺、传统民俗，等等。福建省新制定的《福建省非物质文化遗产条例》第二条将非物质文化遗产界定为以非遗内容为核心的各种传统文化表现形式，以及相关的实物和场所，并明确非物质文化遗产的主要形式包括传统文学语言、音乐、曲艺、传统医药、礼仪、民俗，等等。显然，福建省新制定的《福建省非物质文化遗产条例》比此前的《福建省民族民间文化保护条例》保护范围更加有利于福建省非物质文化遗产的保护。其三，立法内容上，《福建省非物质文化遗产条例》更强调非遗的合理利用、对外交流和传承。[①] 此前的《福建省民族民间文化保护条例》第三条也确立了合理使用的方针，但是在具体的规定上未予以有效实施，而是设立"保护和管理"专章，更加注重对非遗的行政管理。新制定的《福建省非物质文化遗产条例》第五条将合理使用上升为立法原则，设立"保护和利用"专章，对具体的利用措施进行了较为全面的规定，并给予财税金融支持措施。此外，在该条例的第三章中明确规定"传承和传播"，注重促进非物质文化遗产的海外交流，并给予相应的财政支持和技术支持。

第二，宁德市人大常委会制定的《宁德市畲族文化保护条例》。2017年3月9日，宁德市人大常委会通过《宁德市畲族文化保护条例》，该法实施日期为2017年7月1日。宁德市制定该条例有其深刻的社会背景，习近平总书记在宁德工作期间就特别强调畲族地区文化建设和发展问题。

---

① 《〈福建省非物质文化遗产条例〉审议通过强调非遗的合理利用》，人民网，2019年3月29日。

宁德市畲族人口众多，是畲族聚居地，民族文化保存较好，主要包括畲族民间信仰、语言文字、民族工艺，等等。这些具有畲族特色的非物质文化遗产，是中国非物质文化遗产的组成部分。但是随着社会经济的快速发展，畲族传统文化的传承和保护受到较大冲击，逐渐消亡，代表性技艺面临失传的危险。[①] 宁德市人大常委会仅仅围绕畲族文化保护的实际问题，以畲族文化保护的问题为导向，制定该条例，该条例的主要内容及创新点如下。一是清晰界定畲族文化的具体内涵，该条例第二条对畲族文化进行了界定，将具有畲族特色的文化形态纳入保护之中，包括畲族的语言、传统的口头文学、传统的礼仪和民俗、传统的舞蹈和艺术，等等。二是明确保护、利用和传承的基本方针。该条例第四条规定，畲族文化保护应当弘扬社会主义核心价值观，坚持政府主导、社会参与的原则，贯彻保护为主、抢救第一、合理利用、传承发展的方针。三是确立政府的法定职责，依照该条例的规定，政府应当加强畲族文化保护工作的领导，制定畲族文化总体保护规划，建立部门联席会议制度，明确文化行政部门主管责任和民政等部门的辅助责任。四是明确具体的保护方式，抢救性保护濒危的非物质文化遗产，生产性保护有活力的非物质文化遗产，区域性整体保护集中的非物质文化遗产。五是明确保护的基本措施，包括建立畲族非遗传承人考核评估机制、畲族语言的特别保护等。

总体而言，福建省人大常委会通过非物质文化遗产立法，建立了非物质文化遗产保护的基本制度，具体包括非物质文化遗产的调查建档制度、代表性项目名录制度、专家评审制度、动态管理制度、分类保护制度、传承和利用制度等。上述制度的建立，为福建省保存、保护和合理利用非物质文化遗产提供了相应的法律依据。宁德市人大常委会通过畲族文化保护的立法，对畲族的非物质文化遗产进行全面保护，这是福建省首次通过的少数民族非物质文化遗产的专门立法，为少数民族非物质文化遗产的系统保护提供了立法参考。可见，福建省和设区的市人大在非物质文化遗产的

---

① 《关于〈宁德市畲族文化保护条例〉的说明》，福建人大网，2017年11月7日。

专门立法上，采取省级立法和市级立法协调推进的方式，全面保护全省的非物质文化遗产。

（二）福建省和设区的市人大非物质文化遗产的相关立法

相关立法区别于专门立法，指的是在一部立法之中，对与某领域或者特定事项相关的内容设定专门条款进行规定，以解决该领域或者特定事项中的特别问题。非物质文化遗产的相关立法是指在与非物质文化遗产相关领域的立法之中，对非物质文化遗产设定专门条款予以特别规定的立法，不包括非物质文化遗产的专门立法。福建省拥有丰富的文化遗产，包括福建土楼、茶产业、历史文化名城名镇名村、老字号等，上述文化遗产都与非物质文化遗产息息相关，需在该立法中对非物质文化遗产进行专门规定。该立法的主要内容和创新点如下。

其一，以文化遗产保护为中心，拓展对非物质文化遗产的保护。《福建省"福建土楼"世界文化遗产保护条例》第十九条要求保护与"福建土楼"相依存的民俗风情、民间艺术等非物质文化遗产。《福州市历史文化名城保护条例》第二条、第二十三条和第三十三条明确规定，历史文化名城的保护包括非物质文化遗产，要求对列入名录的代表性非物质文化遗产所依存的文化空间发源地划定保护范围，设置保护标志，进行整体性保护，给予非物质文化遗产传承人表彰和奖励。《福建省历史文化名城名镇名村和传统村落保护条例》第十条明确规定，非物质文化遗产资源丰富，可以申报省历史文化名城、名镇、名村。《武夷山国家公园条例（试行）》第四十二条明确规定，保护武夷山国家公园的非物质文化遗产。《福州市海上丝绸之路史迹保护条例》第二十三条规定，开发与海上丝绸之路相关的非物质文化遗产。《厦门经济特区鼓浪屿世界文化遗产保护条例》第十一条明确规定，文化遗产机构应当调查、认定、保护非物质文化遗产。

其二，立法推进重点产业中的非物质文化遗产的保护和开发。《福建省促进茶产业发展条例》第二十三条规定，保护列入非遗的茶叶传统技艺和传承人，给予其奖励和资助，将非物质文化遗产和茶文化旅游的发展紧密结合，推动茶产业的发展。《福州市茉莉花茶保护规定》第十六条明确规定，鼓励茉莉花茶传统制作技艺申报非物质文化遗产，对列入非物质文化遗产名录的给予保护，对传承人给予奖励和资助，并促进茶产业的传承和传播。

其三，鼓励特定非物质文化遗产的申报。《厦门老字号保护发展办法》第十六条规定，鼓励厦门老字号传统技艺申报列入非物质文化遗产代表性项目名录。《福州市闽菜技艺文化保护规定》第十一条规定，市商务行政主管部门应当鼓励、支持申报闽菜技艺非物质文化遗产代表性名录项目。

其四，紧密结合福建省和设区的市的地域文化，推进重点非物质文化遗产的保护。福建省和设区的市人大对非物质文化遗产的相关立法，与当地非物质文化遗产的保护紧密结合，体现了立法的针对性，能够有重点地实施对非物质文化遗产的保护。

总体而言，福建省和设区的市人大常委会制定10部非物质文化遗产相关法规，其中省级和市级人大常委会分别制定4部、6部，市级人大常委会主要是福州市和厦门市。福建省级人大分别在其制定的"福建土楼"、茶产业、历史文化名城名镇名村和传统村落、武夷山国家公园的相关立法之中，对与上述物质文化遗产或者与特定产业相关的非物质文化遗产进行保护，促进与之相关的非物质文化遗产的保护、传承。福州市人大常委会在其制定的关于历史文化名城、茉莉花茶、闽菜技艺文化、海上丝绸之路史迹的专门立法之中，对与之相关的非物质文化遗产进行保护，鼓励挖掘、开发与之相关的非物质文化遗产的文化价值，促进非物质文化遗产经济价值的开发。厦门市人大常委会在其制定的关于老字号、鼓浪屿世界文化遗产的专门立法中，明确鼓励和支持老字号申报非物质文化遗产，对与鼓浪屿世界文化遗产相关的非物质文化遗产进行分类保护。

表1　福建省和设区的市非物质文化遗产相关法规

序号	法规名称	实施时间	相关条款
1	《福建省"福建土楼"世界文化遗产保护条例》	2011年12月1日	第十九条
2	《福建省促进茶产业发展条例》	2012年6月1日	第二十三条

续表

序号	法规名称	实施时间	相关条款
3	《福州市历史文化名城保护条例》	2013年10月1日	第九条、三十二条、三十三条
4	《福州市茉莉花茶保护规定》	2014年5月22日	第十六条
5	《厦门老字号保护发展办法》	2016年12月6日	第十六条
6	《福建省历史文化名城名镇名村和传统村落保护条例》	2017年7月1日	第十条、十二条、十四条、十八条、三十条、三十三条、三十四条、三十九条、五十二条
7	《武夷山国家公园条例(试行)》	2018年3月1日	第四十二条
8	《福州市闽菜技艺文化保护规定》	2017年12月4日	第十一条
9	《福州市海上丝绸之路史迹保护条例》	2018年8月10日	第二十三条
10	《厦门经济特区鼓浪屿世界文化遗产保护条例》	2019年6月28日	第十一条

二 福建省和设区的市政府非物质文化遗产立法的实施现状

(一)厦门市政府在闽南文化生态保护区立法中设立专章

专章立法是指在一部法律之中设置专门章节对特定的事项进行规定,以体现该事项在立法中的重要性,并较为系统全面地解决该问题。厦门市闽南文化中非物质文化遗产丰富,厦门市政府制定《厦门市闽南文化生态保护区建设办法》,在第二章中专门规定非物质文化遗产。该规定的主要内容和创新点如下。

其一,将非物质文化遗产保护纳入闽南文化生态保护区进行整体保护。《厦门市闽南文化生态保护区建设办法》第二条规定,闽南文化生态保护区建设坚持以人为本、注重生态、统筹兼顾、共同保护的原则。将非物质文化遗产整体性纳入闽南生态文化保护区,可以有效促进非物质文化遗产的保护、开发和利用,使得非物质文化遗产保护能够形成良性循环。

其二，厦门市闽南文化生态保护区中非物质文化遗产保护制度的完善。该办法第十一条对非物质文化遗产代表性项目的推荐制度进行了规定，分别为政府推荐制度和社会推荐制度，市、区人民政府可以向上级文化主管部门推荐项目，公民、法人和其他组织认为某项非物质文化遗产具有保护和传承价值的也可以推荐。该办法第十二条规定，非物质文化遗产代表性项目的认定实行专家评审制度，评审应当遵循公开、公平、公正的原则，评审结果应当公开征求公众意见，并报政府批准。该办法第十三条规定濒危的非物质文化遗产代表性项目开展抢救性保护的制度。

其三，明确政府保护非物质文化遗产的法定职责。该办法第十四条、第十六条、第十七条、第十九条和第二十条明确了政府的法定职责，市、区非物质文化遗产代表性项目应当认定项目保护单位，建立生产性保护示范基地，对代表人给予经费支持；文化主管部门对本级非物质文化遗产代表性项目可以认定代表性传承人。

其四，完善非物质文化遗产的社会参与机制。该办法第十八条规定，鼓励建立非物质文化遗产代表性项目传习机构，依法登记，并积极开展非物质文化遗产传习活动。该办法第二十七条第三款规定，鼓励非物质文化遗产代表性项目保护单位与学校开展闽南文化传承合作办学。该办法第三十三条规定，以非物质文化遗产代表性项目为核心产品的小微企业，依照有关规定享受政府采购、贷款贴息等优惠政策。

总体而言，厦门市政府在闽南文化生态保护区建设的立法中，设立专章对非物质文化遗产的保护、开发和利用进行规定，将其纳入文化生态区进行整体保护，符合对非物质文化遗产整体保护和全面保护的要求，在立法模式和理念上具有创新性。实际上，非物质文化遗产于特定的地域和民族产生，具有独特的民间属性，离开特定的民族或者区域将会失去其传承的土壤。而通过设立文化生态区对非物质文化遗产进行整体保护，可以使得非物质文化遗产生长的土壤得到有效保存，有利于非物质文化遗产的整体保护和开发利用。

(二)福建省和设区的市政府非物质文化遗产的相关立法

除厦门市政府在闽南文化生态区保护立法中设立专章对非物质文化遗产进行保护,福建省和设区的市政府还制定六部立法,设置专门条款,对立法内容中涉及的非物质文化遗产部分进行单独保护。上述立法既是对福建省和设区的市人大常委会立法的补充,也体现了福建省和设区的市政府履行保护非物质文化遗产的法定职责,其立法的主要内容及创新点如下。

其一,物质文化遗产和非物质文化遗产的协调保护。《福建省"中国丹霞"自然遗产保护办法》第十三条规定,政府应当采取措施保护与之相关的非物质文化遗产,以实现自然遗产和非物质文化遗产保护的相互促进。《福州市上下杭历史文化街区文化遗产保护管理办法》第七条规定,文物行政主管部门对街区内特色传统商业习俗信仰、传统工艺美术、民间舞蹈等非物质文化遗产的保护负责。《福建省"古泉州(刺桐)史迹遗址"文化遗产保护管理办法》第二十四条规定,政府应当继承、保护和弘扬与遗产有关的民俗风情、民间艺术等非物质文化遗产。《"海上丝绸之路·福州史迹"文化遗产保护管理办法》第十条规定,鼓励社会力量挖掘与"福州海丝遗产"有关的民间传统技艺,扶持具有地方特色的民间传统技艺等非物质文化遗产。上述关于自然遗产、史迹遗址、历史街区等方面的立法中,注重将物质文化遗产和非物质文化遗产的协同保护,具有重要的启示意义。

其二,传统工艺美术和地名的特别保护。《福建省传统工艺美术保护办法》第十条规定,获得福建省非物质文化遗产项目代表性传承人的称号,省政府将授予称号并颁发证书,此种荣誉奖励有利于激励非物质文化遗产传承人传承传统工艺美术。福建省的"特定地名"具有深厚的历史积淀,《福建省地名管理办法》第七条规定,非物质文化遗产的地名予以保护,其他任何单位和个人不得擅自命名、更名,这有利于保护福建省地名的历史文化。

其三,补充专门立法对非物质文化遗产保护的不足。福建省和设区的市政府在特定的立法之中,对文化遗产的保护做出特别的规定,有利于对特定

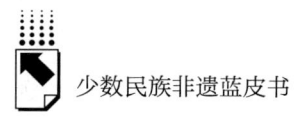

的文化遗产进行专门的保护。

总体而言，福建省和设区的市政府共制定6部非物质文化遗产相关规章，其中省级和市级政府分别制定4部和2部，市级政府是指福州市。福建省政府分别在其制定的"中国丹霞"、传统工艺美术、地名管理和"古泉州（刺桐）史迹遗址"的专门立法之中，对与上述自然遗产、传统工艺美术、特定地名和物质文化遗产相关的非物质文化遗产进行特别保护，鼓励申报非物质文化遗产、设立专题博物馆等。福州市政府在其制定的上下杭历史文化街区、"海上丝绸之路·福州史迹"的专门立法之中，要求保护与此相关的特色传统商业习俗信仰、传统工艺美术、民间舞蹈、民间歌谣等非物质文化遗产，鼓励社会力量参与非物质文化遗产的开发利用。

表2 福建省和设区的市政府制定非物质文化遗产的相关立法

序号	规章名称	实施时间	相关条款
1	《福建省"中国丹霞"自然遗产保护办法》	2009年1月15日	第十三条
2	《福建省传统工艺美术保护办法》	2011年5月1日制定 2013年6月8日修改	第十五条
3	《福州市上下杭历史文化街区文化遗产保护管理办法》	2013年11月26日	第七条
4	《福建省地名管理办法》	2015年9月22日	第七条
5	《福建省"古泉州（刺桐）史迹遗址"文化遗产保护管理办法》	2016年1月13日	第二十四条
6	《"海上丝绸之路·福州史迹"文化遗产保护管理办法》	2017年2月25日	第十条

三 福建省和设区的市非物质文化遗产立法的未来展望

（一）福建省和设区的市非物质文化遗产的立法原则

当前，福建省已经制定《福建省非物质文化遗产条例》，该条例第一条明确了非物质文化遗产的立法目的,包括保护和保存非物质文化遗产,传承和发展福建历史文脉,继承和弘扬中华优秀传统文化。由此而言,依照上述立法规定,福建省和设区的市非物质文化遗产的立法应当至少坚持以下原则。

第一,保存基础上的保护原则。福建省和设区的市非物质文化遗产是指福建各族人民世代相传的传统文化表现形式及与之相关的实物和场所,具体包括福建传统口头文学以及作为其载体的语言,福建传统美术、书法、音乐、舞蹈、戏剧、曲艺和杂技,福建传统技艺、医药和历法,福建传统礼仪、节庆等民俗,福建传统体育和游艺,等等。上述非物质文化遗产是福建历史和文化的积淀。对于非物质文化遗产,福建省和设区的市人大、政府应当通过立法对其实施全面的保存,包括实物保存和数字化保存。数字化保存主要针对传统口头文学、传统曲艺杂技等濒危的非物质文化遗产,实物保存针对与非物质文化遗产相关的实物和场所。在对福建省和设区的市非物质文化遗产实施全面保存的基础上,更加注重对福建省和设区的市非物质文化遗产的行政保护,包括预防性保护机制和惩罚性保护机制,预防性保护机制旨在通过立法明确福建省和设区的市非物质文化遗产法律保护的界限,使得破坏者基于法律后果而不敢实施破坏行为。惩罚性保护机制是指对破坏福建省和设区的市非物质文化遗产的行为实施惩罚,以有效保护非物质文化遗产。

第二,传承基础上的合理利用原则。保存和保护福建省和设区的市非物质文化遗产并不是福建省和设区的市非物质文化遗产立法的最终目的,福建省和设区的市非物质文化遗产立法的最终目的应当落实到对"人"的作用上,充分保障人民的基本文化权益。对此,在保存和保护福建非物质文化遗产的基础上,应当更加注重福建非物质文化遗产的传承,建立非物质文化遗产代表性名录,明确非物质文化遗产传承人,实施非物质文化遗产的传承活动。同时,合理使用非物质文化遗产的目的,在于促进福建非物质文化遗产的活态传承,使得福建非物质文化遗产"飞入寻常百姓家";合理使用要求在利用福建非物质文化遗产时,不得以损害非物质文化遗产为代价;将福建非物质文化遗产的传承与旅游相结合,依托福建非物质文化遗产,推动发展具有地方特色的文化旅游产业；鼓励公民、法人和其他组织通过融资、合作、入股等方式合理利用福建非物质文化遗产，挖掘其所蕴含的文化价值和经济价值，开发具有地方特色的文化、旅游产品和文化服务。

第三，政府主导下的社会参与原则。《福建省非物质文化遗产条例》第六条、第七条明确了县级以上地方人民政府及其文化主管部门、其他有关部门、乡（镇）人民政府、街道办事处的法定职责。县级以上人民政府对非物质文化遗产的保护、保存工作承担领导职责，将非物质文化遗产保护和保存纳入国民经济和社会发展规划，所需经费纳入财政预算，建立协调机制，处理非物质文化遗产重大事项；乡（镇）人民政府、街道办事处承担协助职责，有义务协助非物质文化遗产的管理；文化行政主管部门承担对非物质文化遗产的具体保护职责，其他相关部门在职责范围内承担保护非物质文化遗产的法律义务。然而，单靠政府对非物质文化遗产进行保存和保护，无法真正发挥非物质文化遗产的文化和经济价值。因而，必须引入相应的社会参与制度。一方面，确定非物质文化遗产传承人制度，促进非物质文化遗产的传承，发挥非物质文化遗产的文化价值。另一方面，推进非物质文化遗产的开发，使之和文化产业、旅游产业等相关产业融合，发挥非物质文化遗产的经济价值。由此而言，保存和保护非物质文化遗产是政府的职责，政府应当承担主导责任。引入社会机制，传承和开发利用非物质文化遗产，应当在政府的主导下进行。

（二）福建省和设区的市非物质文化遗产的立法规划

当前，福建省统一的非物质文化遗产立法已经完成，这为福建省非物质文化遗产保护提供了基本的法律依据。但是，这并不意味着福建省和设区的市非物质文化遗产的立法已经完善，福建省和设区的市仍然需要制定非物质文化遗产的立法，以系统化、全面化地保护福建省非物质文化遗产。一方面，福建设区的市人大或者政府应当在省级人大制定的非物质文化遗产专门立法的指引下，推进市级非物质文化遗产的专门立法，以系统、全面地保护福建各市的非物质文化遗产。另一方面，福建省和设区的市人大、政府应当同时推进非物质文化遗产相关立法,福建省已经制定专门的非物质文化遗产条例,但是福建省和设区的市仍然有与非物质文化遗产保护相关的立法尚需修改或者制定,譬如知识产权保护立法、特定非物质文化遗产保护立法、与非物质文化遗产相关的文物保护立法,等等。上述立法的推进,需要福建省和设区的市人大与政府依照《福建省人民代表大会及其常务委员会立法条例》和《福建省人民政府法规草案和政府规章制定程序规定》等有关规定,制定具体的立法规划,及时推进非物质文化遗产的立法保护。

第一,福建各市推进非物质文化遗产的专门立法。2017年,《福州市第十五届人大常委会五年立法规划》中明确将在五年内制定《福州市非物质文化遗产保护条例》,以保护和保存福州市丰富的非物质文化遗产,合理开发和利用福州市非物质文化遗产,传承和发展中华优秀传统文化。此外,厦门、龙岩、宁德、泉州等市都存有丰富的非物质文化遗产,其中厦门市非物质文化遗产包括拍胸舞、车鼓弄、踩高跷、莲花褒歌、中秋博饼、大道公信仰、送王船习俗、答嘴鼓、漆线雕技艺、南音、歌仔戏、高甲戏、五祖拳、厦金宋江阵、厦门方言讲古、厦港民习俗、池王爷习俗、蜈蚣阁、歌仔说唱、闽南童谣、春仔花习俗、厦金风狮爷信仰、厦门皮影戏,等等。上述厦门市等各市的非物质文化遗产具有不同的特色,应当在调研各市非物质文化遗产的基础上,根据各市非物质文化遗产的特殊情况,制定符合各市情况的非物质文化遗产专门立法规范。此外,福建各市非物质文化遗产的专门立法不应只是对《福建省非物质文化遗产条例》的简单重复,而是应当将非物质文化遗产保护具体化,针对不同的非物质文化遗产实施不同的保护措施,体现各市非物质文化遗产立法的特色;在保存和保护非物质文化遗产的基础上,合理利用各市非物质文化遗产,促进福建各市非物质文化遗产的传承和开发,实现文化效益和经济效益的统一。

第二,福建省和设区的市推进非物质文化遗产的相关立法。福建省和设区的市拥有大量与非物质文化遗产保护、开发和利用相关的文化遗产、公共文化服务和文化产业等相关立法,可以在上述立法中设立专门条款或者专章规定特定非物质文化遗产的保护、开发和利用。在与文化遗产相关的立法中，福建省和设区的市已经在土楼、名城名镇名村和传统村落、海上丝绸之路史迹、鼓浪屿、中国丹霞、上下杭历史文化街区等文化遗产的立法之中，设立专门的条款，明确保护和弘扬与文化遗产相关的非物质文化遗产，但是仍然有大量与文化遗产相关的非物质文化遗产并未拥有专门立法。福建省和设区的市应当依照文化遗产自身的特点，在制定与非物质文化遗产相关的立法之中，设立专门条款或者章节对非物质文化遗产进行保护。在与公共文化服务相关的立法中，2018年，福建省将"福建省公共文化服务保障条例"纳入立法议程，根据《中华人民共和国公共文化服务保障法》的规定，公共文化设施包括图书馆、博物馆、文化馆、美术馆等，上述公共文化设施内都存有与非物质文化遗产相关的文物，福建省在制定公共文化服务立法时，应当设立专门条款规定公共文化服务机构应当保存和保护其馆内的非物质文化遗产，合理利用和开发其馆藏非物质文化遗产；在制定专门的公共图书馆、博物馆等立法时，涉及对非物质文化遗产的保护开发利用的，应当设置专门条款予以规定。在与文化产业相关的立法之中，《文化产业促进法（草案征求意见稿）》已经向社会公布，该条例中明确规定振兴传统工艺，而诸多的传统工艺以非物质文化遗产的形态呈现。福建省和设区的市在制定文化产业相关的立法时，应当明确规定在保存和保护非物质文化遗产的基础上，促进非物质文化遗产的产业化开发，发挥非物质文化遗产的经济效益。

（三）福建省和设区的市非物质文化遗产的法律实施

福建省和设区的市人大、政府依照法定程序制定非物质文化遗产立法，其目的在于通过该法的实施促进非物质文化遗产的保存、保护和利用。因而，在制定非物质文化遗产立法之后，应当着眼于立法的实施效果，并根据立法的实施效果，视具体的实施情况对立法进行修改。一方面，福建省和设区的市人大、政府应当在内部建立相应的法律实施监督机制，以促使主管非物质文化遗产的相关部门积极履行法定义务，保护非物质文化遗产。另一方面，福建省和设区的市人大、政府应当建立法律实施效果的第三方评估机制，独立评估非物质文化遗产立法的实施效果，避免既当运动员又做裁判员，使得立法实施效果的评估具有客观性。总体而言，通过建立法律实施内部监督机制和法律实施外部评估机制，可以对非物质文化遗产立法的实施效果进行全面的评估，为改进非物质文化遗产的执法提供参照，推进不适应非物质文化遗产保护立法的修改，最终有效推动福建省非物质文化遗产的保护、开发和利用。

第一，非物质文化遗产立法实施的内部监督机制。福建省和设区的市人大不仅具有制定非物质文化遗产相关立法的权力，也有对法律实施效果进行监督的法定职责。我国《立法法》明确规定，宪法具有最高效力，法律、行政法规的效力高于地方性法规和规章，地方性法规的效力高于本级和下级政府规章。对于超越权限、违反上位法规定、违背法定程序等的地方性法规和规章，应当按照《立法法》规定的权限予以改变和撤销。福建省和设区的市人大和政府应当依照《立法法》的规定，及时对制定的非物质文化遗产立法予以审查，确保福建省非物质文化遗产立法的合法性，将违背《立法法》规定的非物质文化遗产立法通过法定程序予以改变和撤销。同时，福建省和设区的市人大和政府应当建立非物质文化遗产立法的执法监督机制，对行政机关实施相关立法规定的非物质文化遗产保护情况进行监督。在执法监督的主体上，可由福建省和设区的市政府在内部建立相应的执法监督机构，吸纳文化行政主管部门的人员参与，将监督性和专业性有机结合。在执法监督的内容上，对行政机关是否履行非物质文化遗产保存、保护的职责进行检查，评估行政机关促进非物质文化遗产合理利用的法律措施。在执法监督的方式上，应当将内部追责制度和外部举报制度结合起来，鼓励社会公众对政府实施非物质文化遗产保护的情况进行举报监督，促使政府及时履行其应当承担的法定职责。在执法效果的评估上，福建省和设区的市人大及政府应当制订相应的评估指标和评估实施方案，将实施效果纳入政府官员的政绩考核之中，以有效推动非物质文化遗产的保护。

第二，非物质文化遗产法律实施的外部评估机制。《福建省人民代表大会及其常务委员会立法条例》第五十八条规定，主任会议根据工作需要，可以决定专门委员会、常务委员会工作机构对法规或者法规中有关规定开展立法后评估。《福建省人民政府法规草案和政府规章制定程序规定》第四十条规定，建立政府规章立法后评估制度，省人民政府法制办公室负责拟定政府规章立法后评估年度计划。政府规章有下列情形之一的，省人民政府法制办公室可以决定进行立法后评估：拟上升为法规立法项目的；需要进行全面修订或者较大修改的；公民、法人或者其他组织对政府规章提出较多意见的；实施满五年的；其他需要立法后评估的情形。实施政府规章的省级主管部门或者设区的市政府负责组织立法后评估。评估单位可以根据具体情况，确定对该政府规章全部内容进行整体评估，或者对其主要内容进行部分评估。评估单位可以根据需要，将立法后评估事项委托具备相应条件的高等院校、科研机构、社会评估机构、行业协会等单位进行，受委托的评估机构应当按要求形成评估报告，评估报告应当送委托单位审定。由此而言，立法后评估是针对立法规定的特定情形进行的，立法后评估可以由评估单位自身进行，也可以委托高等院校、社会评估机构、行业协会等第三方评估机构进行。对福建省和设区的市非物质文化遗产立法后的评估，应当遵循上述法规和规章的规定。而为增强评估的客观性，应当将立法后的评估交由第三方评估机构进行评估。第三方评估机构可以接受福建省和设区的市人大或者政府对非物质文化遗产立法的评估委托，对非物质文化遗产立法是否需要进行重大修改等进行全面的评估，以便继续推进非物质文化遗产立法的修订工作，保护和利用非物质文化遗产。

B.14
中医药非物质文化遗产立法实施报告*

李琴英**

摘　要： 党的十九大报告指出"坚持中西医并重，传承发展中医药事业"。自此，中医药事业得到发展，中医药非遗保护和利用引起了广泛重视。中医药非物质文化遗产包括中医传统技术、理论和方法等内容，目前我国在推进中医药非物质文化遗产保护上取得一定的进步，但是仍存在中医药非物质文化遗产保护的立法体系不健全、立法内容不完善等立法困境。为了解决上述难题，我国应当加强推动《中医药法》实施；通过完善《文物保护法》《非物质文化遗产法》等法律，将保护与开发并重；通过建立中医药非遗保护利益共享机制、税收优惠激励制度、合理使用机制、国际化推广机制，完善知识产权保护和运营机制，以达到切实有效地保护和利用中医药非物质文化遗产的目的。

关键词： 中医药　立法　非物质文化遗产

我国是拥有悠久历史文化和深厚文化积淀的文明古国，拥有大量的非物质文化遗产（以下简称"非遗"）。我国在2004年正式批准《保护非物质文化遗产公约》，2011年制定了《中华人民共和国非物质文化遗产法》。为切

---

* 基金项目：本文系国家社科基金重大课题"国家文化法制体系研究"（15ZD03）的阶段性成果。
** 李琴英，中南大学法学院博士研究生，研究方向为文化法学。

实有效地保护非物质文化遗产,继续加强非物质文化遗产立法势在必行。2017年党的十九大召开,习近平总书记在大会报告中提出,"坚持中西医并重,传承发展中医药事业。"2018年,习近平总书记再次对发展中医药做出重要指示。同年10月,习近平同志对横琴新区的中医药科技产业园进行考察时提到,应该对中医药宝库的优质资源进行深度挖掘和开发,推进产学研一体化,推进中医药产业化、现代化,让中医药向全球市场进军[①]。

中医药文化是中华民族优秀传统文化中体现中医药本质与特色的精神文明和物质文明的总和。中医药文化是中医药领域各种事物、人的行为及其规则、人的心智状态及其创造产物的总和。《中华人民共和国中医药法》第二条规定:"本法所称中医药,是包括汉族和少数民族医药在内的我国各民族医药的统称,是反映中华民族对生命、健康和疾病的认识,具有悠久历史传统和独特理论及技术方法的医药学体系。"因此,法律意义上的中医药,包括少数民族的医药。中医是一种医学理论体系,中(医)药是中医治疗的其中一种方法。在日常生活中讲中医,一般是指中医和中药,而根据《中医药法》第二条的规定,中医药包括中医和药。因此,中医等同于中医药。

中医药非遗是中国文化遗产的一部分,对于中医药非遗的研究,我国应当遵循非遗保护和利用的一般规律,加强对中医药非遗的保护,同时促进中医药非遗的创造性转化和创新性利用。

一 研究范围及研究对象特点

(一)研究范围

我国《宪法》指出:"国家应该对医疗、卫生、现代及传统医药事业进行大力发展。"2017年施行的《中华人民共和国中医药法》第四十二条规定:"对具有重要学术价值的中医药理论和技术方法,省级以上人民政府中

---

① 《习近平在广东考察》,中华人民共和国中央人民政府官网,2018年10月25日。

医药主管部门应当组织遴选本行政区域内的中医药学术传承项目和传承人，并为传承活动提供必要的条件。传承人应当开展传承活动，培养后继人才，收集整理并妥善保存相关的学术资料。属于非物质文化遗产代表性项目的，依照《中华人民共和国非物质文化遗产法》的有关规定开展传承活动。"第四十三条规定："国家建立中医药传统知识保护数据库、保护名录和保护制度。中医药传统知识持有人对其持有的中医药传统知识享有传承使用的权利，对他人获取、利用其持有的中医药传统知识享有知情同意和利益分享等权利。国家对经依法认定属于国家秘密的传统中药处方组成和生产工艺实行特殊保护。"由此而言，中医物质文化遗产主要包括中医文物设施，中医非物质文化遗产包括中医传统技术、理论和方法等。在全球经济社会快速发展的情形之下，中医药非遗在政治、经济与文化上的价值日益显现。本文通过对中医药非遗立法进行梳理，以制定主体和效力层级为划分标准，从法律、行政法规、部门规章、地方性法规和规章等方面开展资料收集和整理工作，力求从立法体系的完备、立法实施的效果等视角予以评价。

（二）评价标准与研究方法

本文的研究限于中医药非遗相关的法律、行政法规、地方性法规、自治条例、单行条例和规章。鉴于地方中医药非遗名录和传承人规定不一，无法收集到全面公开客观的数据，本文将研究对象限定在中医药国家级非遗名录及传承人，并将其作为分析样本，具体分析其整体数量、名称、内容等要素。

二 中医药非遗国际保护状况及评析

（一）传统中医药国际保护现状简述

过去很长一段时间，西方医学界都比较排斥中医药经验诊疗理念。在科技进步、文化交流和社会经济不断发展的过程中，中医药理论逐步丰富，诊疗方式和手段也得到了改进和创新，有效性也得到了充分论证，西方医学界对中医药的看法有所改观。西方国家采取了一系列的措施和手段，从法律角度对中医药的地位进行了明确，世界上很多国家都相继提出一些全新措施。如澳大利亚维多利亚州《中医注册法案》的通过，促进了中医药管理委员会这一法定的独立的管理机构的形成。此外，泰国将传统医药收录到本国的医药体系之中，以改善国家对中医药保护的缺失，承认中医药的医学地位，并在这种思路的引导下，强化对中医药的教育、从业训练、注册、优化管理等工作。从其他层面来看，很多美国人对中医药非常感兴趣，而且像中医针灸等很多治疗方法，美国一些州的医保都覆盖了，这也是国外对于中医药的认可。

同时，部分国际条约也对中医药保护条款进行了明确表述。如《与贸易有关的知识产权协定》、《保护非物质文化遗产保护公约》和《野生药资源保护条例》等。世卫组织在2000年正式通过西太区发展传统医药战略计划，这为我国中医药的广泛传播和推广运用奠定了坚实的根基。此种环境下，中国与全球多个国家和地区在中医药方面开展了广泛的合作，成果相当显著。

（二）中医药非遗国际保护之评价

中医药是一个比较复杂的体系，要推动中医药走向世界，青蒿素就是一个范例。青蒿素发现者屠呦呦认为，在青蒿中研发青蒿素，仅为中医药创新的一种方式。如何在现代科技的辅助和支撑下，更好地利用、传承和发展中医药，值得国内学者的深思和深入探究。

然而，在当前阶段，还有一些国家仍旧不将中药当成药品，而是将其视为一种保健品。就全球来看，与中医药保护有关的标准尚未统一。由于中医药特殊的历史背景，我国在研究相关法律制度的同时，应该将中医药的特殊性充分考虑在内，需要总结别国经验，着眼于国际视野，完善现有的法律体系并制定新的立法，促进中医药非遗的保护、传承和开发利用。

三　中医药非遗保护的立法情况及评价

（一）全国人大及其常委会、国务院及其部委实施中医药非遗保护的立法情况及评价

由表1可知，全国人大及其常委会共在其制定的4部法律中提及中医药、传统医药或者非物质文化遗产。《宪法》明确规定国家发展传统医药，保护人民健康。《中医药法》明确将中医药的理论和技术方法作为非遗的一部分，要求作为非遗的中医药项目依照《非遗法》开展传承活动。《非物质文化遗产法》将传统医药纳入非物质文化遗产范畴，对《宪法》中的传统医药的属性进行了回应。《民族区域自治法》将民族传统医药放置在重要的位置。国务院共在其制定的3部行政法规中提及中医药和非遗，其中，在《国务院实施〈中华人民共和国民族区域自治法〉若干规定》中明确规定，保护、扶持和发展民族传统医药，提高各民族的健康水平。《中医药条例》中规定，民族医药的许可等参照条例执行。《城市民族工作条例》要求加强民族医药的研究。国家中医药管理局制定的《中药饮片生产企业质量管理办法（试行）》中明确规定，中药炮制是祖国医药宝库的组成部分，是中药行业特有的传统制药技术，是中国重要的非遗，应当予以继承和发扬。

表1　全国人大及其常委会、国务院及其部委实施中医药非遗保护的立法情况

性质	名称	相关条款	发布或实施日期
法律	《中华人民共和国宪法》(2018修订)	第二十一条	2018年3月11日
	《中华人民共和国中医药法》	第四十二条	2016年12月25日
	《中华人民共和国非物质文化遗产法》	第二条	2011年2月25日
	《中华人民共和国民族区域自治法》	第四十条	2001年2月28日
行政法规	《国务院实施〈中华人民共和国民族区域自治法〉若干规定》	第二十六条	2005年5月19日
	《中华人民共和国中医药条例》	第三十八条	2003年4月7日
	《城市民族工作条例》	第二十一条	1993年9月15日
部委规章	《中药饮片生产企业质量管理办法(试行)》	第一条	1992年6月1日

从上文来看，我国为保护中医药非物质文化遗产已经制定了相关的法律，但实际效果并不尽如人意。其一，保护性法律数量少，立法盲点多。我国目前还没有针对中医药非物质文化遗产的专门立法，相关规范散见于《中医药法》《文物保护法》《非物质文化遗产法》等立法规范之中，相关规定不成体系，有些地方相互矛盾。在中医药非遗规范上和开发保护业务工作的关键环节上立法缺失。其二，国内中医药非遗法律保护涉及面广，不仅有行政法规范方面，还有经济法规范方面等，缺少统一的上位法规范。另外现有法律主要集中在行政管理方面，有明显的局限性，在实践中调整能力十分有限，不少法规的内容互相冲突，或存在法律空白，缺乏统筹规划和理论研究。其三，对中医药非遗的活化利用机制并不健全，现有的法律体系注重对中医药非遗的物理性保护，缺乏对中医药非遗的活化传承等机制，无法有效发挥中医药非遗的作用，中医药的传承和开发面临着法律困境。

（二）地方人大及政府推进中医药非物质文化遗产保护的立法情况及评价

近年来，各省区市共制定69部中医药非遗相关的地方性法规和9部规章（见表2），多数省区市都在相关立法中对中医药非遗进行立法保护，上述中医药非遗地方立法主要包括以下几类。其一，地方中医药或者民族医药立法。《山西省发展中医药条例》第三十五条规定："对中药老字号、驰名商标、著名商标、列入非物质文化遗产项目的中医药和确有疗效的民间诊疗技术，给予重点保护和扶持。"《河北省中医药条例》《内蒙古自治区蒙医药中医药条例》等中医药条例中都进行了类似规定，并要求加强对中医药非物质文化遗产的传承，给予传承人奖励和扶持。其二，非遗立法，《北京市非物质文化遗产条》《天津市非物质文化遗产保护条例》《河北省非物质文化遗产条例》等将传统医药纳入非物质文化遗产之中，并对中医药老字号等进行系统的保护。其三，民族自治地方和少数民族权益保障立法。《天津市少数民族权益保障规定》《辽宁省实施〈中华人民共和国民族区域自治法〉办法》《湖南省实施〈中华人民共和国民族区域自治法〉若干规定》

《广西壮族自治区旅游条例》等民族自治地方立法和少数民族权益保障立法，将传统医药和少数民族医药纳入中医非物质文化遗产范畴，并进行保护性开发。

表2 地方人大及政府中医药非物质文化遗产保护的立法情况

地域	名称	相关条款	发布或实施时间
地方中医药非物质文化遗产相关法规			
北京市	《北京市非物质文化遗产条例》	第二条	2019年1月20日
天津市	《天津市非物质文化遗产保护条例》	第二十六条	2018年12月14日
	《天津市少数民族权益保障规定》	第二十六条	2013年11月7日
河北省	《河北省中医药条例》	第四十条	2017年12月1日
	《河北省非物质文化遗产条例》	第三条	2014年3月21日
山西省	《山西省发展中医药条例》	第三十五条	2013年10月11日
	《山西省非物质文化遗产条例》	第二条	2013年1月1日
	《临汾市非物质文化遗产保护管理办法》	第十一条	2017年9月29日
	《吕梁市非物质文化遗产保护条例》	第二条	2017年9月29日
内蒙古自治区	《内蒙古自治区蒙医药中医药条例》	第四十九条	2010年10月1日
	《内蒙古自治区非物质文化遗产保护条例》	第三条	2017年7月1日
辽宁省	《辽宁省非物质文化遗产条例》	第三条	2014年11月27日
	《辽宁省实施〈中华人民共和国民族区域自治法〉办法》	第二十八条	2008年9月25日
吉林省	《吉林省非物质文化遗产保护条例》	第三条	2017年3月24日
	《前郭尔罗斯蒙古族自治县非物质文化遗产保护条例》	第十九条	2018年6月1日
	《延边朝鲜族自治州朝鲜族非物质文化遗产保护条例》	第三条	2015年6月10日
	《前郭尔罗斯蒙古族自治县蒙医药管理条例》	第十六条	2013年4月8日
黑龙江省	《黑龙江省非物质文化遗产条例》	第三条	2016年8月19日
上海市	《上海市非物质文化遗产保护条例》	第二十一条	2015年12月30日
江苏省	《江苏省非物质文化遗产保护条例》（2013修订）	第三条	2013年1月15日
	《苏州市非物质文化遗产保护条例》	第三条	2013年9月27日

续表

地方中医药非物质文化遗产相关法规

地域	名称	相关条款	发布或实施时间
浙江省	《浙江省少数民族权益保障条例》(2016修订)	第二十六条	2016年5月27日
安徽省	《安徽省非物质文化遗产条例》	第三条	2014年8月21日
	《马鞍山市非物质文化遗产条例》	第三条	2017年3月31日
	《滁州市非物质文化遗产保护条例》	第三条	2017年9月29日
	《蚌埠市非物质文化遗产条例》	第三条	2018年12月21日
福建省	《福建省非物质文化遗产条例》	第三条	2019年6月1日
	《福建省少数民族权益保障条例》	第二十八条	1999年10月22日
	《福建省历史文化名城名镇名村和传统村落保护条例》	第三十三条	2017年7月1日
山东省	《山东省非物质文化遗产条例》	第三条	2015年9月24日
	《菏泽市非物质文化遗产条例》	第三条	2018年10月1日
河南省	《河南省非物质文化遗产保护条例》		2013年9月26日
	《洛阳市非物质文化遗产保护条例》	第二条	2017年3月1日
湖南省	《湖南省实施〈中华人民共和国民族区域自治法〉若干规定》	第三十条	2011年11月27日
	《湘西土家族苗族自治州土家医药苗医药保护条例》	第十一条	2009年6月3日
	《湘西土家族苗族自治州民族民间文化遗产保护条例》	第三条	2006年6月1日
湖北省	《湖北省中医药条例》	第三十一条	2019年11月1日
	《宜昌市非物质文化遗产保护条例》	第二条	2019年6月1日
	《武汉市非物质文化遗产保护条例》	第二条	2016年11月1日
	《湖北省非物质文化遗产条例》	第三条	2012年9月29日
广东省	《广东省非物质文化遗产条例》	第二条	2011年7月29日
广西壮族自治区	《广西壮族自治区非物质文化遗产保护条例》	第三条	2016年11月30日
	《河池市非物质文化遗产保护条例》	第三条	2018年1月1日
	《广西壮族自治区旅游条例》	第三十四条	2016年7月21日

续表

地方中医药非物质文化遗产相关法规

地域	名称	相关条款	发布或实施时间
四川省	《四川省非物质文化遗产条例》	第二条	2017年6月3日
	《甘孜藏族自治州非物质文化遗产条例》	第二条	2013年8月1日
	《阿坝藏族羌族自治州非物质文化遗产保护条例》	第三十条	2011年7月1日
	《北川羌族自治县非物质文化遗产保护条例》	第二条	2008年9月1日
贵州省	《黔南布依族苗族自治州民族医药保护发展条例》	第十七条	2018年5月31日
	《黔东南苗族侗族自治州苗医药侗医药发展条例》	第三十条	2014年7月31日
	《贵州省非物质文化遗产保护条例》	第二条	2012年5月1日
云南省	《云南省发展中医药条例》	第二十五条	2011年7月1日
	《云南省非物质文化遗产保护条例》	第三条	2013年3月28日
	《云南省景东彝族自治县文化遗产保护条例》	第二条	2015年5月29日
	《云南省墨江哈尼族自治县文化遗产保护条例》	第三条	2016年3月31日
	《云南省禄劝彝族苗族自治县文化遗产保护条例》	第三条	2017年5月26日
	《昆明市非物质文化遗产保护条例》	第三条	2018年7月1日
	《云南省兰坪白族普米族自治县文化遗产保护条例》	第三条	2018年6月9日
	《云南省楚雄彝族自治州彝医药条例》	第三十四条	2018年9月21日
	《云南省迪庆藏族自治州藏医药条例》	第三十八条	2019年9月1日
西藏自治区	《西藏自治区实施〈中华人民共和国非物质文化遗产法〉办法》	第三条	2014年4月2日
陕西省	《陕西省非物质文化遗产条例》	第三条	2014年1月10日
甘肃	《甘肃省非物质文化遗产条例》	第三条	2015年3月27日
	《甘肃省甘南藏族自治州非物质文化遗产保护条例》	第三条	2015年7月31日
	《甘肃省积石山保安族东乡族撒拉族自治县非物质文化遗产保护条例》	第二条	2016年5月24日
青海省	《青海省促进民族团结进步条例》	第二十二条	2019年5月1日
海南省	《陵水黎族自治县非物质文化遗产保护条例》	第二十七条	2015年4月10日
	《保亭黎族苗族自治县非物质文化遗产保护条例》	第二条	2008年9月7日
重庆市	《重庆市非物质文化遗产条例》	第二条	2012年7月26日

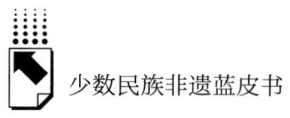

续表

<table>
<tr><th colspan="4">地方中医药非物质文化遗产相关规章</th></tr>
<tr><th>地域</th><th>名称</th><th>相关条款</th><th>发布或者实施时间</th></tr>
<tr><td>河南省</td><td>《郑州市非物质文化遗产保护办法》</td><td>第二条</td><td>2019年2月19日</td></tr>
<tr><td>陕西省</td><td>《西宁市非物质文化遗产保护办法》</td><td>第三条</td><td>2018年2月22日</td></tr>
<tr><td>四川省</td><td>《南充市非物质文化遗产保护办法》</td><td>第二条</td><td>2018年2月14日</td></tr>
<tr><td>安徽省</td><td>《池州市非物质文化遗产保护办法》</td><td>第三条</td><td>2018年2月9日</td></tr>
<tr><td>辽宁省</td><td>《辽宁省知识产权保护办法》</td><td>第九条</td><td>2017年12月20日</td></tr>
<tr><td>青海省</td><td>《青海省非物质文化遗产保护办法》</td><td>第三条</td><td>2017年12月14日</td></tr>
<tr><td rowspan="2">江苏省</td><td>《淮安市非物质文化遗产保护实施办法》</td><td>第三条</td><td>2017年12月20日</td></tr>
<tr><td>《常州市非物质文化遗产保护办法》</td><td>第二条</td><td>2017年11月18日</td></tr>
<tr><td>广东省</td><td>《惠州市非物质文化遗产保护管理办法》</td><td>第二条</td><td>2017年9月20日</td></tr>
</table>

由此可知，地方立法对中医药非遗的保护存在以下特征。一是以地方人大制定的地方性法规为主，以地方政府制定的规章为辅，各省区市人大及政府依照地方中医药非遗的特定情况，制定地方性法规和规章，对中医药非遗的保护和开发进行规范具有重要意义。二是立法内容分散至中医药立法、非物质文化遗产立法和民族区域自治立法之中，对中医药非遗的多重法律保护有利于实现对中医药非遗的全面保护，为中医药非遗保护提供了最基本的法律依据。三是体现一定的地方特色性，内蒙古自治区、西藏自治区、湖南省等地区，根据民族自治地方传统医药的特殊性制定专门的立法，保护蒙药、藏药、苗药等传统医药。

虽然，上述立法为地方中医药非遗的保护和开发提供了相应的法律依据，但是仍然存在以下突出的问题。一是地方人大与政府中医药非遗保护的立法不够协调，地方人大主导中医药非遗的保护更加有效，但是具体的实施仍然依靠政府，地方政府应当制定实施的具体规章，推进中医药非遗的保护和开发。二是立法导向上过于注重保护而忽略开发，中医药非遗不仅具有文化价值，还具有经济价值，应当在推进中医药非遗保护的同时，更加注重开发中医药非遗，使得中医药非遗活起来。三是地方立法特色缺乏，地方人大和政府在制定的非物质文化遗产条例中将传统医药纳入中医药非遗，但只是照抄上位法的规定，未体现各地中医药非遗保护的特色。四是中医药非遗的国际化推进缺乏措施，地方中医药非遗的国际化，可以有效促进中医药非遗的传承，加强地方和中医药非遗的交流，但是地方性立法中对中医药非遗国际化的相关规定较少。

四 国家级中医药非遗及其传承人的入选状况及评价

国家级中医药非遗的具有以下特征。其一，具有特定的地域性。不同的地域，中医药非遗有各自的特点。北京市国家级中医药非遗主要包括中医诊法、正骨疗法、同仁堂中医药文化等。天津市国家级中医药非遗主要是中医传统制剂方法。内蒙古自治区国家级中医药非遗主要是蒙医药。辽宁省国家级中医药非遗主要是中医正骨疗法（海城苏氏正骨）。吉林省国家级中医药非遗主要是中药炮制技艺（人参炮制技艺）。其二，传统医药种类的多样性。中医传统制剂方法具有多样性，包括老王麻子膏药制作技艺、枇杷露传统制剂、六神丸制作技艺，等等。中医诊疗法包括清华池传统修脚术、顾氏外科疗法、古本易筋经十二势导引法，等等。中医正骨疗法包括石氏伤科疗法、上海石氏伤科疗法，等等。其三，具有一定的民族性。苗医药的癫痫症疗法、钻节风疗法、九节茶药制作工艺，壮医药的线点灸疗法，甘孜州南派藏医药，瑶族药浴疗法，侗医药的过路黄药制作工艺，等等。

国家级中医药非遗传承人具有以下特征：一是性别比例，中医药非遗产传承人以男性为主，女性占比较少，这代表着传统中医药的传承在一定程度上会考虑性别因素；二是民族比例，中医药非遗传承人以汉族为主，蒙古族、藏族、苗族、满族等少数民族只占有少量的名额；三是申报主体的多样性，既包括中国中医科学院、中国中药协会、中国针灸学会等中医药非营利性组织，也包括中国北京同仁堂（集团）有限责任公司等营利性公司，还包括地方政府，等等。

总体而言，当前我国中医药非物质文化遗产法律法规已经实施，这为中医药非遗及其传承人的法律保护提供了基本的制度保障。国家通过法定程序，将符合保护条件的中医药非物质文化遗产纳入名录之中，并确定具体的传承人，以实现保护和传承的双重目的。诸多中医药非物质文化遗产被纳入国家级非物质文化遗产名录并分布于不同省市，体现了我国中医药非物质文化遗产的丰富性，也是我国保护中医药非物质文化遗产的具体表现。

但是，国家级中医药非物质文化遗产及其传承人的制度仍然不够完善，主要体现在以下几个方面：一是仍然有大量的中医药非物质文化遗产未被纳入法律保护体系，譬如药签是中国重要的中医药非遗，但是未被纳入国家级的中医药非物质文化遗产名录予以保护；二是民族性和地域性的中医药文化遗产亟待保护，当前中医药非物质文化遗产涉及了一些少数民族的中医药非物质文化遗产，还有许多具有重要价值的少数民族中医药非遗未被纳入国家级非物质文化遗产；三是传承人制度未实现有效平衡，中医药非物质文化遗产的传承不应当有性别的差异，应保障女性成为中医药非物质文化遗产传承人的权利；四是申报制度的改进，中医药非物质文化遗产的申报应注重社会的参与，并进行具体的评估，建立第三方评估和监督制度。

五　中国中医药非遗立法的问题与应对措施

（一）中医药非遗立法存在的问题

中医药非遗是中华民族在悠久的历史发展过程中的积淀和传承。中医药非遗由于其显著的社会、经济以及生态价值，受到全世界医药产业的关注。越来越多的中医药非遗被各国医药公司进行商业化开发利用，开发成新的产品。因为中医药非遗特别是其知识产品具有无形性的特征，中医药已经进入公有领域，价值被无偿使用，而其创造者及传承人却未得到利益回馈，因此对中医药非遗的保护显得尤为紧迫。在国家层面，我国的传统中医药非遗长期以来没能得到高度的重视，这主要包括以下几方面原因。

第一，关于非遗保护的立法体系不健全。我国仍须推动《中医药法》实施，研究制定配套政策法规和部门规章，推动修订《执业医师法》《药品管理法》《医疗机构管理条例》《中药品种保护条例》等法律法规，进一步完善中医类别执业医师、中医医疗机构分类和管理、中药审批管理、中医药传统知识保护等领域相关法律规定，构建适应中医药发展需要的法律法规体系，指导地方加强中医药立法工作。

第二，关于中医药非遗保护的立法不完善。《文物保护法》《非物质文化遗产法》等法律，对于中医药非遗以管制性保护为主，缺乏对中医药非遗的活化利用的制度安排。我国亟须修改上述法律，将保护与开发并重，让中医药非遗产真正活起来，保护公民基本的文化权益。

第三，中医药非遗保护和开发中的知识产权困境。首先，我国既有的知识产权制度明确指出，只有完整的知识产品才能被当作保护客体。而非物质文化遗产体系相当庞大且复杂，多以知识产品片段的形式存在。此种情况下，中医药非遗中的中医药文化、技术和方法等，都不符合既有知识产权客体的构成要素。其次，权利主体难以确定。中医药非遗具有明显的群体性特征。不管是个人、法人还是多人持有知识产权，其都拥有一个明确的身份。现实情况是，不能明确中医药非遗的权利主体，这对知识产权保护制度的运行产生了极大的阻碍。[1]最后，知识产权保护具有明显的实效性。中医药非遗在继承过程中呈现动态发展态势，就此而言，其保护期是很难确定的。

（二）中医药非遗保护的立法对策

国家应该对保护中医药非遗的有关工作进行重点关注，将有关政策法规制定出来，并将其全面推行下去，围绕中医药非遗保护建立系统化管理体制。以既有的非遗文化保护制度为根基，围绕中医药非遗保护建立专业化、系统化管理体制。对中医药非遗保护的现实工作状况进行考察，找出其中存在的问题与不足，以此为根基，将有关政策法规及行之有效的应对措施明确

---

[1] 曾真、金浪：《论基于知识产权背景下中医药非物质文化遗产的保护》，《中医药管理杂志》2013年第3期，第222页。

提出来；组建专家监督组，引导中医药事业朝着更好的发展方向迈进。①

第一，建立中医药非遗利益共享机制。伊文与弗里曼二人将利益分享概念提了出来，也就是创造事物价值的主体有权共享由此价值带来的收益，美国的非遗保护法也对此理论进行了运用。② 我国也应该学习和借鉴美国的利益共享机制，以立法手段明确约定非物质文化遗产开发主体和拥有主体的权利与义务，就此对拥有者权益进行充分维护。

第二，建立中医药非遗保护有关的激励制度。激励制度可以通过税收体现出来，美国政府为了引导和激励社会公众对非物质文化遗产进行很好的保护，特别给予对非物质文化遗产实施保护的企业、个人或组织一定的税收优惠，人们保护非遗的欲望明显增强。我国也可以借鉴此方式，从现实国情出发，给予能够很好保护中医药文化的企业或个人适当的税收优惠，同时通过有关法律政策对此方面内容进行明确。

第三，建立合理使用中医药非物质文化遗产的机制。从立法和政策方面对政府保护措施进行明确，避免政府过度干预中医药非遗，遵循保护中医药非遗的有关规律，规避破坏情况。③ 政府应创建能促进中医药非遗保护的法律和社会舆论环境，让社会公众广泛参与非遗保护工作。鉴于中医药非遗属于一种民间产物，因此，在开展民间保护工作的时候，应该对主体地位进行明确，对政府行政行为进行妥善处理，对民族中医药非遗、群体情感及权益进行尊重和传承，在传播中医药文化、围绕中医药非遗进行产品和特色旅游文化开发的过程中，对不合理利用情况进行规避。

第四，建立中医药非遗开发的知识产权保护和运营机制。中医药非遗的开发需要其根据自身的优势制定知识产权保护和运营的战略目标、领导机制和激励机制等。具体而言，主要包括著作权保护的法律机制、商标权保护的

---

① 沈劼：《试论中医药非物质文化遗产及其保护》，《南京中医药大学学报》（社会科学版）2007年第4期，第203页。
② 刘淑娟：《欧美国家非物质文化遗产法律保护经验对我国的启示》，《华侨大学学报》（哲学社会科学版）2015年第2期，第83页。
③ 代中现：《论保护濒危非物质文化遗产执法机制存在的问题》，《河北法学》2008年第1期，第72页。

法律机制、专利权保护的法律机制和商业秘密保护的法律机制等。在知识产权保护的具体制度上，做好以下几方面工作。其一，对中医药产品的标志，申请注册商标进行保护。只有注册商标才能得到法律的保护。应树立商标意识，防止抢注，提高利用商标进行特色宣传的积极性。其二，对于中医学理论成果，采取著作权保护。根据我国的《知识产权法》，利用民法、刑法、行政法及民间仲裁等手段，保护著作权人的利益。其三，对于传统的中药创新配方和创新技术实施专利保护。鼓励企业办理专利申请，鼓励设立更多的专利中介机构，方便中药专利的申请。其四，将独有的能够长期保存的信息纳入商业秘密保护。企业采用签订保密协议、成果归属协议，制定保密条款等措施，防止交易过程中商业秘密的外泄。总之，确定中医药知识产权的归属方，从历史继承的角度和技术发展的角度平衡二者选取的比例，是做好中医药全球保护和避免侵权的重要工作。另外，我国知识产权法律体系中重技术发展而轻产权保护的思想弊病，应当从上至下地加以改善，完善知识产权法律法规。

第五，建立中医药非遗的国际化推广机制。实现中医药非遗开发的国际化，必须建立中医药非遗融入国际医疗制度体系和国际推广的法律机制，使得中医药产业符合国际技术标准、产业标准，积极推动针灸等非物质文化遗产纳入国际中医药保护体系，建立中医药非遗相关的国际教育、宣传机制，设立相应的国际推广基金，促进中医优秀传统文化"走出去"。

田野调查篇

Fieldwork

B.15
公共文化建设背景下民族地区
非物质文化遗产的保护与利用

李 林 李 欢 贺维伊*

摘 要： 随着社会经济的发展，民族地区的非物质文化遗产保护与利用正面临着诸多机遇与挑战。本文从我国公共文化建设背景下民族地区非物质文化遗产保护利用入手，对民族地区非物质文化遗产的特性进行了分析，指出加强民族地区公共文化建设的重要性，提出打造民族地区公共文化发展的物理空间、营造适合非物质文化遗产发展的活动空间、完善相应制度空间，以及整合利用民族地区非物质文化遗产、加强公共文化

---

* 李林，华中师范大学国家文化产业研究中心教授，海峡两岸文化创意产业高校研究联盟副秘书长，研究方向为非物质文化遗产；李欢，华中师范大学国家文化产业研究中心硕士研究生，研究方向为历史文化资源与文化产业；贺维伊，华中师范大学国家文化产业研究中心硕士研究生，研究方向为农村文化。

建设促进民族地区非物质文化遗产保护与利用等策略。

关键词： 公共文化建设　民族地区　非物质文化遗产

《中华人民共和国公共文化服务保障法》对民族地区公共文化服务和建设措施提出了明确要求，其中第八条、第三十五条等5条条文突出强调要"扶助民族地区、边疆地区、贫困地区的公共文化服务，促进公共文化服务均衡协调发展"。① 党的十九大报告提出，民族地区治理现代化是国家治理现代化的重要内容，有助于进一步推动民族地区贯彻新发展理念，加快发展步伐，逐步缩小与中东部地区的发展差距。②

公共文化建设是民族地区经济社会发展的重要基础。民族地区大多地处西部，经济发展较为落后，公共文化建设较为缓慢，但民族地区因其自身的特性在长期的社会发展中衍生出丰富多彩的非物质文化遗产。在民族地区发展中可积极探究非物质文化遗产发展与公共文化建设之间的良性互动，通过加强公共文化建设为本地非物质文化遗产发展营造良好空间，促进民族地区非物质文化遗产的保护与利用。同时，将当地非物质文化遗产融入公共文化建设之中，进一步促进民族地区公共文化建设。

一　民族地区公共文化的建设现状

公共文化建设通常是指在政府主导下，以公共财政的投入方式向公众提供文化产品及服务的过程及活动。③ 随着社会经济的不断发展，在物质需求

---

① 《中华人民共和国公共文化服务保障法》，中华人民共和国中央人民政府官网，2016年12月26日。
② 习近平：《决胜全面建成小康社会，夺取新时代中国特色社会主义伟大胜利——在中国共产党第十九次全国代表大会上的报告》，人民出版社，2017。
③ 多杰吉：《西部地区传统文化与公共文化建设互动研究》，《攀登》（哲学社会科学版）2018年第3期，第111~115页。

得到满足的同时，民众的精神文化需求日益增加，公共文化建设的重要性日益凸显。加强公共文化建设对于丰富民众文化生活、促进我国文化事业发展具有重要的推动作用。

加强民族地区的公共文化建设可以为传统文化提供资源整合和创新的平台，更好地实现传统文化的转型发展。一方面，通过加强基础设施建设，为传统文化提供良好的发展载体和平台，鼓励、扶持民众积极参与公共文化活动，提高民众对于公共文化活动的参与度。另一方面，举办特色文化活动可以发掘更多的民族资源，使得更多更优秀的民族传统文化得到继承和弘扬。加强民族地区的公共文化建设，还可以为保护利用民族地区的非物质文化遗产提供良好的机遇。《中华人民共和国公共文化服务保障法》明确规定国家要重点扶助民族地区开展公共文化服务，支持开展具有民族特色的群众性文化体育活动，这为民族地区的公共文化建设带来了良好的发展机遇。①

（一）民族地区公共文化建设现状

随着社会主义市场经济体制在中国的确立，在物质生活水平不断提高的同时人们对于精神文化的需求也逐渐提升，推动了公共文化建设的发展和完善。近年来民族地区的公共文化建设也有了较大的发展，据文化和旅游部《2017年文化发展统计公报》统计，2015年西部地区文化事业费为193.87亿元，2016年增至218.17亿元，2017年增至230.70亿元，总体呈上升趋势，民族地区的图书馆、博物馆和群众性文化机构数量不断增加，文化活动不断丰富，总体发展势态良好。②

1. 国家政策扶持力度较大

国家高度重视民族地区的公共文化建设，坚持政府主导，把民族地区公共文化服务体系建设纳入政府基本职责。截至目前，中共中央、国务院出台

---

① 《中华人民共和国公共文化服务保障法》，中华人民共和国中央人民政府官网，2016年12月26日。
② 文化和旅游部财务司：《中华人民共和国文化和旅游部2017年文化发展统计公报》，中华人民共和国文化和旅游部官网，2018年5月31日。

了《中共中央 国务院关于进一步加强民族工作加快少数民族和民族地区经济社会发展的决定》(2012)和《国务院关于进一步繁荣发展少数民族文化事业的若干意见》(国发〔2009〕29号)等文件,对民族地区的公共文化建设提出指导性意见。计划到2020年,民族地区的文化基础设施要相对完备,公共文化服务体系要基本建立,优秀传统文化得到有效保护和利用。在国家政策的推动下,民族地区公共文化建设整体发展势头良好。在"十二五"期间,我国在文化事业领域耗资达2669亿6228万元,其中有412亿6866万元用于边疆少数民族地区文化建设,主要用于公共文化建设项目。截至2015年,边疆少数民族地区共兴建公共图书馆744个、文化馆673个、文化站7455个、艺术表演场馆167个,共计9039个公共文化建设项目。[①]国家各项政策的扶持不断推动民族地区公共文化建设的发展。

2. 地方政府多角度创新发展

近年来,民族地区各级文化部门在地方政府的领导和有关部门对口支援帮助下,采取了一系列措施,加强公共文化基础设施建设,提高公共文化服务质量和水平,取得了很好的效果。民族地区公共文化基础设施得到了较大发展和完善。以广西壮族自治区为例,自治区政府制定明确的发展战略,扩大投资,兴建文化项目。截至2017年4月,全区共建成8279个村级公共服务中心,占行政村总数的57.7%。2017年,全区共启动建设2043个村级公共服务中心,总投入达5.1亿元,建设项目数和财政投入均比2016年增长70%。[②] 广西通过修建博物馆、文化站、图书馆以及举办艺术节等多渠道提高公共文化建设水平。云南省同样高度重视公共文化建设,颁布了以《云南省基本公共文化服务实施标准(2015~2020年)》为核心的一系列政策法规,从制度层面为公共文化建设提供保障。云南省加大对公共文化建设的财政支出力度,修建图书馆、博物馆和文化服务中心;深入推进文

---

① 鲍丽娜、谭刚:《乡村振兴战略下的农村公共文化服务供给效率研究——基于边疆少数民族地区的分析》,《江西农业学报》2018年第8期,第144~150页。
② 广西基层综合性文化服务中心建设研究课题组:《广西基层综合性文化服务中心建设的实践与问题》,《歌海》2018年第1期,第115~120页。

化惠民工程，举办具有当地特色的文化活动丰富民众日常生活。同时云南省政府还高度重视人才队伍建设，创建网络培训学校提高干部文化水平，招募志愿者和聘用大学生村官等来支援全省的公共文化建设，取得了良好的成效。①

（二）民族地区公共文化建设中存在的主要问题

民族地区公共文化建设虽然取得了较大成就，但不同民族地区情况差异显著，在具体的基础设施建设和从业人员素养等方面还存在一定问题。

一般来说，民族地区地处西部欠发达地区，经济基础较为落后，公共文化基础设施存在短板，现有公共文化产品总量不足，不利于民族地区传统文化的继承和发展。部分地区可利用的文化活动场所和资源有限，公共文化活动内容乏味，难以调动公众的积极性。近年来国家大力扶持民族地区公共文化建设，四川省甘孜藏族自治州根据国家和省里的相关要求建立了较为完整的公共文化服务体系，但是基层地区的公共文化设施和设备尚未达到国家标准，许多新修建的场馆也未能得到有效利用，基础设施不健全和设施使用率不高等因素影响了群众公共文化活动的开展，传统活动方式比较陈旧，民众活动参与度低，公共文化建设尚未与民众的日常生活形成良好互动。例如，西藏康马县根据《西藏自治区基本公共文化服务实施标准（2015～2020年)》加强了农家书屋的建设，争取到专项资金进行文化资源保护和抢修，基本实现全县广播电视全覆盖，公共文化基础设施有了很大的改观，但是康马县的公共文化建设主要依赖政府的供给，在基础设施建设中只关注数量忽视质量，忽视民众对于公共文化的需求。②

公共文化服务的质量受到从事文化事业的技术人员的专业知识、技能技巧和工作经验等方面的影响。由表1可知，民族地区的专业文化人才素质参

---

① 云南省文化厅公共文化处：《云南省推进现代公共文化服务体系建设情况汇报》2017年7月。
② 张哲宇：《边疆少数民族地区公共文化服务建设研究——以康马县为例》，《兴义民族师范学院学报》2019年第1期。

差不齐，在不同文化机构中，专业技术人才所占比例较小，高级职称人数比例不足1/3。从业人员自身素养不高导致其在基层工作中不能很好地发挥专业人才的引领作用。综合来看，民族地区文化从业人员整体文化素养有待提高。

表1　2015年民族地区文化部门不同机构从业人员情况

单位：人

机构	从业人数	专业技术人才	正高级职称	副高级职称	中级职称
艺术表演团体	20297	13623	381	1609	4182
艺术表演场馆	1090	518	15	50	196
图书馆	8011	6230	50	742	2768
文化馆	11245	8680	111	957	3500
艺术展览创作机构	535	362	22	55	125

资料来源：《中国文化文物统计年鉴2016》。

二　民族地区非物质文化遗产的特性及其保护利用

民族地区特殊的生产、生活方式和民族个性、民族审美习惯在长久的社会劳动和历史演变中，造就了特色鲜明的非物质文化遗产，是中华优秀传统文化的重要组成部分。

（一）民族地区非物质文化遗产的特性

民族地区非物质文化遗产的特性比较突出。当下关于民族地区非物质文化遗产特性的研究多与边疆地区民族特点联系在一起，如许雁强调民族地区非物质文化遗产的传承活态性、类型多样、历史悠久；[①] 李晖强调民族地区

---

① 许雁：《"非遗"保护语境下边疆民族地区节日文化的保护传承与创新发展——以壮族"霜降节"为例》，《百色学院学报》2018年第4期，第48~52页。

非物质文化遗产区域分布分散、差异明显等特点。①

1. 整体性与分散性并存

民族地区非物质文化遗产作为生活传统是整体性的，其表现出少数民族特殊的生产、生活方式以及民族个性、审美和习惯的生命力。各民族在长期的社会生活中逐渐形成了丰富多彩的非物质文化遗产。它反映了该民族在政治、经济、文化等多方面的内容，也反映了该民族的生活方式、历史和文化传统、思想感情以及道德准则、宗教观念等。民族地区的非物质文化遗产具有整体不可分割性，不能将民族地区的非物质文化遗产与民族地区人民的生产生活分割开来。但是民族地区地域辽阔，自然社会条件差距较大，经济发展不平衡，不同地区教育文化发展水平差距显著，民族地区非物质文化遗产分布比较分散，保护利用半径过长。因此，民族地区的非物质文化遗产是整体性和分散性并存的。

2. 多样性与民族性突出

民族地区的文化种类庞杂，不同民族的文化相互交织。整个文化生态呈现丰富性和民族性，是文化多样性的一个缩影。民族地区的非物质文化遗产占我国非物质文化遗产总量的50%以上，种类丰富，形式多样，内容广泛。从整个空间分布来看，少数民族多居住在偏远地区、经济发展水平低、公共文化基础设施不足。在特殊的地理环境之下，少数民族地区形成了不同于汉族地区的生活习惯、社会习俗、宗教信仰等，在此基础之上形成了具有鲜明民族特色的非物质文化遗产。不同民族之间有着鲜明的区别，不同民族的非物质文化遗产千差万别、各具特色。在不同地域条件下，各民族的生活习惯和社会习俗也不尽相同，在此基础之上形成的非物质文化遗产也就具有了鲜明的地域性和民族性。

3. 反差性与互融性鲜明

民族地区经济发展水平较低，文化资源却比较丰富，两者呈现一定的反

---

① 李晖：《新疆少数民族非物质文化遗产保护与传承：问题与对策》，《西安建筑科技大学学报》（社会科学版）2017年第6期，第22~29页。

差性。相对落后的社会经济发展状况与丰富的民族文化资源形成了鲜明的对比，进一步增强了民族地区文化事业发展的迫切性。不同民族文化之间又具有一定的互融性。非物质文化遗产诞生于多民族共同生活的历史背景下，相同地域的自然环境、历史传统以及生活方式构成了共同的生活传统、文化传统，非物质文化遗产有助于推动不同民族的交流共融。

（二）民族地区非物质文化遗产保护利用现状

民族地区优秀的非物质文化遗产是中华传统文化的重要组成部分，是中华民族的瑰宝。国家高度重视民族地区非物质文化遗产的保护利用。党的十九大报告强调要传承中华优秀传统文化，将"加强文物保护利用和文化遗产保护传承"作为新时代建设社会主义文化强国的重要工作内容。[1] 在中央和地方政府的支持下，民族地区非物质文化遗产保护利用总体发展良好，但与发达国家相比，我国的非物质文化遗产保护利用工作起步较晚，困难比较大，在实际工作中还存在一定的问题。

1. 民族地区非物质文化遗产顶层设计有待完善

当前国家层面全方位、多角度加强对民族地区优秀非物质文化遗产的保护，主要分为以下四个方面。一是加强了少数民族非物质文化遗产保护的立法，如《中华人民共和国非物质文化遗产法》等为少数民族区的非遗保护提供了指导。二是加大对于非物质文化遗产传承人的扶持力度，国家给予国家级非物质文化遗产传承人每人每年 2 万元的传习补助。三是突出民族地区的整体保护思路，设立一些专门的非物质文化遗产保护区、保护带和保护点。四是筛选部分适合课程讲授的非物质文化遗产知识及技艺纳入民族地区学校课堂。

国家虽然出台了一系列的法律文件保护民族地区的非物质文化遗产，但在关于民族地区非物质文化遗产保护与利用方面的法律条文具体化程度

---

[1] 习近平：《决胜全面建成小康社会，夺取新时代中国特色社会主义伟大胜利——在中国共产党第十九次全国代表大会上的报告》，人民出版社，2017。

较低，尚未形成多元参与机制和完善的保护法律体系。另外，由于民族地区非物质文化遗产项目自身分布比较分散，随着传统村落的衰落，许多非物质文化遗产也濒临消亡，专项普查难度比较大，政府输血式保护成本过高，国家的保护措施不能从根本上改变民族地区非物质文化遗产的保护、传承现状。

2. 民族地区非物质文化遗产生存空间遭到破坏

受经济发展、自然环境和历史文化等因素的影响，与城市或者经济发达的地区相比，民族地区的公共文化建设相对落后。现有的公共文化设施还不能满足当地民众的基本文化需求，公共文化事业的发展道阻且长。对于民族地区的民众来说，公共文化活动和公共文化生活空间越来越少，与之相配套的公共文化服务体系建设不够完善，设施落后；本民族的特色文化活动缺乏活力，很多特色文化活动在发展过程中没有得以完整传承。逐渐恶化的非物质文化遗产生存发展环境，使得非物质文化遗产保护与利用的难度不断加大。如何有效地传承和充分挖掘民族特色文化活动，发挥民族公共文化活动的作用，是当下民族公共文化建设中不可忽视的重点问题。

随着新媒体宣传技术的进步，很多民族地区商业化进程过快，在开发利用中不注意对自身特色的保护，导致商业化色彩浓重、同质化开发利用现象严重，民族地区非物质文化遗产在利用过程中逐渐丧失自身特色与价值。对于濒危的非物质文化遗产没有及时采取有效措施，导致很多优秀的非物质文化遗产走向消亡。

3. 民族地区非物质文化遗产传承后继乏人

传承人是非物质文化遗产依赖生存的最鲜活的载体。我国自2007年开始实施非物质文化遗产代表性传承人保护制度，截至2018年国家一共公布了四批国家级非物质文化遗产名录，共计1372个代表性项目，包含3154个子项。截至2018年5月，五批国家级非物质文化遗产代表性项目代表性传承人共计3068人，平均一个项目不到一个传承人。在第五批公布的1082位国家级非物质文化遗产代表性传承人中，80岁以上的有107人、40岁以下的有 7 人，平均年龄为 63 岁。① 随着社会经济的发展、科学技术的进步、教育观念的变迁，年轻人更喜欢一些现代的潮流文化，对于少数民族非物质文化遗产不感兴趣，多数年轻人缺少学习相关知识的主动性。专业人才稀少、非物质文化遗产相关教育普及程度低、人才培养机制不够健全、传承渠道不畅造成了许多优秀的非物质文化遗产后继乏人的悲剧。

三 民族地区基于公共文化建设的非物质文化遗产保护利用路径

民族地区公共文化建设与非物质文化遗产保护利用可形成互相促进的关系。一方面，非物质文化遗产为公共产品生产和服务提供基础内容。民族地区的非物质文化遗产是数千年来中华优秀传统文化的结晶，内涵丰富，可以为公共文化建设提供丰富的文化资源。非物质文化遗产是公共文化产品及服务的特色内容来源，民族地区非物质文化遗产特色鲜明，将非物质文化遗产纳入公共文化建设之中，可进一步增强本地公共文化建设的特色。另一方面，公共文化建设可为非物质文化遗产资源整合和创新提供平台。公共文化建设通过公共文化活动的组织及政策资金和硬件设施的支持，为非物质文化遗产提供良好的载体和"容器"。公共文化建设可将非物质文化遗产拓展为公共资源，从而丰富民众的公共文化生活。因此要将民族地区的公共文化建设与非遗的保护利用密切联系起来，加强民族地区的公共文化建设，营造良好的适合非遗保护与开发的情境，助推非遗的保护与开发，增强非物质文化遗产集体性的保护开发与利用。

场景理论最早是以美国学者芝加哥大学社会学系特里·克拉克教授为代表的城市研究者所提出的城市发展的新理念，所谓"场景"，直观解释为"现实生活中的各种场所、场所中的人以及人的活动，三者组合而成的不同

---

① 《文化和旅游部认定第五批国家级非物质文化遗产代表性项目代表性传承人》，中华人民共和国中央人民政府官网，2018 年 5 月 18 日。

情境"。① 不同的场所、人物、活动会组成不同的场景,场景背后隐藏着丰富的文化价值,这种文化价值会推动主体的实践活动,从而推动社会的发展和进步。傅才武等学者认为场景理论提供了从基础设施中所蕴含的文化价值取向来考察社会发展的视角,同时构建了一个衡量场景文化价值观的分析框架。② 根据场景理论,在进行公共文化空间建设的时候要划分具体衡量维度。结合上述理论,本文从物理空间、活动空间、制度空间三个空间角度出发,提出促进公共文化空间建设,构造适合非物质文化遗产发展的场景,以促进非物质文化遗产保护利用。

(一)充分发掘民族地区非物质文化遗产特质,营造良好物理空间

物理意义上的公共文化空间是民族地区进行公共文化活动的各种设施和场所,非物质文化遗产本身是没有形态的,它的存在和发展必须依附于一定的社会载体,重建民族地区的公共文化空间就是为更好地传承非物质文化遗产提供"容器"和载体。③ 通过充分挖掘和提升民族地区公共文化空间的文化影响力,结合民族地区自身的非物质文化遗产特色,打造民族地区特有的物理空间,为民族地区民众的公共文化活动提供充足的场域,在具有民族特色的物理空间之中进一步推动民族地区非物质文化遗产的保护和利用。公共文化空间为民众的日常公共文化生活提供场所,丰富的公共文化生活不仅有利于民众的交流、沟通,维系日常情感,还有利于提高民众的文化素养。④ 弘扬非物质文化遗产这一优秀传统,需要不断拓展和完善非物质文化遗产作为公共生活、公共文化空间的外延,不断创新其内涵和表现形式,高度重视

---

① 吴军、〔美〕特里·N. 克拉克:《场景理论与城市公共政策——芝加哥学派城市研究最新动态》,《社会科学战线》2014年第1期。
② 傅才武、侯雪言:《当代中国农村公共文化空间的解释维度与场景设计》,《艺术百家》2016年第6期,第38~43页。
③ 张培奇、胡惠林:《论乡村振兴战略背景下乡村公共文化服务建设的空间转向》,《福建论坛》(人文社会科学版)2018年第10期,第99~104页。
④ 马永强:《重建乡村公共文化空间的意义与实现途径》,《甘肃社会科学》2011年第3期,第179~183页。

各种民间文化资源和文化传统的挖掘和创新。在进行物理空间的重构时,应该着重突出民族特色,将民族地区非物质文化遗产特色融入公共文化空间和设施的建设之中。按照不同种类的非物质文化遗产,民族地区公共文化空间也可以呈现不同的形态。整体来说公共文化空间的构建可以分为传统和新式两种。就传统来说,如根据不同地区的社会习俗和宗教信仰,兴建具有民族特色的祠堂、礼堂、庙宇和文化广场等,为各种传统节日和民间祭祀提供良好的活动空间;就新式来说,根据国家的"乡村振兴"战略和文化扶贫政策,完善民族地区公共文化基础设施,在农家书屋的建设中增加有关民族地区非物质文化遗产的书目,让民众更系统、全面地了解非物质文化遗产;建设社区文化广场等,将现代元素融入民族地区公共文化空间之中,将传统与现代相结合,更好地提升民众的参与度与认知感。

改造和创新利用民族地区传统的公共文化空间,培育、建构新的公共文化空间和载体,能够不断丰富民族地区的公共文化生活,充分发挥民众在保护和传承利用非物质文化遗产中的主体性作用,激活群众的文化自觉,从而最终实现民族地区良好的公共文化建设和非物质文化遗产的保护与活态化利用。

(二)整合民族地区优秀公共文化资源,营造良好活动空间

文化空间要有集聚效应,即同类、相近或具有同源性的非物质文化遗产只有集聚在一个特定的空间内,才能够依托规模效应形成实际性的非物质文化遗产文化空间①。同一民族的非物质文化遗产都是在该民族的生产生活的基础上形成的,不同种类的非物质文化遗产也有一定的共性,部分不同民族因具有一定的历史同源性,其非物质文化遗产也存在一定的共通之处。可以根据其共性将不同民族地区的非物质文化遗产进行整合,或将日常的民族表演艺术融入大型祭祀活动之中,或用民族地区特殊的文学来记载、传承民俗

---

① 王德刚:《空间再造与文化传承——栖霞古镇都村"非遗"保护工程实验研究》,《民俗研究》2014年第5期,第13~25页。

民风和重大事件，或在重要节庆时期举办活动展示传统技艺，将民族地区优秀的手工艺更好地推广传播出去。依据地域文化的属性和功能，建立相应的文化资源评估标准。可以按照历史传承、宗教节日、节庆娱乐、祭祀活动等对非物质文化遗产进行划分，对于共性之处可以多样化利用。通过加强民族地区的公共文化建设为非物质文化遗产的发展营造良好的空间环境，将同一民族的非物质文化遗产或者分属不同民族但又有共通之处的非物质文化遗产进行整合，不断丰富民众的日常生活，推动社会主义文化建设。

在加强民族地区公共文化建设的基础之上，整合民族地区优秀的公共文化资源，为非物质文化遗产的保护利用营造良好的活动空间。民族地区存在着大量非物质文化遗产，这些遗产是经过历史沉淀的中华优秀传统文化，是社会发展中重要的精神文化财富，具有很深的文化内涵，是公共文化建设的重要组成部分。在物理空间的基础之上发展和完善民族地区的公共文化设施，侧重于民族地区特有的节庆和集体性活动。要充分发挥出版物、展会、文化交流周、少数民族地区民间文化艺术节等载体作用，深入发掘民族地区特色文化资源，提升资源开发的品位与层次。需要注意的是，在整合民族地区特色文化资源的时候要突出注意民族地区的整体保护思路。要充分尊重当地文化的发展规律，不断寻找与整合少数民族文化空间和特色文化资源，充分发挥少数民族文化资源的特殊秉性，保护民族地区特色文化。

中国的各民族在数千年的社会生活中创造了丰富多彩的生活习俗和特色节庆，随着社会经济的发展和现代化浪潮的冲击，传统节庆活动因缺乏相应的社会土壤而逐渐萎缩，原有社会功能无法发挥。因此在加强民族地区公共文化建设的过程中要营造良好的情境，开展多样的文化活动，让民族地区的非物质文化遗产更好地活态化传承，让民众最大限度地参与到非物质文化遗产的保护与传承利用之中，让每个人都担负起非物质文化遗产保护和传承的重任，每个人都成为非物质文化遗产的传承人。同时也进一步丰富民众的精神文化生活，两者互利互惠，让非物质文化遗产在适合自身发展的大环境中不断延展其内涵。要通过不断整合、利用民族地区公共文化资源和公共空间，拓展公共文化空间的文化创新功能和文化服务功能，为民族地区非物质文化遗产发展营造良好的活动空间，从而更好地保护和利用优秀非物质文化遗产。

（三）积极利用多方资源，建设良好制度空间

民族地区的公共文化建设为非物质文化遗产的保护利用提供了良好的平台，要积极利用多方资源建设良好的制度空间，加强制度保障。要完善非物质文化遗产保护与公共文化建设的配套制度，制定清晰、完整和一致性的政策以及跟进的、具体可操作的制度，调整相关法规政策实现衔接，使管理制度更加适应民族地区非物质文化遗产保护实际情况和公共文化建设现状。让民族地区的非物质文化遗产在良好的制度保障中进行整合，促进民族地区非物质文化遗产的保护与利用。

首先，民族地区非物质文化遗产的保护利用和公共文化建设都离不开国家的财政支持，因此必须要建立良好的财政保障机制，为民族地区的建设提供足够的资金。其次，政府要积极引导社会资源资助急需资金的非物质文化遗产保护事业，共同承担保护职责，一方面可以减轻政府的财政负担，另一方面可以扩大社会影响力。再次，要通过多渠道培养非物质文化遗产的传承人才，保证优秀的非物质文化遗产能够得到及时的传承，可以通过定期的培训和考核来提升民族地区文化从业者的素养。从次，国家和地方要不断地完善有关民族地区非物质文化遗产保护利用的法律政策，对不同民族地区不同类别的非物质文化遗产保护制定专门的法规或条例，强化法律制度保障。最后，针对民族地区的实际情况进行绩效评价，以此激励民族地区的非物质文化遗产保护利用工作。从财政保障、社会参与、人才队伍建设、法律法规、绩效评价等方面构建完善的制度空间，与物理空间和活动空间相结合，更好地促进民族地区非物质文化遗产的保护利用。

民族地区非物质文化遗产的保护利用工作成效如何，关系着民族地区公共文化建设未来走向。因此要充分发挥制度空间的保障作用，一方面推动非物质文化遗产的保护与利用，另一方面推动民族地区的社会发展。

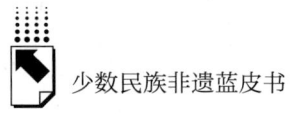

四 结语

当前,推动国家公共文化服务体系建设是重要的国家战略,保护利用非物质文化遗产也是重要的国家战略,在双重国家战略背景下,研究公共文化建设与民族地区非物质文化遗产保护利用成为一个具有时代意义的重要命题。民族地区要充分利用好双重国家战略的机遇,大力推动公共文化建设与非物质文化遗产保护利用形成良性互动,营造好的政策制度环境,通过多维度空间建设,将文化遗产的保护利用与公共文化建设全方位结合,促进民族地区公共文化与非遗事业的双重进步,以推动民族地区经济社会的全面发展。

B.16 浅谈西南民族传统技艺与文化自信

——以嘉绒藏族编织技艺为例

俞嘉颖 周怡[*]

摘　要： 嘉绒藏族编织技艺充分展现当地民族的装饰艺术、审美特性、性别文化、信仰崇拜、人文追求、家族情结，是民族文化的活态传承，更是文化自信的源泉。在个案研究中发现，该项非物质文化遗产的传承存在原真性流逝、开发无序、教学阻碍、文化不平等、大众参与阻断等问题，实质是缺失文化自信。针对困境，文章提倡民族地区"教育传承"与"美育"更好地结合，这是增强文化认同、坚定文化自信的必由之路。

关键词： 嘉绒藏族　编织技艺　文化自信　教育

每种文化形式对于文化传承，都具有特殊意义。不同的文化体现形式，是各民族内在精神的外化表现。各民族文化的有机融合造就了中华文明的庞大基因，使其成为自立于世界文化之林的参天巨木。为抵御多元文化背景下的外来冲击，须推动实现人民在文化上的一体化，树立强烈的文化自信将是必由之路。文化自信源于自我认同，因此，守护民族精神、传承和发扬民族文化是当下的重要任务。

---

[*] 俞嘉颖，四川大学硕士研究生，研究方向为民族服饰文化遗产；周怡，四川大学，副教授，研究方向为民族服饰研究。

传统技艺是民族智慧的结晶，其产生的物质财富作为文化符号，见证民族历史，是不同族人鲜明的标志；伴随其传承与发展产生的精神财富，不仅推动生产力的发展，亦是民族艺术的浓缩、民族精神的纽带。嘉绒藏族编织艺术作为一种典型的传统技艺，是物质与非物质文明的载体，对其的抢救性保护，除了利用各项技术进行静态、动态记录，对技法及所蕴含的艺术文化进行教育传承也至关重要。在国家的号召下，非遗保护的深度广度日益加大，成果有目共睹，同时也有忽视之处。嘉绒藏族地区复杂的地理人文环境，给学术研究带来诸多阻碍，该地的传统技艺研究陷入困境，亟待各界人士施以援手。

一 嘉绒藏族编织技艺的历史与传承

嘉绒藏族地区位于四川省西部，主要包括今阿坝藏族羌族自治州的马尔康、金川、小金、壤塘、黑水、理县、汶川等县市，以及甘孜藏族自治州丹巴县、雅安市宝兴县的部分地区。[①] 当地人称为རྒྱལ་རོང་ (音译为"嘉绒哇")[②]。该地区的织绣技艺传承具有悠久历史，据考证存在新石器时代纺织遗存。[③] 在《北史·附国传》中载："嘉良夷（隋唐以前对嘉绒藏族的称谓）政令系之酋帅……其俗以皮为帽，形圆如钵。或带幂篱。衣多毛跳皮裘"。文中所记"毛跳"即指用羊毛编制的毯子[④]。元、明、清时期，经济、文化等方面的交往更加频繁，推进了嘉绒藏族编织工艺的发展。清乾隆时期大小金川之战后，嘉绒藏族传统手工编织技艺受汉族文化影响较深，表现在编织品上，例如：艺人会在其编织品上挑制汉字"中""上""田""下"等。汉族挑花刺绣技艺传入，使得嘉绒藏族织绣技艺日臻成熟，渐成一派，

---

① 曾现江：《嘉绒藏族地区的旧方志编纂》，《西藏研究》2017年第1期，第29~35页。
② 杨海青主编《嘉绒藏族历史资料译编》，阿坝州政协文史和学习委员会，2007，第32页。
③ 《丹巴县中路乡罕额依遗址发掘简报》：哈休遗址中出土纺轮一件，该遗址位于阿坝藏族羌族自治州马尔康市沙尔宗乡哈休村，其年代距今5500~4700年。
④ 庄春辉：《阿坝藏羌织绣技艺传承的历史渊源及生产性保护路径》，《西藏艺术研究》2013年第1期，第77~87页。

其中编织、挑花刺绣工艺在我国藏族地区具有唯一性，如用棉线编花腰带、围腰，披风技艺和盘金技法等。①

嘉绒藏族编织技艺实行以家庭为中心的传承模式，女性为传承主体。据课题组田野调查，现嘉绒藏区年龄40岁以上的妇女普遍会编织技艺。婚后妇女一般有亲手给家人制作服饰的习惯，因此会主动向族中年长的妇人进行学习。随着现代化的推进，该地区主要劳动力多以外出务工维生，几乎没有30岁以下的人群传承这门手艺。

编织纹样在代代相传中逐渐形成一定模式，编制技法也随之产生规律。在传习过程中，言语、行为的沟通尤为重要，这一过程不单完成了技法工序的传授，更融合了规律性、创造性经验和审美经验。传统传承模式的目的，并不是造就熟练的工人，而是产生有继承、创新能力的民族艺术家。

二 嘉绒藏族编织技艺的文化内涵

嘉绒藏族世代传承的编织艺术特色鲜明、内涵丰富，是民族艺术的骄傲。其图案有明显的象征性，融合自然与宗教；构图上追求平衡与稳定；色彩上浓艳热烈、对比鲜明，自成体系；技法的延续性强，传承具有封闭性。不但反映出嘉绒藏族人在艺术创作上的极高造诣，更直观展现了当地延续至今的自然信仰、佛教崇拜、性别文化，也表达了藏文化与周边少数民族及汉文化的融合、对和平稳定的追求，还显示了对家族关系的重视。

丰富的文化内涵是民族自信的源泉，通过深入研究，引导大众对嘉绒藏族编织技艺形成全面认知，加强对该艺术的文化认同感，能更好地树立民族自信，保护民族智慧结晶。

---

① 庄春辉：《阿坝藏羌织绣技艺传承的历史渊源及生产性保护路径》，《西藏艺术研究》2013年第1期，第77~87页。

（一）嘉绒藏族编织图案的基础题材，反映了该族历史的积淀

1. 几何纹样

几何纹样源于对自然之物的艺术化，在藏族服饰中的应用古已有之。常见的有回纹、十字纹、长城纹、回旋纹，在织带上多以菱形、方形为基本形状进行重组，夹杂点、线穿插，即使在不足五厘米的织带上，依然能创造节奏变化。"米"字纹是重要的藏族传统图案，象征着高原民族对太阳的崇拜[1]，一般表现形式为在封闭正方形内，红、黄、蓝、绿多色线形成"米"字形交叉，交叉形成的三角区域，以小矩形、方形点缀，给人以光芒四射之感，寄托了对光明的追求与热爱。生活与自然的紧密依偎，使得嘉绒藏人更早参悟了形式美的奥秘。

图 1　嘉绒藏族编织带几何图案

2. 文字图案

一种直接用文字进行装饰的特殊艺术形式，将本身具有寓意、造型的文字重新排列组合，是嘉绒藏族编织创造性的艺术语言。在织带上，常见"田""中""由"等对称的汉字纹样，反映了汉族文化的影响，也说明嘉绒人对于绝对对称的迷恋，渴望稳定、祥和的民族生活。实物对比调查中，亦可见部分文字纹样与羌族的"织字"腰带[2]高度相似，证实相邻的民族聚居区之间文化交流的存在，是民族交融的印证。

---

[1] 邵嘉琦：《藏族传统服饰图案纹样的分类赏析及文化意蕴探析》，《中国民族博览》2015 年第 8 期，第 26~27 页。

[2] 钟玮：《社会转型下藏羌本土织绣手工艺可持续性发展》，《丝绸》2017 年第 10 期，第 76~83 页。

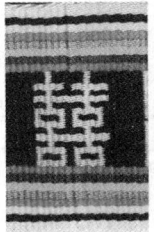

图 2　羌族"织字"带与嘉绒藏族编织带

3. 佛教纹样

雍仲符、金刚橛、吉祥结是典型的宗教图案。嘉绒藏族一直保存着全民信教的传统习俗，宗教生活早已烙印在生活各个角落，服饰用品以宗教纹样加以装点，消灾祈福，既是教俗，也为民俗。在嘉绒编织艺术中，可以见到多种雍仲符的变体，如以雍仲纹为主体，结合回旋纹、几何纹形成放射状的图案。可见在民族生活中宗教纹样不仅代表严肃、虔诚的供奉①，也是艺术创作的源泉，对佛教的深刻理解成为自主设计的根基，使象征意义与装饰功能完美契合，上升到更高的审美水准。

（二）构成形式的平衡与节奏，是民族审美的凝结

对称与均衡是图案设计形式美的基本法则，嘉绒编织艺术始终自觉不自觉地贯彻这一规则。嘉绒妇女编织技艺的特点，用当地汉话来说就是"匀净"，其实就是对称与平衡的体现。在原料的准备阶段就很严格，编织所采用的彩色棉线规格是与所需成品尺寸相符的，以保证成品画面提花与背景的视觉均衡。同时各色棉线粗细必须严格一致，保证对称轴两侧的图案大小一致。在操作过程中，双手以及腰部用力协调，张弛有度，维持织带松紧的统一，使得经纬变化均匀。制作成品时，平衡与节奏更显而易见。嘉绒藏族织带图案，最外缘一般为白色，两侧对称排列黑、红、黄、蓝、绿等色的彩

---

① 土旦才让：《藏族传统装饰图案的文化解读》，《青海社会科学》2013 年第 1 期，第 177～182 页。

条，中心为绝对对称、相对对称挑花图案，中心图案的底色与花色选用对比色，相邻图案花色底色相反，依次交替。而双编挑花织带图案为双面，阴阳两面图案色彩相反。这种程式化的强调对称与均衡，深深融入该民族的审美追求中，既是因为宗教约束，也是嘉绒藏族向往安定祥和的民族情感的凝结。

（三）色彩体系的差异化，以强烈的冲击划分了民族特质

藏族特有的传统色彩体系以白、黄、蓝、绿、红为基色，在编织艺术中也基本适用。嘉绒人对浓艳色彩情有独钟，一方面是高原自然环境导致人们对于炫彩所带来的活力感的喜爱；另一方面是藏族绘画善用天然矿物、植物做颜料，色彩饱满、亮丽、对比鲜明。这种色彩的差异成为该地区的文化符号之一。观察嘉绒编织物，对比色彩的应用使得仅有5厘米的织带图案主题鲜明，在突出中心图案的同时，两侧的彩条并不抢眼，而是达到了一种和谐。每条织带虽然都应用了多色配比，却各有侧重、风格迥异，当地妇女的色彩感令人惊叹。而制作者在进行颜色搭配时并没有任何参照，色彩的表达并非客观再现，而是完全主观的。编织花样并没有参照模板，而是凭自己的色感，编织者可在操作过程中自由组合，图形与色彩的适配与手工编织同步完成，如同绘制抽象画一般。民族特有的色彩体系与非再现性的色彩应用，加强了色调的个性，对色彩的特殊理解又促使嘉绒人能够应用色彩的性能、合理调配，创造出浓烈跳跃却协调统一的视觉艺术。嘉绒藏族腰带有用色彩区分性别的习惯，一般女子的腰带为大红、玫红色；男子腰带则为黄色。且一般男子腰带用羊毛编制，使用大黄为原料染制而成，颜色鲜艳，持色度极佳。运用色彩划分性别，也是藏族色彩系统特殊的符号化体现。①

（四）针线之间，是民族情感的维系

手艺，是身心合一的东方智慧，它的非物质性不仅体现在文化价值上，

---

① 邵小华、申鸿：《探析嘉绒藏族服饰的符号化系统》，《中华文化论坛》2008年第S1期，第177~179页。

更体现在切身体会上,融入日常生活之中。嘉绒藏族编织技艺本身是一项世代传习的手工劳作,当地藏族妇女告诉我们,在嘉绒家庭,一套纯手工制作的服饰是十分珍贵的,家中新妇通常为孩子编制背儿带及小藏袍腰带,母亲则在子女未嫁娶之前制作"插玛"织花腰带。由于家庭人口增多与制作的烦琐,通常是几个家庭协作完成,由一人纺毛成线,一人裹线,一人牵线,牵线涉及花型的变化,所以通常只有年长的妇女才能完全胜任。完成牵线工作后,各家妇女取线上机,各自完成编织。之后,还需进行踩揉晾晒、裁剪缝制。

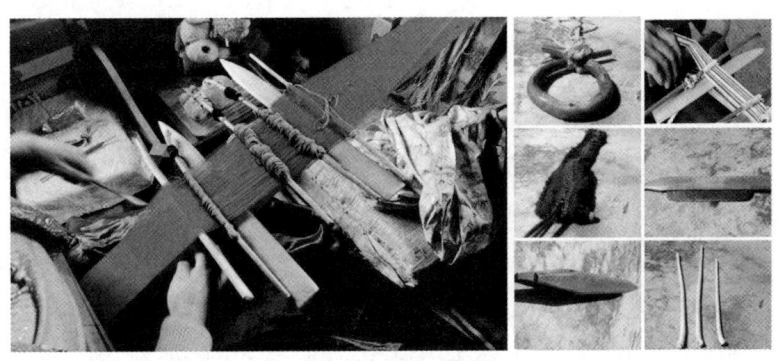

图3 嘉绒藏族编织过程及工具

三 嘉绒藏族编织技艺文化自信缺失的体现

在我国,少数民族非物质文化遗产的保护在总体发展态势上是较为积极的,得到了国家的大力支持,抢救与保护全面开展,完整的体系正在逐步建立。但正如《国务院办公厅关于加强我国非物质文化遗产保护工作的意见》指出:"随着全球化趋势的加强和现代化进程的加快,我国的文化生态发生了巨大变化,非物质文化遗产受到越来越大的冲击,一些依靠口授和行为传承的文化遗产正在不断消失,许多传统技艺濒临消亡,大量有历史、文化价值的珍贵实物与资料遭到毁弃或流失境外,随意滥用、过度开发非物质文化遗产的现象时有发生。"

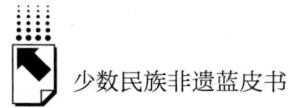

与外来文化竞争处于弱势、传承意愿低、保护意识不强、随意滥用、过度开发等问题的实质，是文化自信的缺失。对民族文化缺乏自信就意味着认同感的削弱，淡薄的文化认同感无法成为全面认知民族文化的动力，自然导致研究深度与保护力度不足，甚至造成局部的民族文化断层，民族特色也随之被消磨、同化。传统手工艺在这种环境下流失严重，面临传承困境。

嘉绒藏族编织技艺作为我国非物质文化遗产之一，其发展与保护同样面临着文化自信缺失的问题，具体表现为原真性流逝、开发无序性、技艺与教学未有效融合、受重视程度不高、大众参与阻断。

（一）原真性流逝

对于非物质文化遗产，保护其真实性、完整性尤为紧要，保护过程中需注重表现形式和文化内涵的统一。嘉绒编织的传播因其特有的民族语言而受限，却也因此保存了完整的民族性，不管是技法还是图案构成、配色都是民族文化研究极佳的材料。嘉绒藏族编织技艺的学习、研究难度较大，传承过程中，只注重留存图案、技法等外在形式，长期忽视文化内涵，形成了只问技法，不求源流的惯例。州级非物质文化遗产传承人阿斯基在访谈中说自己所会挑制的纹案至少有几十种，但能说出其图案寓意的寥寥无几，她是从母亲那里学的编织技艺，当时只是学习了纹样的挑制方法并没有过多地去问其纹样的寓意。因为缺乏理论理解，即使是当地人也无法维持这门艺术的真实性、完整性，对于存在语言障碍的外族学者来说，接触到的只能是更外在的形式与更零碎的文化背景。很多传承人在纷杂的社会影响下，盲目改变原生态的编织方法，强行加入现代元素以适应商品竞争，实质上破坏了艺术的原真性。与物质文化遗产的保护不同，非物质文化具有无形的特性，形式与内在统一，是传统技艺之美的基本原则。除却用实物、影像记录表面的过程，必须注重传承中的文化交接。

（二）开发无序性

首先民族手工艺制品是在人们生产生活中产生的，实质是本族人民生产生活的实用品，并非欣赏类工艺品，当地特需用品消费市场不容忽视。现代中国，大众文化正在一定程度上消解人文精神，由此种倾向而衍生出的各类旅游产品急速增加，民族手工艺品首先遭到滥用。这一类产品不遵循生产性保护的原则，仅追求经济效益，一味追求向大众文化靠拢，枉顾原真性，无视本地市场，抛弃实用性。从所调研地区的情况来看，当地人自用工艺品多属于家庭制作，仍存在一部分家庭因无人制作而无奈从外界市场购买的工业制品，显然这些产品无法适应当地生产生活。艺术来源于生活而高于生活，是不能脱离民族生活的，失去文化生态的民族手工艺无法生存。

（三）技艺与教学未有效融合

系统的学习方案与正确的学习理念，是传承一项传统民族手工艺的必备要素。就学习理念来看，嘉绒藏族当地民众对传承编织技艺抱有很大积极性。就四川阿坝金川县俄热乡而言，村落中将近70%的家庭女性学习编织工艺，对于民族工艺的热情值得肯定。但从系统学习来看，当地人并未意识到这门技艺的关键在于牵线、挑花，这两道工序决定了织带的宽度与图案的创作，多数学艺者跳过牵线技法的学习直接进入编织与挑花步骤，每种花样都有不同的挑花手法，学艺者仅选择掌握自己喜欢的个别样式，这样的教学过程仅仅教授了编织技艺的部分外在形式，图案创作的技能根本未得到传承，且破坏了该技艺的完整性。空有热情而缺乏科学的学习模式，是嘉绒藏族编织技艺在教学上的难点。民众对这门技艺本身的理解不足，缺乏对本民族艺术的深入挖掘、主动学习意识。现代化教育在少数民族的普及，强化了科教的同时，也不可避免地弱化了民族文化氛围，现代少数民族师生普遍将学习中心完全放在应试升学，对民族艺术传承的认知模糊。

（四）受重视程度不高

近年来，社会上掀起了非物质文化遗产申报工作的热潮，新的问题也随之涌现。非物质文化遗产的保护一直强调避免厚此薄彼，但实际工作中的"文化不平等"仍未根除。相较大众文化、精英文化、经典文化，民俗文化一直处于"草根"地位，这就导致了在具体项目操作上，很多传统手工艺并无法得到相应的政府支持和足够的帮扶经费。在探访嘉绒藏族编织技艺的过程中，部分相关人士就"是否能形成项目研究"这一问题发表意见，认为只是一门技法的传承不具备足够的体量，研究价值不高。人类学家雷德菲尔德认为"所有社会文化中，既有为少数人所掌握的大传统，也有为多数群众所拥有的小传统，大传统是经由学校和寺庙培育的，小传统则在大众中自然长成并发展活跃于乡村社区的生活当中"。而非物质文化遗产最具生命力的部分就是在民俗中的活态传承。许多传统手工艺地处偏远，当地社会相对封闭，缺乏正确的政府引导与支持，很难自行做好文化的传承工作。出色的民族手工艺传承人未被发掘，造成"因人而存，人去艺绝"的悲剧。

（五）大众参与阻断

片面的文化理解，导致文化阶层对民族传统文化的垄断。忽视本民族的广大群众才是文化传承的主体这一根本问题，部分文化部门与精英传承人，往往掌握了话语权，以少数人的意志包揽文化的发展。阿坝州每年6月依据国家通知，进行一次非遗传承人申报，届时下辖各级政府依通知上报申请名单。据乡镇工作人员口述，因为往年申报的人数都在个位数，又由于人力限制，未能做到通知每个居民。成功申报编入名录的嘉绒编织传承人会受到地方政府的重视，得到相应的补助、媒体宣传、交流学习的机会，有名的传承人集中在马尔康地区。下级乡镇中的编织艺人并没有完整了解到相关申报信息，尽管有热情，却未能参与各种交流学习项目。不仅如此，在以非遗为主题的各类课堂上，主客颠倒的现象也屡见不鲜，许多应邀参与的文化界、设计界人士，往往仅以主观态度评价民族艺人的创作，甚至更多地将他们视为工人，一味灌输自己的设计思维，要求民族艺人按照市场审美去改变工艺，没有以平等的姿态与艺术工作者探讨产品创作。非物质文化遗产传承中一再强调以人为主，意在扩大参与度，更好地维护文化的整体性、活态性，一旦大众参与受阻，保护机制的完整性也会遭到破坏。

四 重拾文化自信的途径——梯度式美育

传统技艺是非物质文化遗产的一部分，是传统文化精神内涵的表现形式之一，不仅满足生活需要、审美需求，还兼具传播社会文化的教化作用，对加强民族凝聚力、强化认同、建立文化自信有着重大意义。面对当前非遗传承中凸显的文化自信缺失问题，强调教育传承能从根本上扩大群众参与、完善科学传承机制、改善文化不平等，引导大众对传统文化形成更完整、准确的认知，促进有序开发。

民族传统技艺，是一种认知的整合，形式多样的手艺知识与行为实践有序组合，形成一个有机的艺术整体。同样的技艺传承于不同的个体，最终的呈现也不同，这其中包含着无法用逻辑语言传达的文化符号，具有不能共享的特性，这种"隐形知识"的特征，使非物质文化遗产的传承与现代文化教育逐渐产生了差异，现代化、学校化的发展又进一步扩大两者的距离，这一现象由来已久，并不可能在短期内消弭。

当代美育是文化建设的重要途径之一，与传统文化传承创新有着密切联系。美育是通过潜移默化的教育来塑造人，通过情感感化，对不同个体的审美世界观进行塑造，与民族传统技艺非共享性、隐形性高度契合。基于此，传统技艺的教育传承当与美育融合，更好地适应大众生活，引导大众接受优秀传统文化，树立坚定的文化自信：做到文化自觉，了解传统艺术的来源，感受自己民族的历史；实现文化自立，对民族艺术有清晰的定位，担负起保护文化遗产的责任；走向文化自强，以发展的思维继承文化，用最适合本民族的创新形式发扬文化。

提升大众参与度是非物质文化遗产传承的重要任务，因此教育的群体是十分广大的，面对庞大的受众，需要不同层次、形式的美育。文化与大众在相互适应中彼此促进，所以教育传承的改变必须循序渐进，与美育的结合需要逐步完善，留出足够的适应空间，只有如此才能做到良性发展。针对不同的年龄层次、文化背景，多元化的教育传承模式、全方位的教育实践迫在眉睫。依附现有的国家教育体系逐级深入，能够更快地开展非物质文化遗产传承教育工作。依据学前教育、中小学教育、高等教育、科研教育的分级，构建一个梯度式美育的模式，在不同教育层次进行适当的民族艺术渗透，或成为一种新模式。

（一）第一梯度：维护传统模式，保护文化完整性

以家庭传承为中心，依旧是现阶段非物质文化遗产传承的主要形式。基于文化生态保护理论来观察，嘉绒藏族编织文化依靠当地民众遵循传统传承形式进行互动与交流，而形成较为完整的文化生态，且在长久的时间里，较为稳定、活跃。由此证明，传统的手工艺传承形式对于文化完整性有着重要意义。

在学前教育阶段，家庭教育是孩子获得知识的主要来源。梯度式美育的第一阶段，主要针对学龄前儿童，借助原生态的传承模式，创造沉浸式的传统氛围，避免灌输式的美育，使孩子通过耳濡目染自然地产生对传统技艺传承的基本认知。通过维护传统模式，使儿童通过家庭内部日常观察，对传统手艺传承者的身份产生认同，逐渐建立起对该身份的行动模式、文化地位的认知。

据《中国传统村落蓝皮书：中国传统村落保护调查报告（2017）》，2003年至今，中国传统村落锐减近92万个，并以每天1.6个的速度持续减少。这也代表着传统家庭的锐减，加之机械化、产业化生产本身就冲击着传统手工艺，其赢利功能在各类商品市场挤压下，已经很难成为艺人坚持技艺传承的动力。强调手工艺家庭传承的文化教育功能，如同传统节日之于当代，是共同的民族记忆，是精神文明建设的一部分。

（二）第二梯度：通过民俗教育深化美育，扩大大众参与度

中小学教育是基础教育覆盖人群最广的阶段。通过中小学民俗教育的大范围普及深化美育，是扩大传统文化传承创新大众参与度的有效途径。在这一阶段，主要任务是增加大众与传统文化的直接接触，通过更为具体化的理

论、实践学习，将客观感悟转化为个人的实践经验，塑造审美世界观。笔者在当地中小学教育中并没有观察到典型实践案例，不过云南省丽江市中小学自 2001 年起，推广民族舞蹈课间操，聘请专人结合民族舞蹈进行创作，还开发了校本课程《纳西童谣》《纳西文化诵读本》。这是对民族文化传承的有益尝试，既扩大了民族文化影响力，又对民众参与传统文化建设起到正向引导的作用，值得借鉴。

（三）第三梯度：提升美育高度，提倡文化平等

进入高等教育，学校培育的目标转为人才的输送，这一阶段的美育更多是为了培养出色的非物质文化遗产继承人，在理论上深化至研究层面，要求对美学理论、民族艺术有深刻认知。第三梯度美育塑造，旨在打破大众对文化生态的固有静态印象，深化对文化艺术多样性的认知，参与传统文化的动态演变，树立文化主体意识，注重文化发展中的平等性。

高校作为非物质文化遗产研究和传承的重要基地，培养的人才已具有初步成熟的三观，在美育上应更加注重全面整体。需要构建更深层次的教研体系，理论与实践需要系统地整合，注重课题式的传统技艺研究；应追求研究的完整性，对于研究背景、研究方法需要全面综合考量。在完成非物质文化遗产研究项目时，由于其内容涵盖面广，往往涉及各专业的交叉协作，因而参与人员不仅必须具备过硬的科学知识与理念，也需要深厚的民族文化积淀，对民族艺术的重要性有深刻认知，产出高质量的研究成果，提升民族文化地位，使传统技艺不再"草根"，获得应有的帮扶与支持，更好地进行活态传承。

（四）第四梯度：美育深入实践中，推动有序开发

本科教育以上，民族研究人员的培育更有精准的专业指向，有能力进行以研究民族文化艺术为主旨的学科建设，为广大的研究者提供引导。第四梯度美育针对这类人群，强调理论到实践的转化，将高等教育人才具备的科学力转化为生产力，推动民族文化有序利用。

2019 年 2 月 14 日，教育部哲学社会科学研究重大课题攻关项目"非物质

文化美学研究"开题报告在南京大学举行,与会人员来自南京大学、中山大学、中南民族大学等全国十余所高校和研究机构,该课题主旨是"对具有审美价值的非遗文化形态进行美学研究"。各校专业研究人员打破学科、地域阻隔,围绕共同的研究领域积极讨论——理论研究如何落实到当下非遗文化的发现与保护中。学者们提出准确区分审美价值的异同、选择美学研究的对象,需避免西方论调影响,坚持中华民族的艺术路线等观点。可见更高层次的研究教育中,美育研究极有号召力,能促进各研究机构间的合作,为文化传承创新实践提出规范化建议,推动新的产业化尝试,促进民族文化有序开发。

五 总结

基于本民族发展而来的创新才是对于民族艺术真正的传承与保护,在非物质文化遗产保护的道路上不断摸索适当的形式固然重要,但核心是文化的传承。多民族文化交融让中华文化包罗万象、灿烂而富有活力,扩大大众参与度是保护民族文化的新课题。当下发展的经验教训,使我们深知民族艺术的存续与创新,只靠形式上的保留是远远不够的,人文精神永远是文化自信的源泉。"国民之魂,文以化之;国家之魂,文以铸之",文化教育始终是国家发展的"重头戏",要铸就坚定的文化自信,就必须建立完善的民族文化教育体系。

B.17 四川省阿坝州茂县羌族瓦尔俄足节传承人调查报告

马小鸿*

摘　要： 瓦尔俄足节历史悠久，文化底蕴浓厚，富有民族性、地域性和传承性。2006年四川省阿坝州茂县羌族瓦尔俄足节被评为国家级非物质文化遗产项目。茂县曲谷乡西湖寨的瓦尔俄足是保留最为原生态的文化活动。通过参与观察2015年瓦尔俄足节活动，访谈表演者及传承人，整理与归纳其相关研究资料，本文对传承项目的定位，传承主体的调查，政府、传承人与当地人对瓦尔俄足节的保护措施及所产生的影响和作用等方面进行探讨，以期呈现瓦尔俄足节活动过程及传承现状，为今后研究瓦尔俄足节提供具有参考价值的资料。

关键词： 非物质文化遗产　瓦尔俄足节　非遗传承人　羌族

一 绪论

（一）调查背景

瓦尔俄足节[①]在每年农历五月初三至五月初五，大致是公历的六月中下

---

* 马小鸿，硕士，成都中医药大学附属医院针灸学校专职教师，研究方向为民俗文化与语言、非物质文化遗产。
① 瓦尔俄足节：音译，汉语意思为五月初五，是羌族妇女节，又是端午节。这是羌族地区一年一度的盛大节日。为纪念萨朗女神造福羌族百姓。

旬。瓦尔俄足节主要是为了祭祀和纪念萨朗女神及其母亲热米珠①为羌族民众带来福利，教会羌族妇女织绣和歌舞，教给羌族妇女生育和性知识。

2006年，瓦尔俄足节入选为《第一批国家级非物质文化遗产代表性名录》，受到国家的大力支持，该节日引起了羌族人民的广泛关注，激发羌族民众对民族文化的认同感。因2008年"5·12"地震的影响，瓦尔俄足节也渐渐消失在人们的生活中，只有在羌区西湖寨还保留瓦尔俄足节的节日习俗，西湖寨人余新宝积极参与申报非遗，2008年余新宝被评为四川省非物质文化遗产省级传承人。震后重建羌区，这对瓦尔俄足节的重新建构和文化展演产生了的较为重要的影响。

为了详细了解茂县瓦尔俄足节活动的全过程，课题组于2015年6月19日从成都出发，前往中国古羌城旅游景区进行为期三天的田野调查。景区位于四川省阿坝州茂县，茂县地处川西岷江上游，位于岷江、涪江上游高山河谷地带。东连北川、安县、绵竹，南接什邡、彭州、汶川，西达理县、黑水，北邻松潘。

此次调研全面观看瓦尔俄足节活动由准备到结束的全过程，并对其表演者、传承人、专家、游客进行了访谈、调查，且进行了翔实的记录。

（二）调查对象和目的

此次的调查对象是四川省阿坝州茂县羌族瓦尔俄足节传承人余新宝，羌城管理人员、表演者，还有参与瓦尔俄足节的百姓。调查目的：一是详细了解羌族瓦尔俄足节的传承现状；二是了解瓦尔俄足节传承人的基本情况，思考其传承现象背后更深的文化内涵及社会文化意义。

（三）调查方法

本次报告调查方法主要包括参与观察法、访谈法和电话回访法。通过对参与瓦尔俄足节的现场群众的访谈，了解瓦尔俄足节详细的过程、羌族人民

---

① 热米珠：传说是萨朗女神的母亲，能歌善舞。

对瓦尔俄足节的态度。通过对传承人余新宝的访谈与电话回访，了解传承人的基本情况和传承措施，以及对当地社会产生的效果。

二 羌族瓦尔俄足节的传承项目

（一）传承对象的性质及类别

2003年我国政府颁布了推动非物质文化遗产保护的纲领性文件《国务院办公厅关于加强我国非物质文化遗产保护工作的意见》，对非物质文化遗产的概念、分类、范围和具体操作类型做出了表述与解释。2006年，四川省阿坝州茂县瓦尔俄足节被评为国家级非物质文化遗产，根据民族民间文化保护工程普查手册分类指标，瓦尔俄足节属于文化空间类。文化空间的含义是定期举行传统文化活动或集中展现传统文化表现形式的场所，兼具空间性和时间性。根据《国家级非物质文化遗产名录》的项目分类，瓦尔俄足节属于第十类民俗，即社会风俗、礼仪和节庆。

羌族瓦尔俄足节的独特性表现为两点：一是对萨朗女神和热米珠的纪念，祈福消灾，保佑平安；二是羌族民众独有的萨朗舞蹈和羌族锅庄，对羌族民族文化的认同。

（二）当地人所认识的瓦尔俄足节

表1 2015年茂县瓦尔俄足节现场受访对象情况

人物	性别	年龄	民族	居住地址	协会/职位	访谈内容
李建军	男		汉族	茂县	宣传部	挂羌红的含义，瓦尔俄足举办的政策和影响
汪清玉	男				专家	瓦尔俄足节的由来和历史源流
陈姐	女		羌族			
余新宝	男	50	羌族	茂县/西湖寨	羌城管家/传承人	关于传承人的经历及传承现状、构想

续表

人物	性别	年龄	民族	居住地址	协会/职位	访谈内容
余夫人	女		羌族	茂县/西湖寨	羌城景区员工	传承人的经历和现状
王师傅	男		羌族	茂县/河东	羌城管家	关于瓦尔俄足节举办的流程和传承人的经历及评价
余金花	女	58	羌族	茂县/西湖寨	萨朗传承人	萨朗的传承问题及瓦尔俄足的历史由来、自身家庭情况
小龙波泽里	男		羌族	松潘	多声部传承人	多声部唱法技巧和核心情况
A先生	男	65	羌族	茂县	老年协会会长	瓦尔俄足节活动过程,祭祀。男女分工,相关传说,与平时节日活动的差异
释比(许)	男		羌族	茂县	释比	
表演者	女		回族	茂县		我们只是来参与,但我们是没有这一节日的,瓦尔俄足节
表演者街铃舞	女		回族	茂县		我喜欢这个节日,也要参与这个节日活动,但不会说羌语,所以很多的节日含义不太清楚
白帕子(黑虎)	女		羌族	黑虎		我们是从黑虎乡来参加这个节日活动的
黑帕子(赤不苏片区)	女		羌族			
白色圆圆帕子	女		羌族	永和		
花帕子	女		羌族	松坪沟、赤不苏片区		
不带帕子	女		羌族			
紫衣服、花帕子	女		羌族	茂县	尔玛协会	
冯玉	女		汉族	成都	青羊区教育局老年大学葫芦丝代表队队长	
领导	男		羌族	茂县	羌城景区领导	关于瓦尔俄足节的保护和传承、瓦尔俄足节发展前景

注:访谈时间:2015年6月19~21日,访谈地点:羌城景区古羌城文化广场。

从以上访谈材料可以看出,瓦尔俄足节因非物质文化遗产政策的实施,政府力量的主动干涉,一方面给当地羌族人民带来了经济的福利,另一方面也重新唤起对羌族传统文化的保护和传承意识,让当地人重新认识自己的民族文化,认识震后羌族瓦尔俄足节。羌族各个片区人民眼中的瓦尔俄足节可以归纳如下。第一,知道一些关于瓦尔俄足的历史,但几乎都没有参与过这样大的节日。从语言方面讲,瓦尔俄足是当地羌语,翻译为汉语意思为五月初五,又与端午节一样,相当于端午节。第二,知道关于瓦尔俄足节与萨朗女有关。从当地传说方面讲,瓦尔俄足节是为了纪念萨朗女神,因为萨朗女神教会了当地羌族妇女织布等技能。第三,知道瓦尔俄足节是羌族妇女的节日,与母系社会的文化遗留有关。从当地社会制度和结构方面讲,这个节日是羌族妇女的节日,这一天当地妇女不干农活,只穿上自己美丽的衣服,打扮得很靓丽,集中到一起,如过年一般吃坝坝宴,这个时候羌族男人就干活,准备食材等。从文化旅游发展方面讲,这也是旅游的一种方式,这样一个节日,来旅游的游客可以参加羌族的服饰、美食等文化展,也可以体验当地羌族的婚俗,感受羌族地区民众的生活。

关于瓦尔俄足节,据《茂县志》记载:"瓦尔俄足节,即端午节。每年农历五月初五,家家门前挂菖蒲、陈艾,到野外踩青'游百病',吃粽子,喝雄黄酒,熬菖蒲,用陈艾水洗澡。五月初五,羌语'瓦尔俄足',又称为'领歌节'或'歌仙节'。在曲谷河西诸寨,每年农历五月初三,各寨先派几名妇女到河西西湖寨山上的热和梁子塔前祭祀女神'热米珠',请示唱什么歌,即领歌。次日,凡本寨出生的妇女戴耳环,身着节日盛装,由老龄妇女带头挨家挨户跳古代歌舞,主人热情款待,逐户歌舞,即传歌,欢庆三天。此间,男人在家料理家务,妇女们尽情歌舞。80年代又被称为'羌族妇女节',若当年村中有50岁以上妇女死亡,此年就不举办瓦尔俄足活动。"

瓦尔俄足,其中"瓦"和"足"(jo)在羌语中就是"五"的意思,然后两个"五"在一起,就相当于"五月初五",即端午节。这个说法也得到当地羌民的认同。

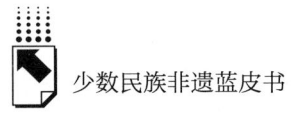

2015年景区中瓦尔俄足的简介上这样写道：

> 千百年来，在茂县这片沃土一直流传着这样一个习俗，为祭祀天上的歌舞女神萨朗姐，每年农历五月初三至初五，居住在这些地区的女性羌民都要举行"瓦尔俄足"活动。届时，本寨不分老幼，携香、蜡、馍、刀头、酒，身穿鲜艳的羌族服饰，佩戴金银首饰，前往热米珠女神梁子的神塔前祭祀歌舞仙女萨朗姐，祈求赐教新的舞蹈，并保佑当年风调雨顺，然后把歌舞带回寨中，所以又称"领歌节"，这一活动是以羌族妇女为主的习俗活动，所以又被称为"羌族妇女节"。

瓦尔俄足作为羌族古老的传统节庆活动，源于古羌民族多神崇拜和信仰。从其形成、发展的历史进程看，与羌族历史、传统文化、古老的母系崇拜习俗密不可分。瓦尔俄足对于研究古羌文化的内涵、女权崇拜、女性习俗有着重要的价值；对于了解羌族的歌舞文化、服饰文化、饮食文化以及婚俗文化的发展与演变具有极其重要的价值。

（三）调研传承项目的整体性

以2015年茂县瓦尔俄足节为例，本次活动采用"多点展示、错时展现"的方式，再现瓦尔俄足节祭、引、接、传等细节。利用羌文化广场、羌王官寨、歌仙坪、炎帝广场等场地进行文化活态展示。祭祀长6分钟，唱祭祀歌，演员120人。引歌为10分钟，演员180人，其音乐为《兰巴》等；接歌，时长10分钟，人数350人；传歌，时长20分钟，所有演员参与，展示羌绣等。此次瓦尔俄足节节日活动分为三个场景展示，主要分布在古羌城文化广场（羌文化广场）、萨朗文化广场、羌王官寨三个区域。

1. 场景一：古羌城文化广场

中国古羌城城门两侧。一副对联从城门上挂下来，右侧是"寻梦古羌秘境"，左侧是"溯源华夏文明"。城门上有3个手持枪身披铠甲的武士。接着羌红遍布梯步两侧。整个队伍排列成一个"羌"字形，古羌城文化广场上空,白鸽逆时针飞旋。还有两架空中摄影机,时而低沉,时而高飞。

中国古羌城城门两侧。彩云梯两旁,一边一面羊皮鼓,左侧下面还有一个梯步。一边两座萨朗女神雕塑,大致2米高,分布在城门梯步上下两端,萨朗女神两手高扬,献上神圣的羌红。两侧石壁上刻满了黑色的符号,面对中国古羌城城门左侧的内容讲述羌族的起源,还画有"羌"等字样,右侧内容是羌族的文化展示及发展历程,还刻画有汶川、打猎的人等符号。中间的梯步上,排列着羌绣图布,依次为粉红色、藏蓝色、天蓝色、橘黄色、草绿色、鹅黄色及朱红色。图画的正中央为羌族服饰精美花纹,四周配以纹饰。左右两侧插满了多种颜色的旗帜,每一侧都有4座如山般的火焰装置,共有8座。城门下侧是萨朗女神塑像,向外侧是石羊雕,一边3座,共有6座石羊雕塑,每只羊都是四脚蜷曲跪着,且每个石羊雕脖颈上拴着羌红。

图1 羌族瓦尔俄足节古羌城文化广场开幕式现场

城门左侧广场内,有1座雕塑像——男人右手侧举,左手放在腰间。男人头顶上白鸽飞舞,后面1个佝偻的老人,戴着帕子,挂着拐杖。前面1个小男孩抬头仰望,两手下垂至裤缝间。

古羌城文化广场右侧,有一条弯曲的走廊,呈"之"字形,然后上方有一座祭祀塔,塔上挂着羌红和艾草、菖蒲等。祭祀塔分为三层,每层上放有白石,还供有香火等祭祀品。下方的走廊那边,写着九个大字:我们的节日——瓦尔俄足。木质廊桥上挂着大红色绣着不同羌族文化元素的香包。

图 2　羊皮鼓

图 3　我们的节日——瓦尔俄足

中国古羌城文化广场城门正中央对面,竖立着一座咖啡色石像,广场中间依次围坐着来自不同片区的表演者们,外围是各大媒体、摄影师们,内侧是穿着迷彩服的士兵、维持秩序的工作人员。城门下方都是羌族妇女在尽情地表演。

文化广场外围,无论是树上,还是石头上,到处都是羌红飘飘。据当地被访谈者李建军介绍,只有盛大的节日才悬挂羌红,过一段时间便取下。当地人认为羌红就如藏族的哈达,是一种神圣的象征,为远方的客人献羌红,代表无比的尊敬。

图 4　举着羌红的萨朗姐

图 5 广场外树上羌红

2. 场景二：萨朗文化广场和羌王官寨

（1）婚俗表演

萨朗文化广场，中间有一大"火塘"，外围呈椭圆形。四周隔着一块大空地，空地上摆满了小桌子和小凳子，空地外面对着羌圣庙方向，竖立着 1

座萨朗姐跳舞的雕像,约8米高。正对面是羌王官寨,正在进行"羌王择婿"的表演。寨子周围挂满了羌红,上面还竖着五彩缤纷的锦旗。萨朗文化广场除了"羌王择婿"的表演展示羌族的传统婚俗外,还在火塘区域进行释比文化展示,晚上在这里举办篝火晚会。

图6 "羌王择婿"表演现场·开坛仪式

图7 羌族婚俗表演现场

图 8　撒砸酒

（2）释比表演

中间的火塘周围，释比（本地人称"许"）正在表演吞火等节目。

释比在永和乡有 3 位，在黑虎乡有 2 位，他们一般从 12 岁就开始学释比的工作。他们以前在牧区工作，现在被聘请到羌城工作。平时工作是念经、烧香、祭神、接待游客。释比的工作包括祭天、祭地、祭山神、祭水神、敬月亮神。刚开始表演的祭祀环节由释比参与，祈求风调雨顺的意思。

晚上，大型原生态节目《羌魂》开始表演。其中的节目《常回家看看》，表明这一天儿女回到父母身边看望老人，这是中国传统理念中孝的体现。另外，这也是瓦尔俄足节的一项赛事运动，即康养文化运动。以前传统的瓦尔俄足节是一项赛事，比赛内容是馍馍的制作等，看谁家做的好吃，这就是一项比赛。

随着民族旅游的发展，为方便游客观看和参与，瓦尔俄足节由以前散落、小型的活动发展到集中、大规模的活动。

本次瓦尔俄足节的具体项目内容可参见表 2，传统的瓦尔俄足节与现在瓦尔俄足节的不同之处可参见表 3。

图 9　篝火现场

图 10　释比表演

表2　2015年6月20日瓦尔俄足展演项目内容

时间	地点	项目
上午8:40	羌文化广场	哨鞭响起,3个不同片区的萨朗方队身着不同服饰出场
上午8:46	羌文化广场	祭祀羊皮鼓队出场
上午8:50	羌文化广场	尔玛哈斯队出场
上午8:59	羌文化广场	所有萨朗方队、祭祀羊皮鼓队、尔玛哈斯队向梯步两边排列,等待开城
上午9:00	羌文化广场、梯步、城门	所有参演人员进行中国古羌城开城仪式
上午9:10	梯步	参加羌城内活态布点的演员在羌兵的引领下进入古羌城
	羌文化广场	羌绣展示
	羌文化广场	幸运白石投放地
	羌文化广场	萨朗方队进行各片区萨朗歌舞表演
	羌文化广场	羌族古老妇女背水习俗的展示
	羌文化广场	推杆组出场
	羌文化广场	扭棍组出场
	羌文化广场	老鹰抓小鸡游戏
	羌文化广场	羌棋对决
	羌文化广场	哨鞭的展示
	梯步口	羌笛、口弦展示
	城门前的古楼上	多声部流动展示
	羌王官寨坝子	"九鼎迎朝阳"的迎宾游戏
	羌王官寨吊脚楼	羌族多声部的展示
	羌王官寨议事厅	羌王议事场面展示
	羌王官寨二楼戏台	5分钟的婚俗参与互动游戏
	羌王官寨戏台	羌笛、口弦制作表演展示
	羌王官寨二楼堂屋	羌绣及萨朗的展示
	羌王官寨三楼	羌族古老释比的展示
	羌王官寨三楼	羌族古老织布技艺的展示
	羌王官寨三楼	羌族皮匠精湛的制皮技艺展示

表3　传统（西湖寨）瓦尔俄足节与现在（2015年茂县）瓦尔俄足节简单比较情况

类别	传统的(西湖寨)瓦尔俄足节	现在(2015年茂县)瓦尔俄足节
时间	农历五月初三、初四、初五	农历五月初五
地点	散落在各个村寨	集中于茂县羌城
规模	小范围举行活动	大型节日活动
表达方式	自己编舞蹈,自己唱歌,唱给自己的人听。祭祀	由政府主办,民间协会组织。进行为期一周的培训、彩排,表演给游客等外人看。将瓦尔俄足节活动搬上舞台,具有非常浓厚的表演性质

续表

类别	传统的(西湖寨)瓦尔俄足节	现在(2015年茂县)瓦尔俄足节
记录方式	无特意的记录工具和方式	媒体、研究人员等对瓦尔俄足进行视频、图片、文字等记录与传播
主要内容	先祭祀,然后自己唱歌跳舞(萨朗和锅庄),围坐在火塘边,吃肉喝酒	祭祀、开城门、迎接萨朗姐,然后众人唱歌跳舞,分片区表演口弦、羌笛、多声部民歌等,内容相对丰富。释比的表演。羌族婚俗展演,以及其他相关艺术节、比赛等内容
参与方式	无人组织,自由活动	有专门的组织者,编排节目单,且给一定的出场费和演出费(50元/天)
参与者	羌族未婚妇女以前结婚的妇女或者媳妇不能参加	只要是愿意参加都去参加(男性和女性)

从以上表格内容可以总结出传统瓦尔俄足与现在瓦尔俄足部分不同点:一是区域分布范围广,从以西湖寨各个小村寨为点的传播,到全茂县集中(羌城)发展;二是时间的浓缩性,从以前的3天时间缩短到1天;三是参与方式从自由、散漫、无人组织到有专门的组织和领导;四是参与人员的广泛性,不再是只有妇女参加,而是只要愿意参加都可以参加;五是内容的丰富性,如服饰的艳丽、款式的创新、内容多样、规模变大、程序复杂。六是凭借当地电视台、康巴卫视、其他各大纸质媒体等,以图片、文字、视频等形式向祖国其他地方及世界远播。

三 羌族瓦尔俄足节的传承主体

(一)传承人的基本情况

余新宝是曲谷乡西湖寨人,在2008年被评为省级瓦尔俄足节非物质文化遗产传承人,因从小居住在羌寨,他对瓦尔俄足节印象深刻。他对瓦尔俄足节的喜欢,来源于父亲的影响。父亲热爱羌族文化,每年五月初五都召集乡邻们一起参加瓦尔俄足节,有着三四十年的筹办瓦尔俄足节的经历。在接过父亲的班后，他一直传承和发扬着瓦尔俄足节文化，亲自筹办节日的活动内容，操持整个瓦尔俄足节的过程。后因地震，全家搬迁到茂县（见表4）。因西湖寨的区域条件，瓦尔俄足节保存得较为传统，现因国家政策的支持、非物质文化遗产的发展，瓦尔俄足节也从曲谷乡河西扩大到整个茂县区域。

表4 传承人的基本情况

传承项目	瓦尔俄足节	类别	民俗文化、礼仪、节庆		
传承人	余新宝	等级	省级	职业	羌城管家
第几代	第二代	民族	羌族	性别	男
传承方式	家传、收徒	政治面貌	党员	年龄	50岁
学历	初中	传承时间	从小开始	收入情况	补贴3000元每年，工资1800元每月
被评为传承人的时间	2008年	联系方式	135＊＊＊＊4291		
家庭情况	两个女儿、一个儿子，全家都从事文化工作。基本收入：工资1800元每月，政府给予传承人补贴3000元每年。其一女在九寨沟工作，另一女和一子在羌城当讲解员，其妻子也在羌城工作。以前居住在曲谷乡西湖寨，后因地震搬迁至茂县。其父亲热爱羌族文化，传承时间为三四十年。后接父亲班，传承瓦尔俄足节文化（瓦尔俄足举办的全过程，唱歌、跳舞等内容）				
流传区域	从曲谷乡河西扩大到整个茂县地区，且影响了其他民族				

注：访谈时间：2015年6月20日下午3点，访谈地点：羌王官寨一楼。

（二）传承人的传承历程

瓦尔俄足节，本是一项普遍性的群众节日。余新宝作为传承人继承、组织并将其发扬。瓦尔俄足节的传承，以家族为主，因余新宝父亲组织和筹办瓦尔俄足节已经有三四十年，因此他对瓦尔俄足节是非常熟悉的，其父亲去世后，余新宝接管此项活动。另外，余新宝是西湖寨的村委会主任和党支部书记，具有良好的组织能力与管理能力，在当地村寨有一定的威望，西湖寨人也非常认同和支持余新宝的工作。2008年"5·12"地震后，余新宝向茂县文体局递交申请材料，并通过文体局和文化部门的审核，被评为四川省非物质文化遗产省级传承人。成为非物质文化遗产传承人后的余新宝，在瓦尔

图 11 传承人余新宝

俄足节的传承上，有了更多的思考，主要有这样一些困扰。

一是经费少，事情多。政府补贴省级传承人每年 3000 元，但要求必须收 2 个及以上的弟子。每年茂县文体局及相关文化部门都会定期进行考核和审定。政府每年给予的 3000 元补助，对学员进行培训及其他事项所需费用来说是不够的。

二是真正会歌舞的人少。余新宝透露，2015 年瓦尔俄足节活动，参加演出活动真正会唱歌跳舞的人不到 200 人。他们培训也仅仅是平时跟着唱，并未进行专业性的指导。

三是瓦尔俄足宣传力度小，对文化内涵的认知度不够。余新宝认为大部分人只知道歌舞，不知道其他节日内涵。比如妇女与家庭的关系，已婚妇女对未婚妇女传授性、生育和卫生等知识，医疗健康的理念（端午节这一天百草都是药物）。现在医疗发达、科技发达，这些对人们而言都不重要了。此外，还有对瓦尔俄足节服饰、饮食、建筑等方面的认知。

四是瓦尔俄足节的舞台化、产业化和旅游发展模式化。因政府政策的影响及自身热爱这一文化，余新宝从2013年到羌城工作，传承瓦尔俄足文化。在羌城展演的瓦尔俄足节，其程序复杂，上山—下山、引歌—传歌—接歌等每天都要展演两遍。还要注意祭祀、敲羊皮鼓、挂羌红、各个片区唱歌跳舞等变化。从服饰方面讲，主要是颜色和花纹的多样化，变得鲜艳多彩。云云鞋，以前是布鞋类型，现在变为高跟鞋，根据现代要求，不同高度及形状的云云鞋出现在舞台上。有了规模的扩大及集中展演，就可以收取一定的门票，获得经济效益。

五是时间短，频率高。瓦尔俄足节的传承现状为半政府半民间形式，举办瓦尔俄足节都是为了吸引游客，促进当地经济的发展，但更多的利益，羌族人民并未获得多少。这对于真正意义上的传承瓦尔俄足节来说，不具有持续性和长久性。

（三）传承中的"师徒关系"

根据政府的要求，瓦尔俄足节传承中，省级传承人要招收两个或以上的徒弟，传承的方式可以是社区传承也可以是家族传承。另外，在瓦尔俄足节的传承上，对徒弟的考核以其兴趣爱好为主要导向，还要考虑徒弟的资质。

半开放式的传承环境，也有助于社区传承机制的完善。目前，在中国古羌城中，对瓦尔俄足节的传承，以表演者为主，因此整个传承中的师徒关系其实也是一种聘任关系。本次瓦尔俄足节以"还节于民，还俗于民"为理念，通过举办节庆活动，展示羌文化的丰富和深厚，打造中国古羌城旅游景区，吸纳其他民族的人群参与，给表演者一定金额的补助。

瓦尔俄足节文化传承中，师徒关系较为细化，有多声部传承、萨朗舞蹈传承、释比传承、羊皮鼓舞蹈传承。细分传承的项目内容、以学习者为传承人，在这个过程中师徒关系也表现为师生关系。另外，瓦尔俄足节是一个综合性的节庆，因此在传承过程中师徒关系也具有重复性和交叉线，传承了羊皮鼓舞蹈的人，也可以传承祭祀仪式端公活动；传承多声部歌曲的传承人，也可传承萨朗舞蹈。根据徒弟的资质和天赋，视掌握情况确定传承项目。

四　促进瓦尔俄足节的传承措施

（一）政府进一步出台措施加以鼓励和支持

响应联合国教科文组织的号召，对民族民间文化的抢救工作迫在眉睫。政府给予政策支持与资金补贴。本文对四川省阿坝州茂县羌族瓦尔俄足节被评为非遗前后的保护措施归纳如下。

政府大力宣传瓦尔俄足。自2009年开始，每年都举办盛大的瓦尔俄足节庆活动。特别是2015年茂县羌城举办的瓦尔俄足节庆活动，这是第一次在中宣部文件精神的指导下，按照"还俗于民，还节于民"的理念，以羌族传统文化为根基，重现瓦尔俄足节浓厚而欢乐的氛围，展现灾后羌族儿女的幸福生活和茂县发展繁荣祥和的场面。

自2009年始至今，茂县瓦尔俄足节由政府主办、全民参与。结合茂县尔玛协会、羌情协会、伊斯兰教协会等民间组织，与来自赤不苏等片区的羌族人民，展现不同的服饰、饮食、建筑、宗教信仰等文化。来参与此次活动的表演者，政府给予每人50元一天的经济补贴。

此外，政府通过多媒体传播途径，宣传和展示羌族文化，特别是瓦尔俄足节庆文化盛典活动。农历五月初五活动结束后的晚上，通过羌族电视台与康巴卫视频道循环播放白天活动盛况。大型文艺片《羌魂》在央视七套播出。《云朵上的婚礼》在央视七套播放。该片拍摄于河东地区，当地保存了最完整的羌族传统婚俗。

茂县文化部门加强瓦尔俄足传承人的申报和保护工作，据统计，现有瓦尔俄足省级传承人9人、州级传承人5人。政府对传承人实施相应的保护措施，其经济补助为3000元一年。2014年茂县因瓦尔俄足歌舞民俗被评为"中国民间文化艺术之乡"。

（二）传承人应当主动承担传承主体的责任

笔者通过羌城管家王师傅采访到了瓦尔俄足节的传承人余新宝。一见

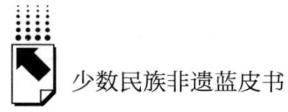

面,余师傅就说:"我是这个节日的传承人,你们有什么要问的,尽管问……"由于没有向他们说明身份,他们可能把课题组当作新闻记者。交谈中,课题组强烈地感觉到,他们急切地表现出他们非常乐意去表演,并且非常认同这一民族文化。

同时能够感受到他们也想利用我们"新闻记者"的身份,把自己打扮成传统瓦尔俄足节的拥有者、参与者和传承者。政府及社会对于传统的瓦尔俄足节文化的推崇及重视,他们是非常明白的。并且,自从瓦尔俄足节被评为非遗后,文化本身带来的经济效益和社会效益,他们也是非常清楚的。

根据对传承人余新宝的访谈,他主要的传承工作有这样几个要点。

一是招收徒弟、培养传承人才。每年至少招收2个徒弟,进行培养。现如今余师傅有6个徒弟,2个男性、4个女性。年龄为20~40岁。

二是传承人的领头作用。

三是瓦尔俄足节的传承策略及传承人的"变通性"。现在瓦尔俄足节的产业化、舞台化和商业化,就只能随着社会的发展而发展。但余师傅希望将羌族妇女节打造为全世界妇女的节日。

(三)当地群众应当积极地参与到保护活动中来

1. 民间协会组织

茂县羌族地区的协会组织有羌情协会、尔玛协会、老年协会、伊斯兰教协会。当地还成立了瓦尔俄足表演队,在全国各地进行展演。应创立瓦尔俄足节品牌,开展文化交流活动,促进茂县旅游业的发展。

民间协会组织的成员在瓦尔俄足节这一天会集中到羌城进行表演。每个成员都会穿上羌族服装,带上自己家的腊肉、香肠、馍馍等食物,以坝坝宴的形式聚餐。当表演结束,各个协会就唱着歌列队集体离开。

2. 其他民族的当地人

当地人有回族和其他民族。回族的代表伊斯兰教协会会来参与活动,为的是送来祝贺。因为居住在这一地区,回族的节日,羌族的人们也会去帮忙,这是一种民族之间友好和谐的交流方式,文化之间也相互影响。

图 12　正在表演的回族妇女们

3. 各个片区的羌族妇女

每个羌族妇女从小就会跳萨朗,是她们的母亲亲自教授的。羌族姑娘舞蹈基础好,所以在瓦尔俄足节表演的时候,只需要简单培训就可以全民参与表演。2008 年地震后,各个村寨的人都聚集在茂县县城周边,从山上搬到山下。各地区的羌族人都来到茂县这一地区参与瓦尔俄足节,这些妇女也非常赞同瓦尔俄足节的举办,认为举办这一节日非常有意义,这是一种文化的标识,也是文化认同和民族认同的象征。另外,这也是羌族妇女力量的体现。这一天羌族妇女不干活,任何家务都不干,只需要唱歌跳舞、吃东西。现在几乎把这一天当作放假,也是劳作后的放松方式。

附 录
Appendix

B.18
2018年少数民族非物质文化遗产大事记

梁 海 雍忆经*

2018年1~3月

1月6~10日 由贵州省旅游发展委员会、贵州省民族宗教事务委员会指导的"中国苗疆走廊文化旅游规划研讨会"在玉屏自治县举行。与会40余名专家学者以"国际视野下探索苗疆走廊文化密码"为主题，就中国"苗疆走廊"文化旅游规划进行了深入研讨。"苗疆走廊"作为当时的交通要道，将平原、山地、丘陵、高原等不同地貌连接于一体，形成了走廊上的地域文化多样性。走廊沿线生活的苗、侗、布依、水族等少数民族众多，多

---

* 梁海，土家族，贵州民族大学人文科技学院2017级文化产业管理专业本科生；雍忆经，布依族，贵州民族大学人文科技学院2016级文化产业管理专业本科生。

元文化相互交融，造就了地域族群文化的和谐共生、和美与共的显著特征。此次研讨会旨在通过"苗疆走廊"研究，将贵州文化"多样性"和以往众多处于点状、孤立的有形无形文化遗产，置于互为关联的整体视野下，为"多彩贵州"的宣传注入新的"灵魂"，为贵州省文化旅游产业发展创造出新的"亮点"。同时，从历史与现实的角度审视西南地区在新的区域合作框架中的地位、作用及影响。（贵州省非物质文化遗产保护中心官网）

1月24日 首届西北五省区非遗文化旅游博览会在宁夏固原市隆德县开幕。此届非遗博览会以"西北五省·人文一脉"为主题，根据宁夏、陕西、甘肃、青海、内蒙古五省区不同的地域文化，以"人文陕西，山水秦韵""美丽大草原，激情蒙古风""塞上江南，神奇宁夏""丝路画廊，多彩甘肃""大美青海"五大区块，集中展示五省区民俗文化精髓，并邀请五省区非遗传承人展示各省区最优秀的非遗文化成果。并将通过非遗大讲堂、特色文化展演、手工艺品义卖等形式，让大众近距离感受非遗文化魅力。（《人民日报》）

2月5日 由文化部非遗司指导，中国农博馆、中国民俗学会主办的"中国二十四节气保护传承能力建设培训班"在柯城区召开。中国农业博物馆、中国民俗学会有关专家学者，来自浙江省、湖南省、广西壮族自治区、贵州省的社区组织代表等40余人参加培训。中国农历二十四节气是老少皆知的传统民俗，也是民间用于指导农事活动的规律。柯城区委宣传部部长贵丽青表示：柯城区作为二十四节气的保护单位，将认真贯彻落实习总书记传承和弘扬中华传统文化系列重要精神，以九华立春祭这一非遗项目为主抓手，以保护传承能力建设为着力点，努力打造二十四节气保护传承的柯城样本。（柯城教育体育文化网）

2月9日 为贯彻落实党的十九大精神和中共中央、国务院关于支持戏曲传承发展的有关政策，促进传统戏剧类非物质文化遗产保护传承，"唱响新时代——2018首届戏曲稀有剧种贺新春互联网公益晚会"在河南广播电视台8号演播厅举行。来自河南、新疆、云南、陕西、山西等12个省份近百个稀有剧种及有关国家级、省级非遗传承人精彩亮相，表演了各自的拿手好戏。为提高稀有剧种展演的传播力，吸引更多的年轻人关注参与；此次活动打破原有电视晚会录制常规,首开"互联网+稀有剧种"传播模式,既有舞台表演、也有幕后花絮,更有与戏曲演员亲切互动,拉近传统戏剧与年轻人的距离,促进传统戏剧走进现代生活,全方位面向广大市民展示稀有剧种的独特魅力。(中国非物质文化遗产网)

3月5日 第十三届全国人民代表大会一次会议开幕前,全国人大代表省级非遗传承人杨昌芹走上人民大会堂首场"代表通道",在记者的镜头前,讲述了贵州赤水竹农通过省级非物质文化遗产项目赤水竹编脱贫致富奔小康的故事。杨昌芹说:赤水旅游越做越红火,竹编作为赤水特色工艺品,市场需求不断增大。如今,一幅竹编画可卖至8万元。作为当地非物质文化遗产项目,在政府扶持下,竹编传统工艺创新,生产规模扩大,多民族风情工艺品远销国内外,拓宽了当地农民居家就业增收致富门路。杨昌芹举办竹编工艺技术培训班,近千名贫困群众先后来参加培训,使赤水市的80万亩杂竹有了用武之地。(多彩贵州网)

3月11日 世界最长英雄史诗《格萨尔》的抢救保护工作取得重大成果,4部民间艺人独家说唱本正式出版发行。本次出版发行的4部说唱本分别为《悉域狗宗》、《亭岭之战》、《北方绵羊宗》和《卡戎金字宗》;至此,这一系列丛书已完成14部。《格萨尔民间艺人独家说唱本》丛书于2009年启动,全书共计400余万字,计划收录14位国家级、自治区级民间艺人的20部独家说唱故事。(新华网)

3月28日 西藏自治区日喀则市多举措扎实推进非遗保护工作。政府主导,切实抓好传承保护,全面摸清全市18县(区)非遗资源状况,深入田间地头开展非遗资源大调查,认定和抢救了一批濒危的非物质文化遗产项目,较为全面地掌握了全市非物质文化遗产资源的种类、数量、分布状况、生存环境、保护现状及存在的问题;出台了《日喀则市非物质文化遗产保护管理办法》,成功举办首届日喀则市藏戏唱腔比赛,昂仁迥巴藏戏受邀参加浙江乌镇国际戏剧节进行展演。组织举办首届市级非遗代表性传承人培训班,18县(区)市级非遗代表性传承人及文广局工作人员共100人参加培训。(西藏自治区文化厅官网)

2018年4~6月

4月2日 2018年贵州省第二批国家级非遗代表性传承人罗守全抢救性记录工作启动。在贵州省非遗中心数据部负责人和贵阳市乌当区非遗中心负责人的带领下，抢救性记录执行团队一行进入乌当区香纸沟对皮纸制作技艺国家级代表性传承人罗守全进行前期实地调查。通过到皮纸制作的作坊调查、参观，再现了香纸沟造纸匠人们辛勤劳动的痕迹；真真切切地感受到了香纸沟皮纸制作技艺工艺的古朴和历史悠久，感受到历史发展中，先人们传承下来的智慧和文明。该执行团队表示：一定将此次的传承人抢救性工作做到更好，并为非遗保护、非遗传承而不懈努力。（贵州省非物质文化遗产保护中心官网）

4月8日 由国家民族文字出版专项资金资助项目《西藏自治区非物质文化遗产国家级代表性传承人口述史》（以下简称《口述史》）丛书，由西藏藏文古籍出版社正式出版发行。这是继2013年《西藏非物质文化遗产第一辑》丛书出版发行以来，西藏藏文古籍出版社与自治区群艺馆（区非遗保护中心）的第二次合作。《口述史》丛书总共11册，以图文并茂的形式，详细收录了18位包括格萨尔、唐卡、藏医药、藏族锻铜技艺、歌舞等西藏国家级和部分自治区级非物质文化遗产代表性传承人的口述史及其传承的技艺。11册书总共240余万字，每册书都有图片60幅左右。（《西藏商报》）

4月24日 《文化和旅游部办公厅关于公布2018年度中国非遗传承人群研培计划参与院校名单的通知》（办非遗函〔2018〕39号）经商教育部、人力资源社会保障部有关部门于4月24日下发公布。培训计划参与院校共122所；其中五个民族自治区参与院校分别为：内蒙古自治区1所：内蒙古农业大学；广西壮族自治区2所：广西艺术学院、广西民族大学；西藏自治区1所：西藏大学；宁夏回族自治区2所：北方民族大学、宁夏艺术职业学院；新疆维吾尔自治区3所：新疆大学、新疆师范大学、昌吉学院。（中华人民共和国文化和旅游部官网）

4月26日 文化和旅游部、教育部、人力资源社会保障部联合印发《中国非物质文化遗产传承人群研修研习培训计划实施方案（2018~2020）》。该实施方案对于帮助非遗传承人群强基础、拓眼界、增学养，增强文化自信，提高专业技术能力和可持续发展能力，提升非遗保护传承水平，丰富参与院校的学术和科研积累，完善相关学科体系建设，将发挥重要作用。（光明网）

4月27日 四川省首个传统工艺工作站在成都崇州市落户，这是文化和旅游部支持设立的全国第十一个传统工艺工作站，也是中央美术学院驻川共同建成的传统工艺工作站。工作站以国家级非遗项目道明竹编和省级非遗项目怀远藤编两大项目建立示范案例，带动蜀锦、蜀绣、银花丝、漆艺等成都主要传统工艺的整体性提升，推动文化资源转化为经济发展的新优势。（《中国文化报》）

4月28日 2018年（第六届）海南乡村旅游文化节——打造一场穿越非遗文化的探索之旅，在陵水黎族自治县启幕。陵水传统文化系列展演活动在和煦春风中璀璨盛放，来自全国各地的游客开启了一场穿越非遗文化的探索之旅。看黎苗模特大秀、跳竹竿舞、品美食、听乐器演奏，感受黎族文化魅力，品尝少数民族的特色美食。极具地域和乡土气息的文艺节目《黎苗走秀》《春米谣》等，把文化节气氛推向了一个又一个高潮，山水传情、歌舞为伴、处处展现着海南乡村最美风光、最醇风情。（海南网）

5月8日 国家文化和旅游部公布了第五批国家级非物质文化遗产（以下简称"非遗"）代表性项目代表性传承人名单共1082人。其中五个民族自治区的此批非遗传承人分布为：广西壮族自治区共有23人入选，其中传统音乐类1人、传统舞蹈类5人、传统戏剧类4人、曲艺类1人、传统美术类1人、传统技艺类4人、民俗类7人，涵盖非遗7大类别；西藏共推荐申报31名代表性传承人，在此次公布的名单中，共有28名传承人入选，入选率达到90.3%，入选的传承人涉及民间文学、传统音乐、传统舞蹈、传统美术、传统技艺、传统医药和民俗7个类别；内蒙古自治区共有40人入选，涵盖非遗十大类别，至此，该区国家级非遗代表性传承人共有76人；宁夏回族自治区 13 位非遗传承人入选，入选的传承人涉及传统音乐、传统美术、传统技艺、传统医药、民俗 5 大类；新疆维吾尔自治区共有 48 人（不包含新疆生产建设兵团 1 项）入选，涵盖民间文学，传统音乐，传统舞蹈，曲艺，传统体育、游艺与杂技，传统美术，传统技艺，传统医药，民俗 9 大类。（国家文化和旅游部官网）

5 月 12 日 西藏"藏戏演出季"在拉萨布达拉宫脚下的宗角禄康公园举行启动仪式并首演，此次活动是西藏 2018 年文化和自然遗产日系列活动之一，从 2018 年 5 月 12 日到 8 月底的每周六进行全天性公益表演，由拉萨 8 县区选调的藏戏队为观众呈现经典剧目，参与演出的民间藏戏艺人达 450 余名，活动计划演出场次 19 场。此次藏戏巡演将藏戏这一人类非物质文化遗产代表作推向大众。（中新网）

5 月 18 日 时值第 42 个世界博物馆日，由中建一局建造的西藏非物质文化遗产博物馆（简称"西藏非遗博物馆"）正式竣工交付。该博物馆坐落于拉萨河南岸的宝瓶山上，这是目前全世界海拔最高的非遗博物馆，也是西藏文化旅游创意园区的重要组成部分，占地面积 40000 平方米，其中建筑面积约 8000 平方米，地下一层，地上五层，园林建筑面积约 25000 平方米。该博物馆项目按"一馆一园"理念进行设计，是西藏文化旅游创意园区的核心组成部分。（《西藏商报》）

5 月 21 日 文化和旅游部、工业和信息化部联合发布《第一批国家传统工艺振兴目录》，全国共计 383 项传统工艺项目入选，涉及纺染织绣、服饰制作、编织扎制、雕刻塑造、家具建筑、金属加工、剪纸刻绘、陶瓷烧造、文房制作、漆器髹饰、印刷装裱、食品制作、中药炮制、器具制作等 14 个门类。（文化和旅游部网站）

5 月 22 日 国家级非遗影像背书大型系列主题纪录片《非遗中国行·走进内蒙古》在呼和浩特正式启动。摄制组将通过专家论证和精心选择，在内蒙古选择 10 个非遗项目进行拍摄，多角度勾勒马背民族的历史文化发展脉络，展现内蒙古历史文化与现代文明的融合。（新华社内蒙古分社官网）

6 月 5 日 为表彰先进、树立典型，激励全国非物质文化遗产保护工作者进一步奋发向上、开拓进取，文化和旅游部决定授予北京市珐琅厂有限责任公司等50个单位"全国非物质文化遗产保护工作先进集体"称号，授予杨凤一等99人"全国非物质文化遗产保护工作先进个人"称号。这是我国政府层面对非遗工作者开展的专项褒奖，对激励全国非遗保护工作者奋发有为，进一步提高保护传承水平，起到了重要作用。（光明网）

6月9日 2018年"文化和自然遗产日"，全国各地围绕"多彩非遗，美好生活"的主题共举办了3700多项丰富多彩的非物质文化遗产宣传展示活动。《非遗公开课》于6月8日晚黄金时间在中央电视台综合频道播出，向社会公众普及了非遗知识和保护理念。非遗服饰秀、非遗影像展、非遗讲座月等系列活动，多角度展示了多彩非遗的生动实践。（光明网）

6月27日 为深入贯彻落实党的十九大精神和习近平扶贫思想，全面贯彻落实党中央关于深度贫困地区脱贫攻坚的总体部署，大力推进文化扶贫工作，振兴贫困地区传统工艺，发挥非遗尤其是传统工艺在助力精准扶贫方面的重要作用。文化和旅游部办公厅颁布《关于大力振兴贫困地区传统工艺助力精准扶贫的通知》（办非遗发〔2018〕40号）正式下发。将非遗尤其是传统工艺同精准扶贫紧密结合起来，为我国少数民族地区利用非遗进行脱贫攻坚指明了目标和方向。（中华人民共和国文化和旅游部官网）

2018年7~9月

7月4日 为了更好地推进中国史诗学学科建设，推动中国多民族史诗传统的赓续和发展，中国社会科学院在京举行了"推动'三大史诗'在新时代的传承与发展"研讨会。会上专家表示，在以民间为基础、以政府为后盾、以学界为智库的三重互动保护模式下，我国"三大史诗"保护工作取得许多实质性进展；并提出建议：研究制定切实可行的"三大史诗非物质文化遗产统筹保护计划"，加大力度保护"三大史诗"集中传承区域的文化生态，推动整体性保护和多样化当代实践；加大对传承人的培养，推动"三大史诗"的代际传承。（新华网）

7月11日 为深入贯彻落实党的十九大精神和习近平扶贫思想，全面贯彻落实党中央关于深度贫困地区脱贫攻坚的总体部署，进一步推进文化扶贫工作，文化和旅游部、国务院扶贫办以深度贫困地区"三区三州"为重点，兼顾部分少数民族地区国家级贫困县，选取确定了第一批"非遗+扶贫"重点支持地区，支持设立非遗扶贫就业工坊。《文化和旅游部办公厅、国务院扶贫办综合司关于支持设立非遗扶贫就业工坊的通知》（办非遗发〔2018〕46号）正式下发。其中，重点地区有：河北省、湖南省、广西壮族自治区、四川省、贵州省、云南省、西藏自治区、甘肃省、青海省、新疆维吾尔自治区。（文化和旅游部官网）

7月20日 贵州省文化厅《关于印发〈2018多彩贵州文化艺术节总体方案〉的通知》对《关于建设多彩贵州民族特色文化强省的实施意见》（黔党办发〔2016〕17号）和省委宣传部2018年宣传思想文化工作要点进行批复，将举办2018多彩贵州文化艺术节。该方案紧紧依托文创园内非遗博览馆、文创体验馆、美术馆、民族文化剧场等资源，发挥政策、公益方面的优势，创新视角，通过开展系列活动，吸引群众参与体验、大众传播，整合各方媒介资源，立体全面地为广大百姓服务、提供非遗文化与大众交流与体验的平台。（贵州省文化厅网）

7月26日 "藏羌彝文化走廊·第二届彝族文化产业博览会新闻发布会"在贵州饭店国际会议中心举行，会议由省文化厅党组成员、副厅长、厅新闻发言人袁伟出席并作发布。袁伟介绍藏羌彝文化产业走廊建设的意义和目的时指出：藏羌彝文化产业走廊建设是建立在历史、地理概念的基础上，以文化产业为切入点，合理开发藏、羌、彝民族文化资源，推动形成一条文化产业走廊带。建设藏羌彝文化产业走廊是国家战略，是一项促进民族团结和睦、推动产业发展、维护社会稳定的重要工程。（贵州省文化厅网）

8月10日 广西因地制宜、因人施策，结合自身民族多样、文化多元的特点，引导全区各地探索和实践"非遗+扶贫"的文化扶贫之路。建工坊、培训成体系，由当地文化部门、博物馆、非遗保护机构、行业协会和文化企业共同帮扶设立，采用"博物馆+企业+合作社+农户+市场"的帮扶模式；抓特色、产业上规模，鼓励和引导各个工艺厂优先聘用贫困群众或残疾人员，形成"公司+基地+农户"的产业结构模式，增加贫困家庭的收入；定目标、发展有规划，《广西加快民族文化强区建设三年行动计划（2018~2020）》提出，未来3年，该区将充分挖掘边境地区非遗资源，深入实施传统工艺振兴计划，重点支持一批传承基础较好、生产规模较大、有发展前景、有助于带动就业的传统工艺项目，建成一批传承示范基地、生产性保护示范基地和传统工艺工作站，培育一批生产性保护企业和民族传统工艺知名品牌。促进百姓增收，在就业培训、文化传承和产业发展等方面呈现崭新气象。（《中国文化报》）

8月17日 2018年壤巴拉节开幕大会在壤塘县政府广场举行，作为藏羌彝文化产业走廊的重要节点，壤塘也是嘉绒、安多、康巴等藏民族聚居地，文化资源独特丰富。近年来，壤塘县委出台《关于促进壤塘县文化创新发展的决定》，并制定《文化生态保护区总体规划（2018~2025）》，采取"政府扶持、传承人自主创办"方式，鼓励扶持传承人积极创办传习所。目前全县已建立传习所26个，涵盖藏香、藏茶、藏药、唐卡、石刻、陶艺等非遗文化领域。（人民网）

8月22日 "非遗+扶贫"让村民在家门口就业；"非遗+文创"拓宽产品销售渠道。湖南省加大力度深耕"非遗+扶贫"，通过发掘多个非遗项目的市场潜力，开展有针对性的公益培训，既实现了非遗保护传承的"见人见物见生活"，又促进了大批外出务工人员返乡就业，带动了贫困家庭脱贫致富，较好地改善了当地的"空巢老人""留守儿童"等社会问题。目前，湘西州在4个苗族聚居县设立了20多个苗绣创业培训基地，累计培训绣娘6000余人，创造就业岗位近3000个，人均年增收近5000元。（《中国文化报》）

9月4日 "'感知中国'——中国内蒙古文化旅游周"在乌兰巴托举行。继2016年"感知中国·蒙古行——第四届乌兰巴托·内蒙古文化周"开展以来，至此次"感知中国"活动，版画、蒙古族珠绣、满族刺绣、赫哲族鱼皮制作技艺、剪纸等非遗文化遗产首次赴蒙展出。此外，现场还展出了白族扎染、苗族蜡染、傣族织锦、汉族苏州缂丝织造、水族马尾绣等作品，传承人们现场制作、现场赠送作品，与参观者亲密互动。（内蒙古新闻网）

9月5日 由中国国家民族事务委员会、中国文化和旅游部、柬埔寨王国文化艺术部、中国民族博物馆联合主办的"多彩中华——中国西南地区少数民族非遗文化展"在金边中国文化中心开幕。此次展览展出了18件清代以来的唐卡、20件（套）羌绣、8件民族口弦和130余幅图片，回族口弦琴非遗文化传承人安宇歌现场表演了口弦艺术。真正把"西南地区少数民族非遗文化"带入柬埔寨。（《中国文化报》）

9月13~17日 由文化和旅游部、山东省人民政府共同主办的第五届中国非物质文化遗产博览会在山东济南成功举办。本届博览会以"活态传承、活力再现"为主题，包含展览、展演、比赛、体验和论坛五大板块。5天时间里，共吸引82万人次参观、参与，近6000万人次在线观看了博览会各项活动。此次博览会对于传承弘扬中华优秀传统文化，践行"见人见物见生活"的非遗保护理念具有重要意义。（光明网）

9月19日 由国家文化和旅游部非物质文化遗产司与中国非物质文化遗产保护中心共同主办、贵州省文化厅和黔南州文化广电新闻出版局承办的"2018年非物质文化遗产保护工作队伍培训班"在贵州省黔南州开班。来自甘肃、云南、贵州等地70多名"非遗"保护工作者参加了开班仪式。此次培训师资力量雄厚、学习内容丰富、涉及层面广泛，为期5天的课程根据当前"非遗"保护工作的实际需求和保护工作队伍的现状设置，内容包括现场授课、经验分享、案例观摩和学员互动交流，通过培训进一步提高了非物质文化遗产保护工作队伍的工作能力和水平，增强了从业人员的使命感和责任感，从而推动西部地区非物质文化遗产保护工作蓬勃发展。（贵州非物质文化遗产网）

9月22日 由民建广西区委联络委员会、广西壮族自治区博物馆共同主办的"共襄非遗艺术品综合服务平台、探索广西非遗文化扶贫之路"研讨会在南宁举办。研讨会就如何打造非遗艺术品综合服务平台展开了研讨，与会嘉宾探讨了非遗文化助力精准扶贫的政策、经验和做法。通过结合非遗艺术品新零售电商、非遗主题体验店、非遗扶贫就业工坊、非遗传习坊等平台，形成线上线下联动模式，有效推动广西非遗文化传承和精准扶贫工作。其间，还现场展示了国家级非遗壮锦织造技艺，让参会代表近距离感受了中国四大名锦之一壮锦的手艺之美。（中新网）

2018年10~12月

10月9日 广西壮族自治区文化厅发布《广西壮族自治区非物质文化遗产代表性项目代表性传承人认定与管理暂行办法》（以下简称《办法》）并公示。该《办法》明确了广西自治区级代表性传承人认定的条件。其中规定从事非物质文化遗产资料收集、整理和研究，不直接从事传承工作的人员，不得认定为自治区级代表性传承人。规定了推荐自治区级代表性传承人所需提供的材料，各级文化行政管理部门应支持自治区级代表性传承人授徒传艺，对自治区级代表性传承人进行资助、扶持。各级文化行政管理部门应采取以下措施，鼓励、支持自治区级代表性传承人开展传承传播活动。《办法》还规定了自治区级代表性传承人享有的权利和应当履行的义务。（经济日报——中国经济网）

10月9日 由国家文化和旅游部非物质文化遗产司与中国非物质文化遗产保护中心共同主办、广西壮族自治区文化厅承办的"非物质文化遗产保护工作队伍培训班"在南宁开班，来自广西、广东两地70余名非遗保护工作者参加了开班仪式。为期6天的培训，根据当前非遗保护工作的现实状况和保护工作队伍的发展需要，从《保护非物质文化遗产公约》和《中华人民共和国非物质文化遗产法》、传统工艺振兴、非物质文化遗产的传播与展示、专项保护经费申报等方面着手，采用课堂授课、案例分享、实地观摩与专家学员互动交流方式进行授课。通过培训进一步提升非物质文化遗产保护工作队伍的综合素质和业务能力，优化非物质文化遗产保护工作队伍结构和提升素质能力，适应非物质文化遗产保护工作发展的需求，推动非物质文化遗产保护工作发展奠定扎实基础。（广西非物质文化遗产保护网）

10月11日 从格萨尔文化传承人数据库建设项目基地获悉,青海湖东喜玛拉登《格萨尔》史诗传承基地目前正式设立。设立"《格萨尔》史诗传承基地"是青海省《格萨尔》史诗研究所承担的国家"非遗"传承保护项目之一。青海省《格萨尔》史诗研究所所长黄智表示:在这里设立《格萨尔》史诗传承基地,对于抢救、保护和发展该地区格萨尔文化,培养更多格萨尔文化传承人,鼓励当地有识之士搜集、整理、出版《格萨尔》史诗具有重要的现实意义。(中新网)

10月18日 受国家文化和旅游部非物质文化遗产司、中央电视台新闻频道《文化十分》栏目组委托,文化部民族民间文艺发展中心在柏林寺组织召开"三大英雄史诗"现状调查新闻专题制作研讨会。会议就《文化十分》栏目组在前期实地拍摄基础上形成的"三大英雄史诗"新闻片及网络文稿进行了审议,专家、领导分别从学术脉络、意识形态及非遗保护工作的理念等角度提出修改建议,并协助栏目组完善新闻稿件的撰写与新闻专题的制作。通过对《格萨尔》《江格尔》《玛纳斯》"三大英雄史诗"新闻专题片的成功制作与播放,使得更多人了解三大英雄史诗,了解我国优秀的口头传统文化资源,助力非物质文化遗产的保护与传承。(中国非物质文化遗产网)

10月19日 为贯彻落实《中华人民共和国非物质文化遗产法》《广西壮族自治区非物质文化遗产保护条例》,广西壮族自治区文化厅于2018年10月组织有关专家,按照评审标准对各市申报的项目进行了审核,评选出第七批自治区级非物质文化遗产代表性项目名录推荐项目140项。其中,民间文学9项,传统音乐11项,传统舞蹈7项,传统戏剧8项,曲艺2项,传统体育、游艺与杂技8项,传统美术5项,传统技艺59项,传统医药7项,民俗24项。(广西文化和旅游厅官网)

10月22~25日 习近平总书记在广东考察时高度重视中华优秀传统文化传承发展,考察过程中,习总书记边走边看,边听边问;他沿街察看旧城改造、历史文化建筑修缮保护情况,走进粤剧艺术博物馆,同粤剧票友亲切交谈。最后习总书记强调,城市规划和建设要高度重视历史文化保护,不急功近利,不大拆大建。要突出地方特色,注重人居环境改善,更多采用微改

造这种"绣花"功夫，注重文明传承、文化延续，让城市留下记忆，让人们记住乡愁。（光明网）

10月24日 "斑布采缬——广西传统印染技艺工作坊"活动走进坦桑尼亚中国文化中心，使得广西传统印染技艺进入坦桑尼亚。工作坊以展览和教学体验形式展示了广西传统的手工染布技艺和印染美学。广西民族博物馆的工作人员为现场观众讲解了精美印染藏品的独特魅力，并举办了一场生动的广西传统印染文化讲座，让坦桑尼亚民众从中深入了解广西的自然环境、历史传统、风俗习惯和织绣文化。在教学体验环节，工作坊通过现场教学形式开展广西传统扎染和蜡染培训，吸引了众多观众踊跃参与。（《中国文化报》）

11月17日 "2018多彩贵州文化艺术节·非遗周末聚"高峰论坛暨总结表彰大会在多彩贵州文创园举行，现场对参加2018年非遗周末聚活动的银饰作品类、刺绣作品类、活动组织类、新闻传播类获奖者进行了表彰。"2018多彩贵州文化艺术节·非遗周末聚"活动以"传承非遗、文化惠民"为主题；全年共举办了20个县（市、区）专场、集中展示4场、演出场次共计79场、举办银饰和苗绣比拼各1场，并积极开展了走进机场、社区和高校展演活动，参与农特产品企业192家，参与地方美食136家，演职人员总数2889人，对贵州非遗的保护传承利用和文化自信建设做出了重要贡献。（人民网——贵州频道）

11月23~25日 以"展示文旅精品 助力脱贫攻坚"为主题的中国（贵州）国际民族民间工艺品·文化产品博览会（简称"民博会"）在贵阳国际会议展览中心举办。来自全球25个国家和地区的商协会代表、该省内相关文化企业代表、能工巧匠选手、"非遗"技艺传承人齐聚贵阳，进行了"非遗"传承人现场技艺展示、文化创意及"非遗"作品展、少数民族服饰设计作品展、能工巧匠选拔大赛、招商推介会以及工艺品、文创产品展销等活动。国家级非物质文化遗产玉屏箫笛，布依族八音坐唱，水族马尾绣，苗族银饰、苗绣、蜡染、泥哨，瑶族猴鼓舞，侗族琵琶歌，古法造纸，牙舟陶等贵州"非遗"项目以及代表性传承人精彩亮相，全方位、大规模展示贵州丰富而绚丽多姿的民族民间工艺品，有效地促进了贵州"非遗"、非遗产品以及传统手工艺人与市场接轨，让贵州"非遗"走进大众视野，融入现代生活。（手机中国网）

11月28日 贵州省黔南州出台新举措加强非遗传承人队伍建设。黔南州历史悠久、民族众多，蕴藏着绚丽多姿的非物质文化遗产资源，有国家级非物质文化遗产项目14项、省级及以上72项、州级及以上121项、县级及以上300多项，资源总量位居全省前列。为更好传承弘扬黔南州优秀非物质文化遗产，黔南州人民政府印发了《非物质文化遗产传承人队伍建设方案》，明确了传承人队伍建设一系列新举措如下：明确了传承人队伍建设目标、大力实施育才计划、完善各类保障机制、加大传习基地建设、建立展示利用推广平台等五大目标。（光明网）

11月28日~12月1日 联合国教科文组织保护非物质文化遗产政府间委员会（以下简称"委员会"）第13届常委会于2018年11月26日至12月1日在毛里求斯首都路易港召开。当地时间11月28日下午，委员会经过评审，通过决议，将中国申报的"藏医药浴法——中国藏族有关生命健康和疾病防治的知识与实践"列入联合国教科文组织人类非物质文化遗产代表作名录。（中国非物质文化遗产网）

12月10日 贵州省科协检查组到三都水族自治县考察验收"贵州水族文化博物馆省级科普教育基地"项目，通过实地考察和听取汇报，贵州水族文化博物馆相关创建工作和硬件设施均达到省级验收标准，通过验收。当天，检查组来到贵州水族文化博物馆检查验收省科普教育基地创建工作，检查组先后参观了馆内水族发展历程影像、水族历法、水族民间工艺等。（三都县广播电视台新闻中心网）

12月10日 为贯彻落实《中华人民共和国非物质文化遗产法》，深入实施中华优秀传统文化传承发展工程，加强非物质文化遗产区域性整体保护，文化和旅游部出台了《国家级文化生态保护区管理办法》（以下简称《办法》）。该《办法》明确了国家级文化生态保护区建设的指导思想和工作目标，提出要坚持保护优先、整体保护、见人见物见生活的理念，以"遗产丰富、氛围浓厚、特色鲜明、民众受益"为目标；该《办法》明确了国家级文化生态保护区申报设立的条件和程序；《办法》明确了国家级文化生态保护区建设的责任主体、主要任务和措施。（中国非物质文化遗产网）

12月18日 贵州省第五批省级非物质文化遗产代表性项目申报工作培训班在贵阳开班，来自省内各市（州）、县（区）130余名非遗保护工作者参加培训。培训持续了5天，开设了我国非物质文化遗产保护现状、问题与对策，第五批省级非遗项目申报的意义及要求，非遗项目申报、文本撰写以及项目申报注意事宜，国家级非遗项目申报的路径方法，项目申报视频的制作要求，世界文化遗产及其价值意义，如何梳理非遗项目资源，项目申报文本存在的问题分析和非物质文化遗产保护政策与措施等课程。（贵州省非物质文化遗产数字化保护中心网）

12月25日 由文化和旅游部、内蒙古自治区文化和旅游厅、北京服装学院主办的"非遗+扶贫"助力阿尔山树皮画项目培训班历时15天在阿尔山市白狼镇结业。此次培训旨在帮助白狼镇非物质文化遗产代表性项目树皮画传承人群提高传承实践能力，依托北京服装学院优质学科资源及近年来实施的"中国非遗传承人群研修研习培训计划"的宝贵经验，进行有针对性的传统工艺技能培训。在大力培养"非遗+扶贫"产业带头人的同时，充分发挥树皮画产业发展在白狼镇脱贫攻坚、促进阿尔山市文化和旅游融合发展等方面的优势和作用，大力推进文化扶贫工作，助力精准扶贫。（内蒙古自治区政府网）

Abstract

The intangible cultural heritage of ethnic groups is an essential component of China's intangible cultural heritage resources. It's invaluable, but is endangered. Digital protection has made the methods of safeguarding of intangible cultural heritage more three-dimensional and diverse. After many years of development and practice since the pilot project of digital protection has launched, beneficial exploration has been made in the field of digital protection and important achievements have been made. The total amount and types of intangible cultural heritage of ethnic minorities in China are large and diverse. Therefore, it is of great practical and academic significance to review and generalize the relevant approaches and experiences. This is why this book is brought to you. Like others in the series entitled *Blue Book of Intangible Cultural Heritage of Ethnic Minorities*, this volume *The Development Report on China's Intangible Cultural Heritage of Ethnic Minorities (2019)* is compiled by Southern China's Research Center of the Intangible Cultural Heritage, a key research base of humanity and social science funded by State Ethnic Affairs Commission. Many other research teams and institutions also contributed to the writing of this book. They include the Innovation Research Center of Folk Culture Education and Inheritance funded The Ministry of Education, Guizhou Renhuai Maotai Liquor Culture Co. Ltd, the Culture Communication Center of Guiyang Confucian Academy, the Ethnic Culture Industry Research Center of Guizhou Minzu University, The majority of the writers of these articles are the scholars from Guizhou Minzu University, Research Center of Chinese Cultural Rule in Central South University. The rest come from different institutions across China.

The theme of this volume is the digital protection of intangible cultural heritage of ethnic minorities. The majority of the articles are related to the theme. The rest are the continuation of the preceding volume (2018). Those articles focus on the Heritage Project List and the Heritage Transmitters list. The writers pay their attentions to different ethnic groups. They use various research methods including literature analysis, qualitative study, quantitative study, case study, and comparison and contrast. These studies present multi-models of intangible cultural heritage and analyze their feasibility.

This book consists of seven parts.

The first part is the keynote report. It reviews the accomplishments of digital protection of intangible cultural heritage in China from 2006 to 2018, and summarizes the valuable experience. This report also presents the problems calling for attentions. Finally it puts forward some suggestions.

The second part is the reports on specific topics. It presents the development of the intangible cultural heritage of various ethnic groups in China from 2006 to 2018 through statistical analysis. The articles in this part focus on three ethnic minorities including the Li, the Qiang and the Maonan. Through detailed analysis and statistics, they reveal the problems and provide some useful countermeasures and suggestions.

The third part is the digital protection. The topics in this part are concerned about digital protection of the traditional festival of Tujia and in Bijie city. And in this part, a paper was focus on the WeChat app. Which as one of the mainstream communication media was applied into the inheritance and development of folktale.

The fourth part is mainly focus on poverty alleviation based on the intangible cultural heritage. In this background, equitable mechanism of the development, practical experience, the current situation of cultural poverty alleviation in Qianxinan Buyi and Miao autonomous prefecture and Qiandongnan Miao and Dong autonomous prefecture in Guizhou province was discussed.

The fifth part is legislative protection. The topic in this part are concerned about the legislation and policy in the development of culture creative products of China's intangible cultural heritage, the legislation implementation of intangible cultural rights in Fujian province and cities with districts and of Chinese traditional medicine.

The sixth part is a discussion about fieldwork which focuses on the public cultural construction and cultural self-confidence under the background of protection of the inheritor of intangible cultural heritage in ethnic areas, such as the traditional handicraft and cultural self-confidence, traditional integration development of intangible cultural heritage in ethnic areas.

The seven part is the appendix which annotates the important governmental or academic events closely related to the intangible cultural heritage of ethnic minorities in 2018.

Keywords: Ethnic Minorities; Intangible Cultural Heritage; Digital Protection

Contents

I General Report

B.1 Experiences and Countermeasures of Digital Protection of Intangible Cultural Heritage of Ethnic Groups in China (2011 -2018)

Xiao Yuanping, Wang Weijie, Liu Chun and Xu Xiaoling / 001

Abstract: Digital protection has become an effective safeguarding means of intangible cultural heritage with the rapid development of science and technology. The modern digital technology applied in safeguarding provides new ideas and promotes vitality for the development of intangible cultural heritage. After a long and unremitting exploration, the digital protection has obtained significant result, Nevertheless, there are still some problems calling for attentions, such as the legal system is far form perfection, propagation mode is unitary, intellectual property needs strengthen and so on. In order to provide a favorable environment to safeguarding and innovating the intangible cultural heritage for adapting to the development of times and realizing its own value, this paper gives the following suggestions, such as establishing and improving the laws and regulations, building and improving the database, enriching mode of transmission, increasing protection of digital intellectual property based on the experiences of digital protection of intangible cultural heritage.

Keywords: Intangible Cultural Heritage; Digital Protection; Spread; Information Sharing

Ⅱ Reports of Ethnic Groups

B.2 Development Report on Safeguarding Intangible Cultural Heritage of the Li (2006-2018)

Wang Yueyue, Chai Li and Yang Xiaojun / 024

Abstract: The Li is an ancient nationality in China, which has formed its unique national culture in a long period of development and is one of the treasures of China's intangible cultural heritage. Starting from the national and provincial list of the Li's intangible cultural heritage, the inheritors of intangible culture and related academic research, the paper makes systemic analyses of the research and development status of Li's intangible cultural heritage list, suggesting that we have made great achievements in formulating relevant laws and regulations system, developing intangible cultural heritage tourism, supporting and training the transmitters, carrying out the digital protection of intangible heritage, attaching great importance to the propaganda and the exchange. However, there are some problems to solve, including problems of the inheritors' age, the intangible heritage tourism, cultural and creative industries, etc. The paper argues that the protection and development of intangible cultural heritage of the Li can be promoted through improving laws and regulations, encouraging and training inheritors, regulating the tourism market of intangible cultural heritage, developing intangible cultural heritage creation and establishing intangible cultural heritage workshops.

Keywords: Li People; Intangible Cultural Heritage; Digital Protection; Cultural Creativity

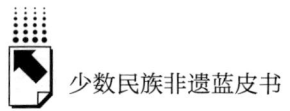

B.3 Development Report on Safeguarding Intangible Cultural Heritage of the Qiang (2006 -2018)

Zhang Wenting, Zhou Yuhua and Zhou Zidong / 047

Abstract: This paper sorts out the basic situation of national and provincial intangible cultural heritage lists and representative heritors of Qiang from 2006 to 2018. Combining the practical experience of conservation and inheritance of the intangible cultural heritage of Qiang in the past ten years, the paper analyzes the problems and insufficiencies in the current protection and inheritance of the intangible cultural heritage of Qiang, and then puts forward some suggestions: to improve the declaration and management of intangible cultural heritage, strengthen the construction of personnel and training of inheritors of intangible cultural heritage, highlight the main role of the local people in the protection of intangible cultural heritage, use new media to empower intangible cultural heritage protection and dissemination, and strive to promote cross-regional development cooperation in the protection of intangible cultural heritage.

Keywords: Qiang People; Intangible Cultural Heritage; Cultivation of Talents; New Media

B.4 Development Report on Safeguarding Intangible Cultural Heritage of the Maonan (2006 -2018)

Wang Tao, Su Anning / 070

Abstract: The Maonan, an ethnic group with a long history in China, mainly living in Guizhou province and Guangxi Zhuang Autonomous Region, is one of the ethnic groups there and has created a rich and colorful intangible cultural heritage, which is an important part of the intangible cultural heritage of China's minorities. The paper sorts out intangible cultural heritage lists of Maonan, and its heritors, and analyzes the characteristics of its distribution. In addition, The experience, problems and deficiencies in the protection and inheritance of Maonan intangible cultural heritage are discussed. Furthermore, the paper puts forward countermeasures and suggestions for its protection and inheritance.

Keywords: Maonan People; Intangible Cultural Heritage; Regulations; Digital Protection

Ⅲ Digital Protection

B.5 Digital Protection of Traditional Festival of Tujia
—A Case Study of Celebrating the Tujia's "New Year" in the Youshui River Basin

Yao Weijun, Lang Qin / 083

Abstract: Traditional festival customs are closely related to people's needs, social changes, values, and economic development. However, under the rapid development of globalization, these customs are strongly influenced by impacts of informatization, marketization, and modernization. As a result, they have formalized, superficial, commercial, and vulgar trends. And cultural inheritance is facing a serious crisis. But the good news is that digital protection technology, as an important means of protecting intangible cultural heritage, provides a new path for cultural heritage. This paper mainly takes celebrating the Tujia's "New Year" in the Youshui River Basin as an example, briefly describes the status quo and important role of digital protection of intangible cultural heritage, and points out the main path of digital technology inheritance.

Keywords: Youshui River Basin; Tujia People; Celebrating Tujia's "New Year"; Digital Protection

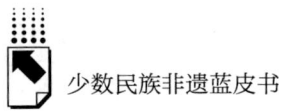

B.6 Study on Digital Communication of Intangible Cultural Heritage

—A case Sudy of Tujia people in Western Hubei

Sun Chuanming, Zhuang Xinxue / 097

Abstract: The increasingly mature digital technology and the application of new media provide a new idea for the protection and communication of intangible cultural heritage. This paper takes Tujia area in western Hubei province, which is rich in ethnic cultural resources, as an example. Through questionnaire survey, field interview and other methods, it analyzes users' satisfaction with the effectiveness of digital protection of local intangible cultural heritage, as well as factors affecting the digital transmission of intangible cultural heritage. According to the study, it is necessary to innovate the multi-coordinated digital product development mechanism, enrich the entity display way, give full play to the advantages of traditional media communication, and make full use of new media communication platform to meet users' needs, so as to promote the digital communication and sharing of intangible cultural heritage.

Keywords: Intangible Cultural Heritage; Digital Communication; Tujia People; New Media

B.7 Study on Digital Protection of Intangible Cultural Heritage in Bijie City

Yu Junfeng, Liu Xiang / 110

Abstract: Bijie City is a typical multi-ethnic settlement. People of all ethnic groups have lived and multiplied on this land for generations, forming profound ethnic cultural deposits and rich ethnic cultural resources. With the implementation of the Big Data Strategy in Guizhou province, Bijie City is actively trying to integrate big data with other industries and promote the development of local undertakings with the characteristics of big data. From the perspective of digital protection, the paper sorts out intangible cultural heritage of Bijie City, explores the path of digital protection for Bijie intangible cultural heritage, analyzes the the status quo of Bijie intangible cultural heritage in legislation, law enforcement, judicial protection by digital protection to promote a legacy information system security of preservation and the realization of the open sharing of intangible resources, and promote the spread and communication of intangible cultural heritage, etc.

Keywords: Intangible Cultural Heritage; Digital Protection; Bijie City; Legislation

B. 8 The WeChat Model for the Inheritance and Development of Folktale
—Making Taletelling by WeChat

Zhang Hongbin, Qin Qinghua and Fu Zubo / 129

Abstract: Folk tales are the cultural treasures of all ethnic groups. With the development of social economy, folk tales are faced with inheritance crisis due to the change of living environment. Based on the study of the virtual value, formation environment and inheritance status of Tujia folk tales in Changyang, Hubei province, this paper firstly analyzes the difficulties faced by the inheritance of traditional folk tales in the modern information technology environment. Secondly, with the popularization of smart phones, this paper discusses the modern inheritance mode of folk tales and analyzes its feasibility and necessity. Finally, the WeChat model for the inheritance and development of folk tales is proposed, including the inheritance concept, technology, form and content of the WeChat model, which provides new ideas for the inheritance and development of folk tales in China.

Keywords: Folktale; Changyang County; WeChat Model; Living Condition

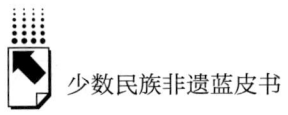

Ⅳ Poverty Alleviation Based on the Intangible Cultural Heritage

B.9 Study on the Equitable Mechanism of the Development of Intangible Cultural Heritage from the Perspective of Precision Poverty Alleviation

Cui Lei, Ma Faliang / 141

Abstract: Intangible cultural heritage is an important anti-poverty strategy adopted by our country. Many areas have carried out practical exploration including the pattern of cultural and ecological protection experiment area, ecological community museum mode, ethnic village tourism, landscape real performance, folk culture exhibition etc., and its application to the precise identification, precision help, precision management and other links. But we still need to balance the four pairs of game relations: intangible cultural heritage protection and poverty alleviation, the original ecological protection and cultural filtration, government, business and non-underwriters, inheritor and community groups. Relevant departments should strengthen the scientific management of the government accurately, standardize the rational distribution of benefits, ensure the continuity of capital investment, maintain the authority of the precise protection of intellectual property rights, and truly grasp the balance between the two. The aim is to ensure appropriate management of intangible cultural heritage: timely in place, timely fill gap, neither offside nor vacant.

Keywords: Targeted Poverty Alleviation; Intangible Cultural Heritage; Gaming; Equitable Mechanism

B. 10 Study on Practical Experience of Intangible Cultural Heritage on Targeted Poverty Alleviation in Ethnic Area
—*A Case Study of the Project of Buyi Embroidery Workshop*

Wang Weijie, Wang Yanni / 158

Abstract: After years of exploration and practice, Guizhou Province has made achievements in targeted poverty alleviation, cultural inheritance, industrial prosperity, rural revitalization, social stability and other achievements through the "Embroidery Plan" represented by the Project of Buyi Embroidery Workshop in Cehen county in southwest Guizhou province, which is the practical experience of poverty alleviation promoted by using intangible cultural heritage. It provides a kind of "supporting the poor with intangible culture heritage" for ethnic minority areas to replicate and learn from. However, there are also some problems in this practice project, such as "the mismatch between the supply of cultural products and the market demand of the masses, the lack of coordination and unification in the use of funds, the introduction of talents and training, the lag of market expansion and brand marketing, the lack of a good quality screening mechanism and performance evaluation mechanism". These method such as "speeding up the formulation of local standards for Buyi ethnic cultural products", promoting the structural reform of the supply side of ethnic cultural products in embroidery workshop, paying attention to brand marketing and product promotion, strengthening the management and training of contracted embroidery maids and introducing quality evaluation mechanism should be adapted, to promote the steady and healthy development of local targeted poverty alleviation.

Keywords: Intangible Cultural Heritage; Targeted Poverty Alleviation; Buyi Embroidery Workshop

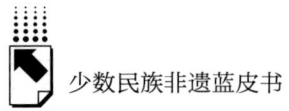

B.11 Investigation and Research on the Current Situation of Cultural Poverty Alleviation in Qianxinan Buyi and Miao Autonomous Prefecture in Guizhou Province under the Background of Rural Revitalization

Wang Yanni, Wang Weijie / 172

Abstract: Guizhou is one of the most important provinces in China to accomplish the task of poverty alleviation, especially the Buyi and Miao Autonomous prefecture of Southwest Guizhou province. Facing the arduous tasks of poverty alleviation, this area has integrated cultural work into the overall situation of poverty alleviation, thus bringing about fruitful results in "culture + poverty alleviation". With the methods of documentation, combination of qualitative and quantitative and fieldwork, this paper deeply analyses the current situation and basic measures of cultural poverty alleviation of this area, and summarizes the valuable experiences of cultural poverty alleviation in recent years, then points out there are still some problems in the cultural poverty alleviation in southwestern Guizhou, such as combining support for ambition and wisdom need to be strengthened, partial dislocation between supply and demand, inadequate participation of social forces, imperfect evaluation mechanism, and the low poverty alleviation accuracy under the background of striving to achieve "rural revitalization". At last, the countermeasures and suggestions are put forward, like promoting the administrative ability of poverty alleviation, speeding up the supply-side reform of public cultural services, promoting the development of traditional craft industry with intangible cultural heritage, accelerating the process of socialization of public cultural services, strengthen the construction of qualified people, and building a scientific and rational evaluation mechanism.

Keywords: Rural Revitalization; Qianxinan Buyi and Miao Autonomous Prefecture in Guizhou Province; Cultural Poverty Alleviation.

V Legistation on Safeguarding of Intangible Cultural Heritage

B. 12 Research on the Legislation and Policy in the Development of Culture Creative Products of China's Intangible Cultural Heritage

Zhou Gangzhi, Wang Zhenyu / 187

Abstract: It is understood to all that the development of cultural and creative products of intangible cultural heritage is an important way to inherit and develop Chinese excellent traditional culture, as well as an important rule for the integrated development of cultural and tourism industry. At present, there still remain some legal disputes such as copyright, trademark right and patent right disputes in the development process of cultural and creative products of intangible cultural heritage in China. It is urgent for us to make an in-depth analysis from the perspective of jurisprudence. In addition to the *Intangible Cultural Heritage Law of the People's Republic of China*, twenty-seven local laws and regulations have been promulgated in Chinas provincial-level people's congresses and people's governments . In addition to the *Notice on Strengthening the Safeguarding of China's Intangible Cultural Heritage* and the N*otice on Strengthening the Safeguarding of China's Cultural Heritage* issued by the State Council, various ministries and commissions have issued more than a dozen policy documents concerning intangible cultural heritage creation, indicating that intangible cultural heritage creation has aroused great attention from people's congresses and governments at all levels. However, under the framework of the existing legislation on intangible cultural heritage and intellectual property, there is still room for policy adjustment, and the relevant legislation on intangible cultural heritage creation needs to be improved urgently. Based on their own advvantages, the sucessors of intangible cultural heritage and cultural innovation enterprises need to formulate strategic objectives, leadership mechanism and

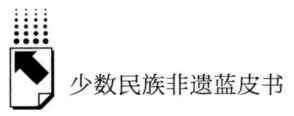

incentive mechanism for the protection and operation of intellectual property rights according to laws, regulations and policies.

Keywords: Intangible Cultural Heritage; Cultural Creation; Intellectual Property; Legislation

B.13 Report on the Legislation Implementation of Intangible Cultural Rights in Fujian Province and Cities with Districts

Xu Hua, Wang Xingxing / 199

Abstract: Fujian province has a large number of intangible cultural heritage, the preservation, safeguarding and development of intangible cultural heritage has become the main focus in legislation of Fujian province and cities with districts. Therefore, the People's Congresses and governments of Fujian province and cities with districts have formulated special legislation and related legislation for the protection of intangible cultural heritage in order to provide legal support for the protection of intangible cultural heritage. However, the existing legislation of intangible cultural heritage in Fujian and cities with districts still needs improvement. It is urgent for us to formulate and revise the legislation of intangible cultural heritage in a timely manner according to the actual situation of intangible cultural heritage and the implementation effect of the legislation. It is also vital to clarify the principles of intangible cultural heritage legislation, formulate the planning of intangible cultural heritage in Fujian. In addition, we should implement legal supervision and evaluation of intangible cultural heritage, and comprehensively promote the protection, development and utilization of intangible cultural heritage in Fujian.

Keywords: Fujian Province; Intangilbe Cultural Heritage; Legislation

B. 14　Report on the legislation Implmentation of Intangible Cultural Heritage of Chinese Traditional Medicine

Li Qinying / 215

Abstract: Xi's report of 19th CPC National Congress pointed out "we will support both traditional Chinese medicine and Western medicine, and ensure the preservation and development of traditional Chinese medicine." The cause of traditional Chinese medicine has been developed, and the protection and utilization of intangible cultural heritage of traditional Chinese medicine has attracted extensive attention. The intangible cultural heritage of traditional Chinese medicine includes traditional Chinese medicine technology, theory and method, etc. At present, certain progress has been made in promoting the protection of intangible cultural heritage of traditional Chinese medicine. In order to solve the above the mentioned problems, we must strengthen the implementation of the law on traditional Chinese medicine, put equal emphasis on protection and development by improving *the Law on the Protection of Cultural Relics*, *the Law on Intangible Cultural Heritage* and other laws. It is also essential to establish a benefit sharing mechanism for the protection of intangible cultural heritage of traditional Chinese medicine, a preferential tax incentive system, a rational use mechanism, an international promotion mechanism. In addition, we should improve the protection and operation mechanism of intellectual property rights so as to effectively protect and utilize intangible cultural heritage of traditional Chinese medicine.

Keywords: Chinese Traditional Medicine; Legislation; Intangible Cultural Heritage

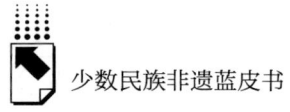

Ⅵ Fieldwork

B.15 Safeguarding and Utilization of Intangible Cultural Heritage in Ethnic Areas under the Backgroud of Public Cultral Construction

Li Lin, Li Huan and He Weiyi / 230

Abstract: With the development of social economy, the safeguarding and utilization of intangible cultural heritage in ethnic areas are facing many opportunities and challenges. Under the background of utilize of intangible cultural heritage in ethnic areas, this article analyzes the characteristics of the intangible cultural heritage, and pointed out the importance of strengthening the construction of public culture. Base on these, strategies were proposed, such as building public cultural development physical space for fitting the development of intangible cultural heritage, perfecting the corresponding system of space, and strengthening the public cultural construction to promote the safeguarding and utilize of intangible cultural heritage in ethnic areas and other strategies.

Keywords: Public Culture Construction; Ehnic Areas; Intangible Cultural Heritage

B.16 On the Traditional Handicraft and Cultural Self-confidence of Ethnic groups in Southwestern China
—*Taking the Jiarong Tibetan Weaving Skill as An Example*

Yu Jiaying, Zhou Yi / 245

Abstract: The weaving skill of Jiarong Tibetans is not only the source of cultural confidence, but also the inheritance of ethnic culture, which gives full expression to the local decorative art, aesthetic characters, gender culture, belief in worship and family emotional knot. In the case study, it is found that the inheritance of this item has some problems, such as the passing of authenticity, the disorder of development, the obstruction of teaching, the cultural inequality and the block of public participation, which are in essence the manifestation of the lack of cultural self-confidence. Therefore, the article advocates a better combination of "education inheritance" and "aesthetic education" in ethnic areas, which is the only way to enhance cultural identity and strengthen cultural self-confidence.

Keywords: Jiarong Tibetan; Weaving Skill; Cultural Self-confidence; Education

B.17 An Investigation Report on the Inheritors of the Qiang's 'Waerezu' Festival in Mao County of Aba Autonomous Prefecture in Sichuan Province

Ma Xiaohong / 259

Abstract: As a festival with a long history, 'Waerezu' festival has strong cultural contents, and are full of national, regional and inheritance characteristics. As the most original ecological cultural activety, 'Waerezu' festival of the Qiang of Mao county in Aba autonomous prefecture in Sichuan province was listed in National list of intangible cultural heritage in 2006. By collected and summarized the relevant research materials, and then participated in the festival, interviewed performers and inheritor in 2015, this paper analyzed the current situation of the inheritance and measures of safeguarding. It is hoped that by doing this research this paper can provide some valuable references for the future relevant research.

Keywords: Intangible Cultural Heritage; 'Waerezu' Festival; Inheritors; Qiang People

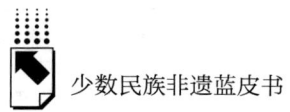

Ⅶ Appendix

B.18　Major Events of Intangible Cultural Heritage of Ethnic
　　　Groups in 2018　　　　　　　　*Liang Hai*, *Yong Yijing* / 280

权威报告·一手数据·特色资源

皮书数据库
ANNUAL REPORT(YEARBOOK) DATABASE

分析解读当下中国发展变迁的高端智库平台

所获荣誉

- 2019年，入围国家新闻出版署数字出版精品遴选推荐计划项目
- 2016年，入选"'十三五'国家重点电子出版物出版规划骨干工程"
- 2015年，荣获"搜索中国正能量 点赞2015""创新中国科技创新奖"
- 2013年，荣获"中国出版政府奖·网络出版物奖"提名奖
- 连续多年荣获中国数字出版博览会"数字出版·优秀品牌"奖

成为会员

通过网址www.pishu.com.cn访问皮书数据库网站或下载皮书数据库APP，进行手机号码验证或邮箱验证即可成为皮书数据库会员。

会员福利

- 已注册用户购书后可免费获赠100元皮书数据库充值卡。刮开充值卡涂层获取充值密码，登录并进入"会员中心"—"在线充值"—"充值卡充值"，充值成功即可购买和查看数据库内容。
- 会员福利最终解释权归社会科学文献出版社所有。

数据库服务热线：400-008-6695
数据库服务QQ：2475522410
数据库服务邮箱：database@ssap.cn
图书销售热线：010-59367070/7028
图书服务QQ：1265056568
图书服务邮箱：duzhe@ssap.cn

社会科学文献出版社 皮书系列
卡号：815364149781
密码：

基本子库 / SUB DATABASE

中国社会发展数据库（下设12个子库）

整合国内外中国社会发展研究成果，汇聚独家统计数据、深度分析报告，涉及社会、人口、政治、教育、法律等12个领域，为了解中国社会发展动态、跟踪社会核心热点、分析社会发展趋势提供一站式资源搜索和数据服务。

中国经济发展数据库（下设12个子库）

围绕国内外中国经济发展主题研究报告、学术资讯、基础数据等资料构建，内容涵盖宏观经济、农业经济、工业经济、产业经济等12个重点经济领域，为实时掌控经济运行态势、把握经济发展规律、洞察经济形势、进行经济决策提供参考和依据。

中国行业发展数据库（下设17个子库）

以中国国民经济行业分类为依据，覆盖金融业、旅游、医疗卫生、交通运输、能源矿产等100多个行业，跟踪分析国民经济相关行业市场运行状况和政策导向，汇集行业发展前沿资讯，为投资、从业及各种经济决策提供理论基础和实践指导。

中国区域发展数据库（下设6个子库）

对中国特定区域内的经济、社会、文化等领域现状与发展情况进行深度分析和预测，研究层级至县及县以下行政区，涉及地区、区域经济体、城市、农村等不同维度，为地方经济社会宏观态势研究、发展经验研究、案例分析提供数据服务。

中国文化传媒数据库（下设18个子库）

汇聚文化传媒领域专家观点、热点资讯，梳理国内外中国文化发展相关学术研究成果、一手统计数据，涵盖文化产业、新闻传播、电影娱乐、文学艺术、群众文化等18个重点研究领域。为文化传媒研究提供相关数据、研究报告和综合分析服务。

世界经济与国际关系数据库（下设6个子库）

立足"皮书系列"世界经济、国际关系相关学术资源，整合世界经济、国际政治、世界文化与科技、全球性问题、国际组织与国际法、区域研究6大领域研究成果，为世界经济与国际关系研究提供全方位数据分析，为决策和形势研判提供参考。

法律声明

"皮书系列"（含蓝皮书、绿皮书、黄皮书）之品牌由社会科学文献出版社最早使用并持续至今，现已被中国图书市场所熟知。"皮书系列"的相关商标已在中华人民共和国国家工商行政管理总局商标局注册，如 LOGO（ ）、皮书、Pishu、经济蓝皮书、社会蓝皮书等。"皮书系列"图书的注册商标专用权及封面设计、版式设计的著作权均为社会科学文献出版社所有。未经社会科学文献出版社书面授权许可，任何使用与"皮书系列"图书注册商标、封面设计、版式设计相同或者近似的文字、图形或其组合的行为均系侵权行为。

经作者授权，本书的专有出版权及信息网络传播权等为社会科学文献出版社享有。未经社会科学文献出版社书面授权许可，任何就本书内容的复制、发行或以数字形式进行网络传播的行为均系侵权行为。

社会科学文献出版社将通过法律途径追究上述侵权行为的法律责任，维护自身合法权益。

欢迎社会各界人士对侵犯社会科学文献出版社上述权利的侵权行为进行举报。电话：010-59367121，电子邮箱：fawubu@ssap.cn。

社会科学文献出版社